古代国府の成立と国郡制

大橋泰夫 著

吉川弘文館

目　　次

序　章　国府成立をめぐる諸問題 ……………………………………1

はじめに ……………………………………………………………1

1　研究史と課題 ……………………………………………………2

2　本書の構成 ………………………………………………………7

第1章　各地における国府の検討 …………………………………11

　1　東　海　道 ………………………………………………………11

　　(1)　伊 賀 国 府 ……………………………………………………11

　　(2)　伊 勢 国 府 ……………………………………………………12

　　(3)　尾 張 国 府 ……………………………………………………14

　　(4)　三 河 国 府 ……………………………………………………15

　　(5)　遠 江 国 府 ……………………………………………………16

　　(6)　相 模 国 府 ……………………………………………………17

　　(7)　下 総 国 府 ……………………………………………………21

　　(8)　常 陸 国 府 ……………………………………………………22

　2　東　山　道 ………………………………………………………24

　　(1)　近 江 国 府 ……………………………………………………25

　　(2)　美 濃 国 府 ……………………………………………………26

　　(3)　武 蔵 国 府 ……………………………………………………30

　　(4)　下 野 国 府 ……………………………………………………33

　　(5)　陸 奥 国 府 ……………………………………………………35

　3　北　陸　道 ………………………………………………………38

　　(1)　越 中 国 府 ……………………………………………………38

目　次　*i*

（2） 能 登 国 府 ……………………………………………………………… *39*

4　山　陰　道 …………………………………………………………… *39*

（1）　丹 波 国 府 ……………………………………………………… *39*

（2）　因 幡 国 府 ……………………………………………………… *42*

（3）　伯 耆 国 府 ……………………………………………………… *43*

（4）　出 雲 国 府 ……………………………………………………… *48*

5　山　陽　道 …………………………………………………………… *51*

（1）　播 磨 国 府 ……………………………………………………… *52*

（2）　備 前 国 府 ……………………………………………………… *54*

（3）　備 後 国 府 ……………………………………………………… *54*

（4）　美 作 国 府 ……………………………………………………… *56*

（5）　周 防 国 府 ……………………………………………………… *58*

6　南　海　道 …………………………………………………………… *60*

（1）　讃 岐 国 府 ……………………………………………………… *60*

（2）　阿 波 国 府 ……………………………………………………… *61*

7　西　海　道 …………………………………………………………… *61*

（1）　筑 後 国 府 ……………………………………………………… *62*

（2）　豊 前 国 府 ……………………………………………………… *64*

（3）　肥 前 国 府 ……………………………………………………… *66*

（4）　肥 後 国 府 ……………………………………………………… *69*

（5）　日 向 国 府 ……………………………………………………… *71*

第2章　国庁の構造 ………………………………………………………… *80*

1　政庁と長舎 ………………………………………………………… *80*

2　長舎を用いた政庁の成立 ……………………………………… *83*

3　7世紀以降の大極殿院・朝堂院 ……………………………… *86*

4　長舎を多用した政庁から定型化国庁へ ………………………… *91*

（1）　常陸国庁の建物配置──ロ字形配置から定型化国庁成立 ………… *91*

(2)　伯耆国庁の成立 ……………………………………… *92*

　　　(3)　郡山遺跡の変遷 ……………………………………… *93*

　　　(4)　多賀城からみた城柵型国庁の成立 —— 城柵型政庁の基本形成立 …*99*

　　5　国庁・郡庁の祖型 …………………………………… *107*

　　　(1)　郡庁と国庁の関係 ………………………………… *108*

　　　(2)　大宰府Ⅰ期政庁と西海道諸国の国庁 ……………… *116*

　　6　長舎の出現と政庁建物の構造 …………………… *120*

　　　(1)　長舎の出現 ………………………………………… *120*

　　　(2)　政庁建物の構造 …………………………………… *124*

　　7　国庁と駅家 ………………………………………… *125*

　　ま　と　め ……………………………………………… *130*

第3章　国府事例の検討 ……………………… *136*

　　1　出雲国府成立と出雲国の形成 ………………… *136*

　　　(1)　出雲国府と郡衙，官道の整備 …………………… *136*

　　　(2)　律令国家の荘厳化政策 …………………………… *147*

　　　(3)　小　　結 …………………………………………… *151*

　　2　常陸国府と台渡里官衙遺跡群の成立 ………… *152*

　　　(1)　常陸国府と郡衙の成立 …………………………… *153*

　　　(2)　駅家と官道の成立と展開 ………………………… *155*

　　　(3)　小　　結 …………………………………………… *159*

　　3　下野国府成立と下野国の形成 ………………… *160*

　　　(1)　下野国府の成立と郡衙 …………………………… *160*

　　　(2)　河内郡の複数官衙施設 …………………………… *161*

　　　(3)　芳賀郡の複数官衙施設 …………………………… *166*

　　　(4)　東山道駅路の建設 ………………………………… *170*

　　　(5)　下野国府の荘厳化 ………………………………… *171*

　　　(6)　小　　結 …………………………………………… *176*

目　　次　*iii*

第4章　国府成立の総括的検討 ……………………180

1　国庁・国衙の成立と存続期間 ……………………180

2　郡衙代用説・国司館代用説の検討 ……………………184

（1）　郡衙代用説 ……………………184

（2）　国司館代用説 ……………………191

3　国庁の成立 ……………………193

4　瓦葺建物からみた国府の整備 ……………………196

5　国府成立と前身官衙 ……………………199

6　文献・出土文字資料と国府成立 ……………………200

付論1　地方官衙と方位 ……………………206

は じ め に ……………………206

1　官衙の方位 ……………………206

（1）　都城の正方位採用 ……………………206

（2）　地方官衙の正方位採用 ……………………207

2　国郡制と官衙の方位 ……………………214

（1）　正方位の技術 ……………………214

（2）　国郡制の成立と方位 ……………………214

お わ り に ……………………215

付論2　地方官衙成立期の瓦葺建物 ……………………218

は じ め に ……………………218

1　都城の荘厳化と地方官衙への波及 ……………………218

2　国府成立期の瓦葺建物 ……………………219

3　郡衙成立期の瓦葺建物 ……………………221

お わ り に ……………………227

結　語　国府成立と国郡制 ………………………………………*231*

あ と が き ……………………………………………………………*235*

索　　引 …………………………………………………………………*238*

図表目次

図1 伊勢国府の位置（新田剛「東海道　伊勢」条里制・古代都市研究会編『古代の都市と条里』吉川弘文館，2015年）　*12*

図2 伊勢国庁の模式図（同上）　*12*

図3 伊勢国庁・方格地割（同上）　*13*

図4 坪ノ内遺跡の大型建物変遷図（田尾誠敏「相模国府と律令制下の物流」『日々の考古学』東海大学考古学教室開設20周年記念論文集編集委員会，2002年）　*18*

図5 常陸国庁の模式図と出土瓦（松本太郎『東国の土器と官衙遺跡』六一書房，2013年）　*23*

図6 美濃国庁Ⅱ期の遺構配置（垂井町教育委員会『美濃国府跡発掘調査報告書Ⅲ』2005年）　*27*

図7 美濃国庁SX9100出土の土師器（同上）　*27*

図8 美濃国府出土の軒瓦（中川尚子「不破郡における古代軒瓦」『平成11年度タルイピアセンター歴史民俗資料館報』2000年）　*27*

図9 美濃国府出土の平瓦・熨斗瓦（図6と同じ）　*28*

図10 宮処廃寺・宮代廃寺出土の軒瓦（図8と同じ）　*28*

図11 弥勒寺官衙遺跡：郡庁の配置と正殿の変遷（関市教育委員会『弥勒寺東遺跡　第1～5次発掘調査概報』1999年）　*29*

図12 武蔵国府の国衙中枢施設（江口桂『古代武蔵国府の成立と展開』同成社，2014年）　*31*

図13 武蔵国府の国司館（府中市教育委員会『武蔵国衙跡1』府中市埋蔵文化財調査報告第43集，2009年）　*32*

図14 下野国庁の遺構配置（栃木県教育委員会『下野国府跡Ⅳ』栃木県埋蔵文化財調査報告第50集，1982年）　*33*

図15 下野国府および関連出土遺物（1～4：栃木県教育委員会『下野国府跡Ⅸ』栃木県埋蔵文化財調査報告第100集，1990年，5・6：大橋泰夫・中野正人「古江・花神窯跡採集の古瓦について」『栃木県考古学会誌7』1982年，7・8：岩舟町教育委員会『和田窯跡』2002年，9～12：大川清『下野の古代窯業遺跡　本文編Ⅰ・Ⅱ』栃木県埋蔵文化財調査報告第18集，1976年）　*34*

図16 郡山遺跡と多賀城の政庁（宮城県教育委員会・宮城県多賀城跡調査研究所『多賀城跡　政庁跡　補遺編』2010年）　*36*

図17 越中府関連遺跡（高岡市教育委員会『市内遺跡調査概報Ⅲ—平成19年度越中国府・御亭角遺跡の調査他—』高岡市埋蔵文化財調査概報第67冊，2009年）　*40*

図18 伯耆国府周辺の遺跡（倉吉市教育委員会『史跡伯耆国府跡　国庁跡発掘調査報告書（第12次～第14次）』倉吉市文化財調査報告書第141集，2012年）　*44*

図19 伯耆国庁と出土瓦（同上）　*44*

図20　不入岡遺跡の大型建物変遷（倉吉市教育委員会『不入岡遺跡群発掘調査報告書』倉吉市文化財調査報告書第85集，1996年）　*46*

図21　不入岡遺跡出土遺物（同上）　*47*

図22　出雲国府出土遺物（島根県教育委員会『史跡出雲国府跡8』2013年）　*49*

図23　六所脇・宮の後地区の遺構配置（同上）　*50*

図24　出雲国府Ⅰ・Ⅱ期の変遷図（同上）　*51*

図25　本町遺跡の遺構配置（姫路市教育委員会『本町遺跡』1984年）　*52*

図26　播磨国府と山陽道（山本博利「播磨国府跡」『姫路市史　第七巻下　資料編考古』姫路市，2010年）　*53*

図27　ハガ遺跡の遺構配置（岡山市教育委員会『ハガ遺跡―備前国府関連遺跡の発掘調査報告―』2004年）　*54*

図28　ハガ遺跡と成光寺地区の位置（同上）　*55*

図29　南幸畑地区の遺構変遷と出土軒瓦（津山市教育委員会『美作国府跡』津山市埋蔵文化財発掘調査報告第50集，1994年）　*57*

図30　周防国府の全体図（吉瀬勝康「山陽道　周防」条里制・古代都市研究会編『古代の都市と条里』吉川弘文館，2015年）　*59*

図31　筑後国府の全体図（松村一良「西海道　筑後」条里制・古代都市研究会編『古代の都市と条里』吉川弘文館，2015年）　*62*

図32　筑後国府先行官衙中枢部の遺構配置（同上）　*63*

図33　筑後国庁Ⅰ・Ⅱ期の遺構配置（同上）　*64*

図34　福原長者原遺跡全体図（行橋市教育委員会『福原長者原遺跡』行橋市文化財調査報告書第58集，2016年）　*65*

図35　福原長者原遺跡変遷模式図（同上）　*66*

図36　肥前国府の官衙施設（佐賀市教育委員会『国史跡肥前国庁跡保存整備事業報告書―遺物・整備編―』佐賀市文化財整備報告書第1集，2006年）　*67*

図37　肥前国庁の変遷模式図（同上）　*68*

図38　二本木遺跡の遺構変遷と出土遺物（熊本市教育委員会『二本木遺跡群』2007年）　*70*

図39　日向国府の前身官衙と定型化国庁の変遷模式図（津曲大祐「日向国府跡の調査成果」『一般社団法人日本考古学協会2017年度宮崎大会資料』日本考古学協会2017年度宮崎大会実行委員会，2017年）　*72*

図40　7世紀の官衙建物（奈良文化財研究所「稲淵川西遺跡」『飛鳥・藤原宮発掘調査概報』7，1987年，松山市教育委員会『久米高畑遺跡』松山市文化財調査報告第158集，2012年，米倉秀紀「福岡市比恵・那珂遺跡，有田遺跡の倉庫群」『郡衙正倉の成立と変遷』奈良国立文化財研究所，2000年）　*84*

図41　有田遺跡全体図（福岡市教育委員会「コラム　有田遺跡群における古代官衙関連遺構」『有田・小田部47』福岡市埋蔵文化財調査報告書第1067集，2010年）　*85*

図42　宮の中枢部の変遷（文化庁文化財部記念物課監修『発掘調査のてびき　各種遺跡整備

編』2013 年）　*86*

図 43　飛鳥浄御原宮の建物配置（小澤毅『日本古代宮都構造の研究』青木書店，2003 年，林部均『古代宮都形成過程の研究』青木書店，2001 年）　*88*

図 44　不入岡遺跡と伯耆国庁の建物配置（図 20 と同じ，倉吉市教育委員会『伯耆国庁跡発掘調査概報』第 5・6 次，1979 年）　*93*

図 45　郡山遺跡 I 期官衙中枢部の変遷（仙台市教育委員会『郡山遺跡発掘調査報告書　総括編（1）』仙台市文化財調査報告書第 283 集，2005 年）　*95*

図 46　栄町遺跡（須賀川市教育委員会『栄町遺跡』2012 年）と泉官衙遺跡（南相馬市教育委員会『泉廃寺跡―陸奥国行方郡家の調査報告―』南相馬市埋蔵文化財調査報告書第 6 集，2007 年）の政庁変遷　*96*

図 47　国ごとにみた創設期の政庁（各報告書，条里制・古代都市研究会編『日本古代の郡衙遺跡』雄山閣，2009 年）　*111*

図 48　上神主・茂原官衙遺跡と長者ヶ平官衙遺跡の政庁（上三川町教育委員会・宇都宮市教育委員『上神主・茂原官衙遺跡』上三川町埋蔵文化財調査報告書第 27 集・宇都宮市埋蔵文化財調査報告書第 47 集，2003 年，栃木県教育委員会『長者ヶ平遺跡重要遺跡範囲確認調査』栃木県埋蔵文化財調査報告書第 300 集，2007 年）　*112*

図 49　西下谷田遺跡の中枢施設の変遷（栃木県教育委員会『西下谷田遺跡』宇都宮市埋蔵文化財調査報告書第 273 集，2003 年）　*113*

図 50　大宰府と筑後国庁（九州歴史資料館『大宰府政庁跡』2002 年）　*117*

図 51　熊野遺跡の長舎とその周辺（鳥羽政之「東国における郡家形成の過程」北武蔵古代文化研究会編『幸魂―増田逸朗氏追悼論文集―』2004 年）　*121*

図 52　山王廃寺の前身建物（前橋市教育委員会『山王廃寺―平成 22 年度調査報告―』2012 年）　*122*

図 53　讃岐国府（推定）の前身遺構（信里芳紀「讃岐国府を考える」『第 4 回古代山城サミット高松大会開催記念企画展　屋嶋城が築かれた時代』高松市教育委員会，2013 年）　*123*

図 54　弥勒寺官衙遺跡の郡庁と下層建物（田中弘志『律令国家を支えた地方官衙　弥勒寺遺跡群』新泉社，2008 年）　*124*

図 55　落地八反坪遺跡（上郡町教育委員会『野磨駅家跡』2006 年）　*126*

図 56　小犬丸遺跡（龍野市教育委員会『布勢駅家 II―小犬丸遺跡 1992・1993 年度発掘調査概報―』龍野市文化財調査報告 11，1994 年）　*128*

図 57　野磨駅家（落地飯坂遺跡）と布勢駅家（小犬丸遺跡）の瓦葺駅館院（図 55・56 と同じ）　*129*

図 58　『出雲国風土記』に記された官衙・寺院　*141*

図 59　台渡里官衙遺跡群全体図（水戸市教育委員会『古代常陸の原像　那賀郡の成立と台渡里官衙遺跡群　台渡里官衙遺跡群国史跡追加指定記念シンポジウム記録集』2012 年）　*156*

図 60　常陸国を中心とする交通想定図（木下良「常総の古代交通路に関する二・三の問題」

『常総の歴史』第 16 号，1995 年）　*158*

図 61　下野国河内郡・芳賀郡の官衙遺跡位置（図 49 と同じ）　*162*

図 62　上神主・茂原官衙遺跡と出土瓦（図 48『上神主・茂原官衙遺跡』）　*165*

図 63　堂法田遺跡全体図（大金宣亮「堂法田遺跡」『真岡市史　第 1 巻　考古資料編』真岡市，1984 年）　*167*

図 64　中村遺跡全体図（大金宣亮「中村遺跡」『真岡市史　第 1 巻　考古資料編』真岡市，1984 年）　*168*

図 65　長者ヶ平遺跡全体図（図 49『長者ヶ平遺跡重要遺跡範囲確認調査』）　*169*

図 66　東山道駅路推定地と関連遺跡（大澤伸啓「国府野遺跡」大金宣亮氏追悼論文集刊行会編『古代東国の考古学』慶友社，2005 年）　*173*

図 67　足利市八雲神社保管の瓦　*175*

図 68　仙台郡山官衙遺跡の変遷（図 45 と同じ）　*210*

図 69　泉官衙遺跡の変遷（図 46『泉廃寺跡―陸奥国行方郡家の調査報告―』）　*210*

図 70　出雲国庁と郡衙の方位（雲南市教育委員会『郡垣遺跡Ⅲ』雲南市埋蔵文化財調査報告書 8，2014 年）　*211*

図 71　下野国府・常陸国府出土の軒先瓦　*220*

図 72　勝間田遺跡の遺構配置図（團正雄「岡山県勝間田・平遺跡」条里制・古代都市研究会編『日本古代の郡衙遺跡』雄山閣，2009 年）　*222*

図 73　勝間田遺跡と平遺跡の瓦　*222*

図 74　万代寺遺跡・小野遺跡・根岸遺跡・入谷遺跡出土の軒先瓦　*224*

表 1　地方官衙政庁における主な身舎梁行 3 間の建物　*104*

表 2　国庁の変遷　*181*

表 3　国衙の存続時期　*182*

表 4　国衙の瓦葺建物の採用・存続時期　*197*

表 5　方位を変えた地方官衙遺跡　*208*

序章　国府成立をめぐる諸問題

は じ め に

　日本の古代国家は，中国に倣い中央集権的支配の徹底を図った。その中で都城や地方官衙は，国家支配の舞台装置としての役割を果たした。これまでの研究によって，律令国家が諸国に国府，郡衙を配置し，地方統治を行ったことが明らかにされている[1]。

　筆者はこうした学術的背景の中，国府が藤原宮・京の造営と関わり7世紀末に郡衙とともに成立し地方支配の拠点となっていたと考えた[2]。そのうえで，郡衙正倉の中で，とくに中央政府によって重要視された法倉の研究を行った。古代国家にとって法倉は天皇を中心とする古代国家の支配権力の象徴的な存在として，8世紀初め頃から造営されていた点を明らかにした[3]。諸国において，法倉が地方支配を支えるため威容を誇るように造営されたのは，国府成立に続くものであった。

　さらに，7世紀末〜8世紀初めの瓦葺建物を採用する地方官衙遺跡について検討を行い，都城で最初に瓦葺建物が採用された藤原宮が，国府・郡衙の造営に大きな影響を与えていることを指摘した[4]。諸国の形成については，出雲国をモデルケースとして取り上げて分析し，『出雲国風土記』成立の天平5年（733）における，出雲国の姿は国司が国府を拠点として国内を統括していたあり方を示し，7世紀末の国府設置を契機として国の形成が進んだと理解した。常陸国や下野国においても同様な状況である[5]。

　これまで地方官衙の成立・整備にあたっては，評・郡衙の造営が早く行われ，それに遅れて国府の設置がなされたとみるのが通説的な理解であるが，筆者は7世紀末〜8世紀初めに国府とともに郡衙が，定型化した官衙施設として整備されたと理解している。地方官衙の設置・整備からみると，藤原京期が大きな画期であったと考えている。

序章　国府成立をめぐる諸問題　　*1*

しかし，藤原宮と地方官衙である国府との間に関係を認める研究者は少ない。それは，8世紀前葉までは国司は独立した国庁や曹司を持たず，評・郡衙が地方行政で重い役割を担ったとする意見が有力視されてきたためである。7世紀末〜8世紀初めにかけて，国府の果たした役割は十分に評価されていないのが現状である。その要因の一つは，国府の成立年代は8世紀第2四半期以降とされ，それまで国府は独立した施設ではなく国司は郡衙を間借りしたり，拠点的な評・郡衙を巡回して地方統治にあたったとみられているためである。

国府がいつ成立したか，その実態はどうだったかが，いまだに古代史上で大きな問題となっている。筆者は，全国的に国府成立の実態を明らかにすることが考古学のみならず文献史学にとっても，古代国家の形成を考えるうえで最優先の課題と考えている。

本書では，考古学的成果の検討によって国府が藤原京期に成立し，それが各地で郡衙・駅家などの地方官衙施設の設置や整備と深く関わり，国郡制の形成において大きな意味を持っていたことを論じる。

1　研究史と課題

研究史の整理

筆者は国府の成立を7世紀末〜8世紀初めと考えて，国郡制形成の中で大きな意義を認めている。しかし，このように考える意見は少なく，全国的に国府が独立した官衙施設として設置されるのは8世紀第2四半期以降であるという説が有力である。

国府の成立やその意義については，地方官衙研究を進めてきた山中敏史の研究によるところが大きく，その成果に学んで国府・郡衙の成立から国郡制の形成を考えてきた。

山中は，「国府は2つの画期を経て成立した」とし，第1の画期を7世紀第4四半期〜8世紀初めにかけてとされ，初期国府の端緒的成立とする。構造の違いや所在地において断絶を示す例（筑後国古宮II期官衙，仙台市郡山遺跡II期官衙）がある点から，8世紀前半以降の国府との間に質的な大きな違いを考えた。第2の画期は8世紀前半（第2四半期が中心）〜8世紀中頃にかけてとし，

この時期以降，国庁や曹司が創設され，9世紀代～10世紀初頭にかけて受け継がれていく国府の基本構造が成立したとみる。国庁を伴う国府が全国的に成立するのは郡衙より時期が下がり8世紀第2四半期とし，それ以前の国司は独立した庁舎を持たず拠点的な評衙・郡衙を仮の庁舎として駐在し，諸評衙・郡衙を巡回する形で任務を遂行したと考えた[6]。

　文献史学では，国府施設の設置を奈良時代以降とみる意見や，さらに古く大宝令前に想定する考えがある。文献史料を用いて八木充は国府の成立を論じ，国府の形成と国・国司の制度的な成立過程を歴史的に区別し，国府施設の造営は平城京造営と時期を同じく和銅年間が画期となり進行したとみる[7]。一方で，吉田晶は国衙の政庁が儀礼的空間である点から，大宝令前にクニノミコトモチ（初期国宰）が政務をつかさどる政庁があったことを推定する[8]。

　国司（国宰）は大宝令前には，諸国に派遣されて常駐していたと考えられている。国評制の形成は7世紀中葉における全国的な評の成立後であり，その頃に国の区分は成立している。この時期の国宰は短期間だけ特定の任務を持って派遣され，そのため国衙と呼べるような独立した官舎は持たなかったとみられる。その後，諸国の国境画定事業は，天武12～14年（683～685）にかけてなされ，この時期が国制確立の画期とされる[9]。この頃には国司（国宰）は諸国に常駐したとみられ，その居所や政務の施設が問題となってきた。

　考古学の側からは，8世紀第2四半期を遡る国府の存在が指摘されることは少なかった。筑後国府における古宮国府，多賀城に先行する陸奥国府として郡山遺跡II期官衙が7世紀末に成立した，国庁を持つ国府例として指摘されただけであった。ただし，筑後国府や郡山遺跡は，東アジアや東北政策の緊張状況で設けられた特殊例とみられ，全国的に国府を7世紀末まで上げるものとしては理解されていなかった。

　国府が成立するのは8世紀第2四半期以降であるという説が有力な中，筆者は考古学的に国府の再検討を行い，全国的に国府は7世紀末～8世紀初めに成立し，国司が常駐し国庁を設けて地方支配を行ったとした[10]。

近年の研究成果と課題

　国府研究で多くの成果をあげているのが，武蔵国府の調査である[11]。国府の形成は7世紀末～8世紀初めにはじまり，国府域は東西約2.2km，南北約

1.8 km と広範囲に及び，国司館や実務的な施設，宗教施設（寺院・社），工房，雑務にあたった人々の竪穴建物が展開する実態が判明している。国庁はみつかっていないが，国司館・曹司とみられる施設も当初から存在した。こうした調査成果を踏まえて，江口桂は武蔵国府の成立は7世紀末～8世紀初めに遡るとし，御殿地区でみつかった国司館は，「初期国庁あるいは国宰所を兼ね備えていた国府の重要な施設」と推定する[12]。

中村順昭は，武蔵国府でみつかった7世紀末の国司館を含めて国司と国府の成立過程を論じる[13]。まず670年代の天武5年頃に地方行政官としての国司が成立し，国司の四等官それぞれの館が形成され，館と曹司の分離もはじまったとする。次に，8世紀初めの大宝令施行により，国史生が置かれ国司の行政執務も増大し，曹司が増大する。その後，730年代頃に国庁が形成され，国庁と国衙が分離して国府が確立したと考える。国府は，国司館→曹司→国庁と時代を追って形成されたとした。

武蔵国府では7世紀末には国司館が設置され，その時期の曹司も確認され，8世紀前葉に創設された大型建物群から構成される国衙中枢施設もみつかっている。そのため，国庁が8世紀第2四半期以降に成立するという通説によって，最後に国庁が設置されると想定する。

文献史学の成果によれば，国司が常駐するようになるのは国境が画定する天武12～14年前後頃である。武蔵国府の発掘調査によってその頃に遡る建物や遺物がみつかり，国司が常駐し独立した官舎である国司館や曹司を持っていたことが明らかにされたことは，国司と国府の成立を考えるうえで大きな成果である。

これまで地方支配の拠点である国府がいつ，どのように成立したかが論点の1つとなってきた。もっとも調査が進んだ武蔵国府では，藤原京期に国司が常駐していたことが明らかになった。国府成立に関わる研究史の中では，筑後国府や仙台市郡山遺跡のように，政務・儀礼施設の政庁が伴って，7世紀末に成立したとみられる国府もあり，筆者は2005年以降，国府成立を藤原京期に遡らせる意見を提案している[14]。筑後国府・陸奥国府（郡山遺跡II期官衙）のほかに，下野国府・常陸国府・美濃国府・伯耆国府・出雲国府・美作国府・日向国府などを取り上げて，全国的に国府が独立した官衙として成立するのは，7

4

世紀末～8世紀初めに遡ることを示した。

　ただし，現状においては，木本雅康がまとめるように国府成立の年代や過程については議論が続いている。

　　定型化した配置を取る国府の成立について山中敏史は，8世紀第2四半期
　　ごろとし，それ以前の国司は，拠点的な郡（評）家を仮の庁舎として駐在
　　したり，諸郡（評）家を巡回する形で，任務を遂行していたとした。それ
　　に対し，大橋泰夫は7世紀第4四半期から8世紀第1四半期にかけて，常
　　駐国司の派遣に伴って，国府施設が設置されたとした。この議争について
　　は，まだ決着が付いていない[15]。

　これまで示された問題としては，すでに国司が7世紀末には諸国に派遣され常駐していた可能性が高いとみられる中で，8世紀第2四半期頃までは独立した官衙として国府は設置されていなかったという点である。国司は8世紀前葉まで拠点的な郡衙を仮の庁舎として駐在したり，諸郡衙を巡回したりする形で，任務を遂行していたとみる説が有力視されている。

　また，武蔵国府で国衙成立は7世紀末とする一方で，政務・儀式・饗宴の場であった国庁は8世紀前葉（730年頃）に成立したと推定するのは，独立した国庁が設置されるのは8世紀第2四半期以降とみる通説によるところも大きい。

　国府成立を示す考古学的な根拠として，国庁の成立時期が問題となってきた。常陸国府・日向国府において，定型化した国庁の下層から初期の国庁が確認された。定型化国庁の下層遺構については初期国庁と評価しているが，現状では郡庁で国庁の機能も兼ねていたとみる意見も強い。

　筆者は，コ字形配置をとる定型化国庁と先行する長舎囲い型の政庁について，次のような点を明らかにした[16]。

　・定型化国庁に先行する初期国庁は，長舎囲い型の政庁（ロ字形・コ字形・
　　品字形）を採用している場合が多く，郡庁と構造的には関わりが強い。
　・定型化国庁の1つである，陸奥・出羽国で採用される城柵型政庁について
　　は，陸奥国府・郡山遺跡Ⅱ期官衙のロ字形配置の政庁が藤原宮朝堂院をモ
　　デルに成立し，それが定型化国庁（城柵型政庁）の祖型になった。
　・常陸国庁における，ロ字形配置の建物配置が次期の定型化国庁に継承され
　　る。定型化国庁の伯耆国庁も，先行する伯耆国衙（不入岡遺跡）の長舎囲

序章　国府成立をめぐる諸問題　　5

い型政庁と建物配置については共通する。

・定型化国庁の成立にあたっては，大宰府型政庁のように，都城の朝堂院を直接的なモデルに成立する場合もある一方で，すでに地方で採用されていた長舎囲い型（ロ字形，コ字形，品字形）の政庁が定型化国庁につながっていくこともあった。各地の政庁の建物配置や建築技術について，すべてが都城の直接的な影響下にあるのではなく，在地の拠点的な官衙施設に求められる場合もあった。

・国庁や郡庁の建物配置や構造から，陸奥・下野・出雲・美濃国などの国で国庁や郡庁と共通する点が多いことを明らかにし，郡庁造営にあたっては国庁をはじめとする拠点的な官衙施設との関わりが深い。

　まとめとして，国府とともに評・郡衙が官衙施設として確立するのは7世紀末〜8世紀にかけての時期で大きな画期とし，国衙・郡衙の諸施設も整備されていくとした。

　以上の研究報告を行った際に，山中敏史は，筆者が提案する初期国庁について次のようにコメントしている。

　　今回の報告でいわゆる定型化した政庁といいますか，そういうものの機能面での系譜関係あるいは具体的なプランとか，個々の建物の系譜関係，そのモデルがどうだったかというところが，当たっているかどうかは別としまして，かなり細かく追求されてきて，より一段と深められてきたと思います。長さんの図面がありましたけれども，7世紀の末ごろにわりと類型化できるような，定型化したものが全国的に出てくるということが明確になったということもよかったと思います。そこで，大橋さんのお話とも関わりますけれども，常陸国庁の初期官衙，大橋さんは初期国庁とされていますけれども，あれは，それだけを取り出しますと，郡庁と変わらない構造と規模です。私もあれは初期国庁でいいかとは思いますけれども，つまり7世紀の末の段階という明確に定まっていないような，そのまま国庁あたりは100mくらいになるけれども，一辺が70〜100m近くの方形をなします。郡庁は基本的には，天良七堂みたいに特殊な例は除きまして，大体50m四方前後ぐらいです。そういう差が明確に出てくるのですが，そういうものが明確にでない段階というのが，7世紀の末ぐらい，第4四半

期ぐらいかなと思いますので，8世紀に入るころには，国郡制の支配というものが，もうワンステップ，段階があるような気がいたします。その辺も，最後にまた考えていただいて，詰めていただいたらと思います[17]。

筆者が初期国庁としている，常陸国府でみつかっている7世紀末の政庁について，国庁と認めたうえで8世紀以降にでてくる国庁との規模の差に注目し，それは国郡制に関わる支配の段階の違いに関わるのではないかという意見である。

常陸国府の初期国庁と同様な例は筑後・日向・美作国府でも確認され，7世紀末〜8世紀初めの政庁を初期国庁とする認識が有力となりつつある。初期国庁が各地の国府でみつかる点から，独立した国庁を持った国府が，この時期に全国的に設置されたと理解できる。国司は8世紀前葉まで，拠点的な郡衙を仮の庁舎として駐在したり，諸郡衙を巡回したりする形で任務を遂行していたとみることはできない。

現在，各地の国府の発掘調査成果からみて，独立した政務・儀式・饗宴施設の国庁を伴う国衙が7世紀末〜8世紀初めに成立していることが明らかになりつつある。その一方で，初期国庁と8世紀以降の定型化国庁との差が何を意味しているのかについては検討課題となっている。

2　本書の構成

本書では，国府がどのような過程をたどって成立したかについて探究する。まず各地の国府について，政務・儀式・饗宴の場である国庁を中心に検討を進める。そのうえで，地方官衙について，建物の構造，方位，瓦葺化の点から検討を行い，考古学的に国府の成立を位置付ける。

第1章では，各地の国府の発掘調査成果を中心に整理した。とくに国府の成立過程について，諸国の国府について国庁を中心にして国衙の成立時期と構造の検討を行った。

第2章では，国庁の構造について論じた。地方官衙の成立期の政庁が，宮殿の影響を受けて成立したことを説き，そのうえで地方官衙の国庁・郡庁のすべてが都城の直接的な影響を受けたと理解するのではなく，すでに在地の中で設

けられていた政庁をモデルにして建設された場合もあるとした。

　第3章では地方官衙の調査事例が多く研究の蓄積が進む，出雲国・常陸国・下野国を取り上げて，地方において藤原京期における国府成立が契機となって官道や郡衙の設置・整備が進み，国郡制の形成において大きな意味を持っていたことを論じた。

　第4章では，国府成立の総括的検討として，まず第1節として「国庁・国衙の成立と存続期間」について整理し，全国的に7世紀末〜8世紀初めには国庁を中心に国衙が成立し，国郡制形成の大きな画期となっていた点をまとめた。第2節においては「郡衙代用説・国司館代用説の検討」として，8世紀前半において郡衙や国司館が国庁の代用になっていたとみる説に問題が多いことを指摘した。第3節の「国庁の成立」では，都城の宮殿を祖型として国庁が成立し，諸国において国庁に倣って郡庁が建設されていく場合があったことを説いた。第4節の「瓦葺建物からみた国府の整備」では，国庁を中心にして瓦葺建物が採用されていく実態を時期ごとに整理した。とくに，律令国家による中央集権的支配の役割を担った地方官衙における瓦葺建物の採用については，都城における8世紀以降の荘厳化政策と連動することを示した。第5節では，「国府成立と前身官衙」として，出雲国府や日向国府などの国庁下層から確認されている官衙施設について，単なる評衙ではなく先行した国家的な拠点施設や初期国府の施設である可能性を指摘した。第6節の「文献・出土文字資料と国府成立」では，国府成立に関わる史料や国府出土の文字資料を扱い，7世紀末に国府が成立していたとする考古学的成果と矛盾がない点を確認した。

　付論では，国府成立に関わる諸問題として官衙施設の方位と瓦葺建物について検討した。まず，「1　地方官衙と方位」では，地方では7世紀後葉に出現する官衙施設の多くは正方位を採用していなかったが，国府が7世紀末〜8世紀初めに正方位を採用し，郡衙もそれに倣うようになったと理解し，その背景に都城である藤原京の影響を考えた。

　次に，「2　地方官衙成立期の瓦葺建物」として，7世紀末〜8世紀初めの瓦が地方官衙で用いられる場合，国庁・郡庁の建物に葺かれる例が多い点を明らかにし，地方官衙成立期における瓦葺建物の採用にあたって藤原宮宮殿の影響を考えた。

8

結語は，7世紀後半以降に各地で拠点的な官衙や評衙の設置が進む中で，藤原京期に国府が独立した官衙施設として成立した点は，単に官衙施設が造営されたとみるべきではなく，在地社会が大きく変容する契機であるとし，国郡制形成の中で大きな意味を持っていたとしてまとめた。

　なお，国府・国衙・国庁の用語については，文化庁がまとめた『発掘調査のてびき』に，「国府の施設は，国内行政の中枢施設である国庁，行政実務を分掌する曹司，国司が宿泊する国司館，傭丁らの居所，民家などから構成される。このうち，国庁とその周辺の曹司群とを，国衙とよぶ」と整理されており[18]，これに準拠する。

註
1)　山中敏史『古代地方官衙遺跡の研究』（塙書房，1994年）。
2)　大橋泰夫「国府成立の一考察」（大金宣亮氏追悼論文集刊行会編『古代東国の考古学』慶友社，2005年），同「国郡制と地方官衙の成立」（『古代地方行政単位の成立と在地社会』国立文化財機構奈良文化財研究所，2009年）。
3)　大橋泰夫編『古代日本における法倉の研究』（平成21年度～平成23年度科学研究費補助金・基盤研究（C）研究成果報告書，2012年）。
4)　大橋泰夫「地方官衙創設期の瓦葺建物について」（菊池徹夫編『比較考古学の新地平』同成社，2010年，改稿して本書付論2所収），同「地方官衙創設期における瓦葺建物の検討」（『社会文化論集　島根大学法文学部社会文化学科紀要』第7号，2011年）。
5)　大橋泰夫「国府成立と出雲国の形成」（『出雲国の形成と国府成立の研究』島根県古代文化センター，2010年，本書第3章所収）。
6)　註1『古代地方官衙遺跡の研究』。
7)　八木充「国府の成立と構造」（『国立歴史民俗博物館研究報告』第10集，1986年）。
8)　吉田晶「地方官衙とその周辺―国司制の成立をめぐって―」（『庄内考古学』19号，1985年）。
9)　鐘江宏之「「国」制の成立―令制国・七道の形成過程―」（笹山晴生先生還暦記念会編『日本律令制論集　上巻』吉川弘文館，1993年）。
10)　註2「国郡制と地方官衙の成立」。
11)　府中市教育委員会『武蔵国衙跡1』（府中市埋蔵文化財調査報告第43集，2009年）。
12)　江口桂『古代武蔵国府の成立と展開』（同成社，2014年）。
13)　中村順昭「国司制と国府の成立」（『古代文化』第63巻第4号，2012年）。
14)　註2に同じ。
15)　木本雅康「古代駅家と国府の成立」（『古代文化』第63巻3号，2012年）141頁。
16)　大橋泰夫「長舎と官衙研究の現状と課題」（『第17回古代官衙・集落研究集会研究会

報告書　長舎と官衙の建物配置　報告編』奈良文化財研究所研究報告第 14 冊，2014 年，本書第 2 章所収）。

17)　山中敏史「討議コメント」(『第 17 回古代官衙・集落研究集会研究会報告書　長舎と官衙の建物配置　報告編』奈良文化財研究所研究報告第 14 冊，2014 年）240 頁。

18)　文化庁文化財部記念物課編「第 4 章　官衙の調査」(『発掘調査のてびき　各種遺跡調査編』同成社，2013 年）140 頁。

第1章　各地における国府の検討

　国府の検討にあたって，国ごとに検討していく。国府の位置や構造全体を詳しくは述べず，国庁を中心に国衙の成立時期を中心にみていく[1]。

　畿内の山城・大和・河内・和泉・摂津国については，文献資料・地名などから国府所在地は推定されているが，考古学的な調査は進んでおらず，その実態は判然としない。畿内の国府は遷都を契機として移動する離宮や外交施設を転用するという特色がある[2]。畿内における国府の実態解明は，今後の発掘調査を待つとする。そのため，国府の検討にあたっては，七道諸国を対象とする。

1　東　海　道

　東海道に属した国は，伊賀・伊勢・志摩・尾張・三河・遠江・駿河・伊豆・甲斐・相模・武蔵・安房・上総・下総・常陸国である。武蔵国は宝亀2年（771）までは東山道に属していたので，本書では東山道で扱う。国庁などの国衙施設がみつかっているのは，伊賀・伊勢・尾張・三河・遠江・相模・下総・常陸国である。

（1）伊　賀　国　府

　三重県伊賀市坂之下の国町地区において国庁が確認されている。国庁は奈良時代後半〜平安時代後期まで4期の変遷があり，成立期（Ⅰ期）は掘立柱塀に囲まれた中に，掘立柱建物の正殿・前殿・東西脇殿がコ字形に配置される。規模は一辺40〜50mと小さい。後に，礎石建物に建て替えられるが，瓦葺ではない。10世紀末〜11世紀に廃絶する[3]。

　現在，発掘調査によって知られている伊賀国庁は，奈良時代後半（8世紀後半）になって設けられている。当初の国府ではなく，政庁域出土の土器類などから長岡京期から平安京遷都直後ぐらいの間に移転したもので，その要因として「当地に政庁が移った背景の一つとして，都城の所在地が大きく変化したこ

第1章　各地における国府の検討　　*11*

とと関係することも考慮に入れて今後検討する必要がある」と考えられている[4]。それ以前の国府はわかっていない。

(2) 伊勢国府

長者屋敷遺跡（三重県鈴鹿市）が伊勢国府である。瓦葺建物からなる国庁と

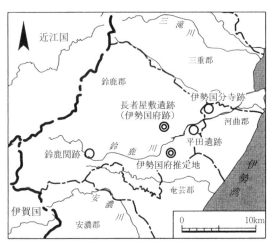

図1　伊勢国府の位置

その西隣に同規模の西院があり、その北側には南北3区画・東西3〜4区画の方格地割が形成され、その内部にも瓦葺建物9棟と掘立柱建物1棟が確認されている[5]（図1〜3）。

国庁は正殿・後殿・脇殿が軒廊で結ばれ、周囲を築地塀で囲み、近江国庁と建物配置が似る。国庁は瓦葺建物で、8世紀中頃（8世

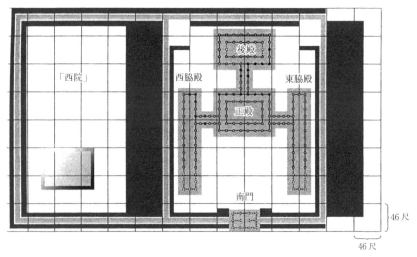

図2　伊勢国庁の模式図

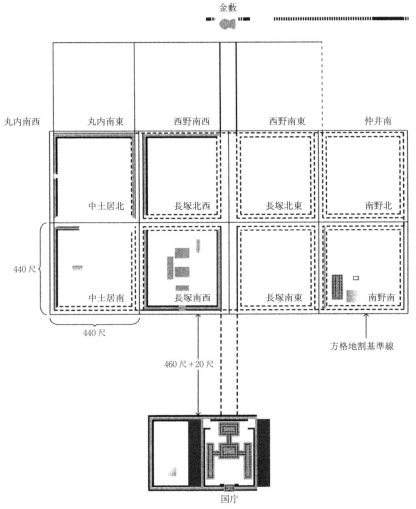

図3 伊勢国庁・方格地割

紀第2四半期か）に造営されている。軒瓦は重圏文軒丸瓦と重廓文軒平瓦で，ほかに平城宮6719A型式と同笵の均整唐草文軒平瓦が出土している。国庁西側にも築地塀に囲まれた区画があり，内部に瓦葺建物が建つ。国庁地区だけではなく，北方に展開する方格地割内部に建つ施設（曹司・館）も瓦葺建物となっている。長者屋敷遺跡で確認された伊勢国府の設置は，国分寺創建前である。

第1章　各地における国府の検討　　13

長者屋敷遺跡の成立年代については，出土土器から9世紀以降とする意見[6]もあるが，新田剛は土器については国庁廃絶後のものと考え，「北西隅部分では土器・鉄滓・鞴羽口などが捨てられた廃棄土坑が見つかっている。出土した土器が9世紀的様相を示すことから，国庁の成立を9世紀に下ると考える見方があるが，後述の瓦類と年代差が大きく，出土遺物の質も国庁にはふさわしくないものである。国庁としての機能を失ってからの利用形態を物語るものである」とする[7]。妥当な見解である。

　伊勢国府として長者屋敷遺跡のほかに，三宅神社遺跡が推定されている。新田剛は，長者屋敷遺跡は実務的な官衙施設の曹司や国府を支えた職員の生活の痕跡が乏しいことから8世紀第2四半期に新造されたとし，一貫して国府町の三宅神社遺跡に国府が置かれ，ある時期に国庁を中心とする国府機能の一部が広瀬町の長者屋敷遺跡に展開したとみる。単なる移転ではなく，三宅神社遺跡では奈良時代前半以降鎌倉時代まで多くの遺構や遺物がみつかる点から，長者屋敷遺跡に国庁が造営されても国府の実務を担う諸施設は一貫して国府推定地の三宅神社遺跡にあったと推定する[8]。ただし，三宅神社遺跡の実態については不明な点が多い。

(3) 尾張国府

　尾張国府（愛知県稲沢市）は三宅川の自然堤防上に立地する。国庁はみつかっていないが，永井邦仁によって，大国霊神社を中心にした発掘調査地や東側にあたる塔の越遺跡などが国府域に含まれる点が明らかにされている[9]。

　国衙中枢施設は不明だが，掘立柱建物や礎石建物と区画溝，木簡や墨書・刻書土器などの文字資料，多量の陶硯・転用硯，銙帯，銅印，白色陶質土器・緑釉陶器などの高級食器，官衙に関わる遺物が数多く出土している。

　塔の越遺跡から出土した「□守」「國」と記された刻書土器が注目されている。「□守」は7世紀末〜8世紀前半の溝から出土しており，国府の成立時期を知る手がかりとなる。永井は，「「守」や「國」がある点は，供給先の性格をある程度示しているといえる。すなわち「守」は国司の長官であり，「國」は国庁などの国府施設である」と指摘する。そのうえで，塔の越遺跡の性格について，7世紀末〜8世紀前葉の掘立柱建物群と溝は同一方位を示して一定の区

画が推定できること，「□守」刻書須恵器，井戸を併存している点から国司館と推定する[10]。

尾張国府の施設は，8世紀以降，三宅川両岸の自然堤防上に展開していたことが明らかにされている。

（4） 三 河 国 府

三河国府は愛知県豊川市の白鳥台地上でコ字形配置の国庁が確認されており，3期の変遷がある[11]。国庁は，正殿・後殿・脇殿がコ字形に配置され，塀で区画される。正殿・後殿は掘立柱建物（Ⅰ・Ⅱ期）から礎石建物（Ⅲ期）に建て替えられ，脇殿も掘立柱建物から礎石建物に建て替えられた可能性がある。そうした定型化した国庁に先行して，同じ場所で先行する向きの異なる四面廂の大型掘立柱建物が確認されている。

当初，コ字形配置をとる国庁は前殿も備え8世紀前半まで遡るとされたが，2005年に東脇殿の調査が行われ，出土土器の検討も行われた結果，Ⅰ期東脇殿については8世紀末〜9世紀初めと修正された[12]。

以前著者は，豊川市教育委員会の報告を基にして，三河国府の成立年代はⅠ期正殿に葺かれた瓦から国分寺創建前の8世紀第2四半期で，Ⅰ期に先行する建物SB-601を成立期の国庁とみて三河国府の成立は7世紀末〜8世紀初めに遡ると考えた[13]。現在では，三河国庁がコの字形配置となる時期は，「Ⅰ期の上限が9世紀第1四半期，Ⅱ期の上限が9世紀第3四半期，Ⅲ期の上限が10世紀第1四半期で，各時期とも50年前後の存続時期を推定するのが妥当と考えられ，9世紀代には，コの字形配列の政庁が確実に成立していたことを確認できる。そして柱穴の重複状況等から，正殿・後殿も同様な3期変遷をたどったことが示唆されることから，これを三河国庁の3期変遷と設定し直す」[14]と修正されている。再検討の中で，前殿とされた建物もなかったと判断され，みつかった大型の柱穴は建物かどうかも不明となっている。

豊川市教育委員会によって，コ字形配置をとる国庁成立は9世紀第1四半期を上限とされている。この案も三河国庁の設置が9世紀第1四半期にはじまったことを示すものではなく，国庁周辺で出土する土器・瓦類から，8世紀代に遡ると考える。国庁を中心に出土する瓦は国分寺創建前に位置付けられ，先行

する建物（推定）に葺かれたと推定されている[15]。北野廃寺系軒丸瓦については，8世紀初めを中心にする時期ともう少し古くみる意見[16]もあるが，まだ瓦葺建物は特定されていない。

「現段階では国庁域（曹源寺地区）で確認された遺構のうち8世紀代に確実に遡る国庁関連遺構を抽出することは難しい」とし，9世紀第1四半期に先行する施設は不明だが，瓦から8世紀代の国庁関連の瓦葺建物が存在した可能性を憶測する[17]。また，当初，コ字形配置の国庁に先行する，正方位から振れた四面廂の掘立柱建物SB-601は7世紀後半〜8世紀初めとされていたが，現在は「7世紀後半〜8世紀代の遺構と推定されるが，現状では時期・性格ともに絞り込むことができないため，ここでは扱わない」とする[18]。四面廂建物SB-601は，国衙の成立年代を究明するうえで重要な建物であることに変わりはないが，年代や性格を含めて位置付けがされていない。

三河国府については，国庁北側から8世紀第2四半期頃を上限とする区画溝が複数検出されており，国庁の設置時期を含めて国庁周辺の官衙施設や道路などの究明も課題となっている[19]。

三河国府では，現在みつかっている定型化したコ字形配置をとる国庁は9世紀第1四半期に成立したとされ，奈良時代に遡る国庁や国衙の実態は不明となっている。一方で，奈良時代前半に遡る瓦は国庁で出土しており，豊川市教育委員会も推定するように，瓦葺の国衙中枢施設（国庁か）は8世紀中頃までには成立していた。この時期の瓦が国庁に使用された例（伊勢・常陸・近江・美濃・下野・陸奥・伯耆国など）をみると，コ字形配置をした定型化国庁もしくは武蔵国府のように国衙中枢施設で葺かれている。

現在，奈良時代に遡る国庁を含めた国衙の構造は不明であり，今後の調査・研究を待ちたい。

（5）　遠　江　国　府

遠江国では国分寺南方の御殿二之宮遺跡（静岡県磐田市）で，8世紀前半代に遡るL字形に配置された国衙とみられる建物群が確認されている[20]。転用硯を含む多量の硯，8世紀の奈良三彩（褐・緑の二彩）も出土する点から，格式が高い官衙施設で国司館とみられる。国府所在郡の磐田郡のほかに，城飼郡

の「狭束郷」を記載した荷札木簡も出土し，「郡界をこえた組織，たとえば国府，国津，駅家等に関連をもつ」と指摘されている[21]。また，「駅家人」と記載された木簡から付近に駅家，「豊毅」「綾生」などの墨書土器から軍団や織物に関わる機関，木製祭祀具の人形・斎串や人面墨書土器から祭祀場があったとされ，遺跡の立地環境から類推して，国府の近隣またはその一画に「津」があったと推定されている[22]。

御殿二之宮遺跡の西隣に白鳳期の大宝院廃寺が存在し，別名「大光寺」とも呼ばれていたらしく，国府があったことを示す傍証資料とされる。御殿二之宮遺跡は 10 世紀半ばに衰微し，北方 2 km にある中世の国府所在地の見付に国衙が移った可能性が高い[23]。御殿二之宮遺跡は国衙の一部で，8 世紀前半にはこの地に国府が置かれていたとみられる。国庁はみつかっておらず，その実態は不明な点が多い。

(6) 相模国府

相模国府の所在地は，古辞書の『倭名類聚抄』に大住郡（神奈川県平塚市域），『伊呂波字類抄』に余綾郡とある点から移転説があった。大住郡から余綾郡へという 2 遷説と，大住郡の前に別の地に国府が置かれたとする 3 遷説である。3 遷説の初期国府としては，国分寺が建立された高座郡（海老名市域）に求める高座郡説と，足柄郡（小田原市域）の千代廃寺を初期国分寺として周辺に初期国府があったとみる足柄郡説があった[24]。

平安時代の所在地は，『倭名類聚抄』記載や発掘調査成果から大住郡にあたる平塚市域に求めることは異論がない。この問題は，田尾誠敏が整理したように，「大住国府域の稲荷前 A 遺跡から出土した「国厨」銘墨書土器が 8 世紀後半に遡ること，8 世紀前半における大住国府域の人口増加をもって国府造営期とする明石新氏の一連の研究〔明石 1995・1996・1998 など〕，および相模国府に関するシンポジウム〔平塚市博物館 1999〕において一応の決着をみた」とされ，8 世紀前半にすでに大住郡に国府が設置されていたとみる意見が有力となっていた[25]。

坪ノ内遺跡

こうした中，平塚市四之宮の坪ノ内遺跡第 7 地点で 2004・2005 年に確認さ

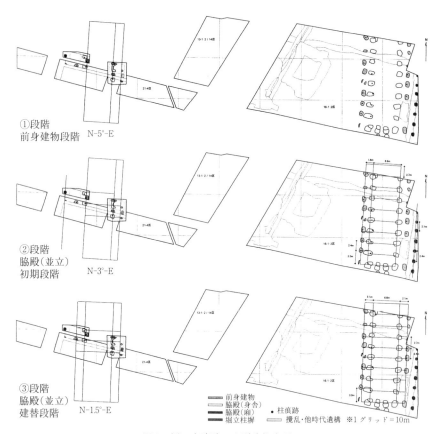

図4　坪ノ内遺跡の大型建物変遷図

れた，掘立柱塀で区画された大型掘立柱建物2棟を国庁の両脇殿とする説がだされた（図4）。根拠は下記の通りである[26]。

・建物の軸が南北方向で，規模がとても大きい。
・ほぼ同じ場所で建て替えが行われている。
・廂が付されるという格式の高い建物である。
・建物内に間仕切りとしての柱が存在しない。
・両建物の間に，広大な空間がある。
・建物群が掘立柱塀に囲繞されると考えられる。

建物2棟は東西80mほど離れており，その北側に正殿を想定したコ字形配

置の国庁とみて，8世紀初め〜後葉まで機能した後に，9世紀初め頃までに廃絶したと考える。現在，坪ノ内遺跡の大型建物を国庁とする説が有力視されており，神奈川県下では支持する意見が多い[27]。

　筆者も，四之宮周辺の遺跡で出土する「国厨」などの墨書土器・多量の施釉陶器・銙帯・佐波理匙・海老錠などの出土遺物，『倭名類聚抄』の記載から大住郡にあたるこの地に9世紀以降には国府が設置されていたと考える。一方，坪ノ内遺跡の大型建物を国庁の脇殿とし国分寺創建前の8世紀前半に四之宮周辺に設置されていたと断定するには，まだ問題が多い。この大型建物は8世紀初めの竪穴建物を壊し，報告されているように8世紀前半に遡る官衙施設とみられるが，コ字形配置をとる定型化した国庁と判断するにはいくつかの問題がある。大型建物や出土遺物から8世紀前半から官衙施設は設置されていたが，大住郡衙の実態も不明であり，四之宮周辺でみつかっている遺構や遺物をすべて国衙と関わるとみるには慎重な検討が必要である。

　奈良時代における定型化国庁は，塀で囲繞された一院の中に，正殿の前に庭や両脇殿が塀と分離して左右対称の整然とした建物配置をとり，南面する（本書第2章）。こうした点からみると，坪ノ内遺跡の大型建物は塀で区画され，建物間の東西幅が約80mあり，国庁として相応しいとみることも可能である。しかし，正殿の有無もわからず，コ字形配置をとっていたかは不明である。国庁とするには建物配置の規格性が高くない。脇殿とされる大型建物はまず西脇殿が建ち，遅れて東脇殿が揃う。両脇殿とされる建物は方位が2度異なり，東辺塀・西辺塀とする区画施設も建物から等距離ではない。大型建物については，「左右対称の整然とした建物配置」とみることは問題が多く，ほかの国庁例に比べて規格性が乏しい。

　さらに，国庁の脇殿は廂を持たない例が多いが，坪ノ内遺跡では片廂で，後に二面廂となっている。加えて，全国的にみて国庁は国分寺創建前後の8世紀中頃に瓦葺となり，8世紀後半代には礎石建ちとなって威容を示す例が多い中で非瓦葺である（本書付論2）。

　国庁周辺には，掘立柱建物を中心とした曹司や国司館などが配置されるのが一般的だが，そうした施設の実態も不明な点が多い。その一方で，周辺に8世紀前半〜10世紀代まで竪穴建物が数多く展開し，鍛冶遺構も8世紀末頃から

第1章　各地における国府の検討　*19*

置かれている。これも坪ノ内遺跡第7地点を奈良時代の国庁とみることを躊躇する点である。相模国府では9世紀初めに国庁が廃絶するという点も不審である。多くの国庁が礎石建ちの瓦葺建物として整備されるのは8世紀中頃から後半代であり、建て替えや改修を行い、10世紀代まで威容を示していたことが、各地の国府の発掘調査によって明らかにされている。塀も掘立柱塀から築地塀に建て替わる場合が多い。

　他国の国庁からみて異例な点が多く、坪ノ内遺跡の大型建物を国庁と断定することはできない。国庁ではなく、国衙の曹司や国司館などの国衙施設であった可能性はあり、相模国府は8世紀前半代に遡ることになる。ただし、国衙中枢施設ではなく郡衙などに関わる別の官衙施設であった可能性も排除できず、曹司・国司館といった国衙とみることも確実ではない。

国分寺と3遷説

　国分寺との関係で高座郡（海老名市）説があった。相模国府が大住郡の平塚市域に国分寺創建前から設置されていた場合、国分寺は別の高座郡に建立されていたことになる。相模国分寺が高座郡に所在する点から、国府移転説があった。以下、国府と国分寺創建との関係をみておく。

　国府近くや同郡内に国分寺を設ける制度はないが、国分寺は国府から数km以内に設けられる例が多く、これは国分寺が国府とともに地域支配の一翼を担うためであった。国府と離れて国分寺が設けられている国の場合では、奈良時代中頃には国府は国分寺近くにあったが、後に国府が移転したために離れたと理解されていることが多い。

　安芸国府は『倭名類聚抄』の記載から10世紀には平安時代に安芸郡にあったが、国分寺は賀茂郡（東広島市）に所在する。そのため、当初の国府は賀茂郡に置かれたとみる意見がある。同じく、信濃国府も移転説が有力である。『倭名類聚抄』などの史料に筑摩郡と記載され、国府は平安時代には今の松本市にあったが、国分寺は小県郡（上田市）にあり、奈良時代の信濃国府は国分寺北側の国分遺跡群が有力候補地となっている[28]。さらに、千曲市屋代遺跡群からみつかった木簡から、初期の信濃国府は埴科郡に置かれていた可能性が高い。信濃国府は3遷し、国府と国分寺の位置が平安時代には異なっていた。

　国府と離れて国分寺が創建された国では、国分寺創建前から国府周辺に寺院

がすでに設けられている場合が多い。多賀城（陸奥国府）の近くには多賀城廃寺が建設されていた。多賀城廃寺は多賀城に付属する官寺で，多賀城と同時期に創建され10世紀半ばまで存続し，盛衰をともにした。備前国も有力寺院である賞田廃寺と幡多廃寺があり，国府域内に仏教施設としてハガ遺跡も設けられていた。備中国府（推定）の近くには栢寺廃寺があり，備後国府の場合，国分寺創建前に伝吉田寺が伽藍を構えていた。

　国分寺は国府に近い場所に建てられることが多いが，両者が離れた例をみると国分寺創建前に国府域内もしくは周辺に伽藍を構えた寺院が存在している場合が多い。国府の一画に設けられている寺院は，氏寺として一族の現世利益や冥福を願うためだけでなく，奈良時代になると国分寺に準じて国家安寧を祈願させる役割を負わされるようになっていく。ここでは，国が主催した法会などが実施されていた。相模国では，国分寺が建立された高座郡内には郡衙に隣接して下郷尾廃寺が7世紀末に創建された。一方，大住郡の平塚市域において国分寺創建前に遡る寺院は知られておらず，ここに国分寺創建前に国府が設置されていたとみていいのか，不審である。平塚市域における発掘調査によって，8世紀前半，大住郡に国府が設置されていたとする説が有力視されている。国府が大住郡の平塚市域に8世紀前半までに設置された可能性はあるが，これまで述べてきたように，坪ノ内遺跡第7地点の大型建物を国庁と断定することはできない。奈良時代における相模国府の所在地については，先行研究で推定されていたように，まだ国分寺が建立された高座郡の可能性も残しておきたい。

（7）　下　総　国　府

　下総国府（千葉県市川市）は，和洋学園国府台キャンパス内遺跡で四期に大別される奈良・平安時代の遺構が確認されている。国庁はみつかっていないが，道路・溝・掘立柱建物跡が確認され，下総国府が8世紀前半からはじまり，10世紀初め頃までは機能していた[29]。隣接する須和田遺跡からは国府と関わる「博士館」「右京」，下総国分僧寺跡から駅名とみられる「井上」と記された墨書土器が出土し，下総国府が交通の要衝地に設けられ，古代では真間の入江を国府津として葛飾郡衙，井上駅と一体になって機能していたと理解されている[30]。

松本太郎は，土器様相から 7 世紀末～8 世紀初めに国府が成立した可能性を指摘した[31]。下総国府・国分寺・市川市内の集落遺跡から出土した土器を分析し，7 世紀末～8 世紀初めの国府出土の土器様相（とくに須恵器の器種構成と生産地）は劇的ともいえる変遷を遂げ，下総国府の組織，施設の変化が土器に明瞭に反映されているとみて，この時期に国衙が成立し国庁造営が着手されたと考えた。その後，松本太郎は山中敏史の研究[32]に基づき，下総国府を含めて定型的国庁と中枢施設が集中する国衙が造営されるのは 8 世紀前半でも第 2四半期が中心とし，7 世紀末～8 世紀第 1 四半期には，「国府は国庁の成立が推測された遺跡もあるが，開発の着手はしていても定型的施設が成立に至っていない端緒的段階である」と考える[33]。松本が指摘するように，土器研究は国府の饗宴の一端を考えるうえで有効だが，下総国府では国衙中枢施設そのものはみつかっていない。

下総国府では，土器のほかに国府域からは下総国分寺と同笵の軒瓦のほか，8 世紀前葉の瓦も出土している。こうした瓦が葺かれた建物は特定できないが，寺院だけでなく国庁などに葺かれた可能性もある。下総国府では国庁をはじめとする国衙中枢施設については不明な点が多いが，遺構や遺物からみると8 世紀前半までには設置されていた。

(8) 常 陸 国 府

常陸国庁（茨城県石岡市）は 8 世紀前葉に定型化国庁として成立する。国庁は塀で一辺約 100 m を区画した北寄りに正殿を置き，前面に脇殿 2 棟ずつをコ字形に配置し，正殿と脇殿 4 棟の配置が 9 世紀代以降も踏襲されていく。定型化した国庁に先行し，下層から庭を持つ政庁がみつかっている（図 5）。

国庁下層でみつかった政庁は，コ字形配置の建物群で次期の国庁とほぼ同位置に南北 49.2 m×東西 57.9 m の規模で東面する。箕輪健一によって，定型化国庁の中軸線が先行する前身官衙（初期国庁）の基準線を踏襲し，「国庁前身官衙と定型化国庁は，極めて計画的高度な設計技術により造営されたものとみなすことが可能で，正殿の桁行 6 間という偶数柱間の継承をも考慮すると，両者の造営は，一貫した理念を踏襲した連続性のある官衙形成であった」ことが明らかにされている[34]。政庁は，次期の国庁が同じ位置に設置され中心的な

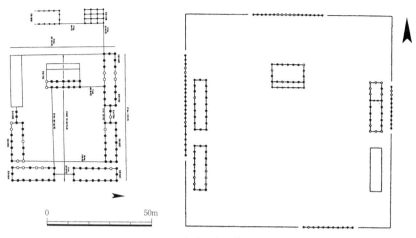

図5 常陸国庁の模式図

建物SB1702が次期の国庁正殿と同じ6間である共通性から，初期国庁とみることができる。国分寺と同笵瓦のほかに，7世紀末〜8世紀初めの瓦も出土しており，初期国庁に葺かれた可能性がある。量が少なく甍棟であろう。

建物の基準線や正殿の柱間の共通性に加えて，定型化国庁の建物配置も初期国庁を継承したとみている。初期国庁は東面するが，正殿両脇に2棟の脇殿を配置し，区画施設として塀を設けず，正殿正面側に東西棟2棟を置いた口字形配置をとる。一方，8世紀前葉に南面し，規模が大きくなった国庁は脇殿を2棟とし，前身の初期国庁と同じ配置をとる。初期国庁と定型化国庁がともに北側が桁行8間に対して，南側は初期国庁が7間，定型化国庁が6間と短い。また，正殿と脇殿の位置についても，同じように脇殿2棟からなる大宰府政庁では正殿前方に脇殿が置かれるが，常陸国庁では正殿脇に配置されている。初期国庁は正面に長舎を並べて区画も兼ねて内側を庭にしたが，定型化国庁では独立した掘立柱塀に変更されたとみる。

定型化国庁は，設計の基準線・正殿の構造，建物配置について初期国庁と共通点が多く，両者の密接な関係がうかがえる。8世紀前葉に常陸国庁は正方位を採用し，独立した塀によって区画され，規模も拡大するが，初期国庁の影響が認められる。建物配置・構造からみて，口字形配置をとる建物群は初期国庁とみることができる。

第1章 各地における国府の検討 23

なお，定型化国庁下層でみつかった政庁について，茨城郡衙の郡庁の可能性は低い。茨城郡衙は常陸国府から南東に1.2km離れた外城遺跡と推定され，谷を挟み7世紀後半に創建された茨城廃寺が隣接する。茨城廃寺は墨書土器「茨寺」が出土した郡名寺院であり，近くで炭化米が採集されている外城遺跡が茨城郡衙である。

　茨城郡衙の位置は『常陸国風土記』の記載から，8世紀前葉に茨城郡衙は信筑川（恋瀬川）の左岸にあったが，常陸国庁も恋瀬川左岸にあり，この記載だけからは外城遺跡を示したかは不明である。しかし，風土記には「所謂茨城郡，今存那珂郡之西，古者，郡家所置，即茨城郡内。風俗諺云水依茨城之国」とあり，もともと茨城郡家は現在地ではなく，北側の那賀郡内に設けられた後に移転していると理解できる。奈良時代の国庁下層の政庁が茨城郡庁とすると，後に国庁に建て替わることから茨城郡衙は2度移転したことになる。『常陸国風土記』には，2度目の移転記事が記されていないことも不自然である。郡衙と寺院は近接している場合が多く，茨城郡衙でも近接して茨城廃寺が設置されていたと理解できる。

　以上の点から，コ字形配置をとる定型化国庁の下層で確認された官衙建物は，茨城郡衙とは別に設置された初期国庁であったと理解できる。

2　東　山　道

　『延喜式』によると東山道は，近江・美濃・飛驒・信濃・上野・下野・陸奥・出羽国の8ヵ国であり，武蔵国も宝亀2年（771）まで東山道に含まれた。一時，信濃国から諏訪国（721～731年），陸奥国から石背国・石城国（718年から数年間）が分立した。近江・美濃・武蔵・下野・陸奥・出羽国で，国府の所在が発掘調査によって明らかになり，コ字形配置をとる国庁や国司館・実務的な施設（曹司）がみつかっている。東山道だけの特徴ではないが，これらの国庁は丹塗り瓦葺建物として国家の威信を示した。一方，飛驒・信濃・上野国では，まだ国府の所在地や官衙施設は明確ではない。

(1) 近江国府

近江国府（滋賀県大津市）において1963年からの発掘調査によって，はじめて国庁が正殿・後殿・脇殿からなる整然としたコ字形配置をとることが明らかになった[35]。これ以降，各地の国府調査が進展した。歴史地理学的研究から周防国府とともに近江国府は都城のミニチュア版として，方形で方格地割をとると考えられたが，その後の調査によって方形をとらないことが明らかになっている。8世紀中頃以降，国庁を中心に駅路の東山道沿いに，堂ノ上遺跡（勢多駅か），青江遺跡（国司館），惣山遺跡（倉庫群）や瀬田廃寺が丘陵上に展開し，丹塗り瓦葺建物として威容を示した。

近江国庁は8世紀中頃以降のものであり，先行する初期国府があるかが問題とされてきた。現在のところ，北方の南大萱地区説，別の滋賀郡説，現在みつかっている国庁下層説の3説が出されている。

丸山竜平は，近江国庁の報告書中で北方の南大萱地区に初期国府を想定した。その位置は現国府域より北へ3.5町のところを南端に，五町四方の地割がみとめられる現東光寺の所在附近（白鳳時代の瓦の出土が知られている）を想定することが一案であろう。この想定を助けるものは，南大萱の五町四方地の南北軸が三大寺遺跡の南北軸と一致することである。しかも東光寺廃寺跡の寺域西端南北線が真南に延びて，近江国府の朱雀大路となって国衙の北端中心部にいきあたるメインストリートとなることである[36]。

木下良も南大萱説を支持し，方格地割や白鳳期の東光寺廃寺の存在に加えて，国府所在郡の栗太郡衙が栗東町岡遺跡でみつかり，南大萱地区に郡衙が想定しがたい点をあげた[37]。

平井美典は同じ栗太郡ではなく，都に近い滋賀郡にあったと推定する。

『延喜式』や『倭名類聚抄』に掲載されている近江国各郡の筆頭は，国府がみつかっている栗太郡ではなく，栗太郡から琵琶湖と瀬田川を隔てた対岸に位置し，都にも近い滋賀郡である。滋賀郡に初期国庁が存在した可能性も考慮する必要があろう[38]。

一方，須崎雪博は国庁の下層に推定する。

現段階において7世紀後半代に遡る遺構は確認されていない。しかし，国

庁跡の調査時に鋸歯縁複弁八葉蓮華文軒丸瓦と，内面にかえりを持つ須恵器の杯蓋等が出土しており，時期的には7世紀末から8世紀初めにかけた時期に当てることができることから，当地の下層に初期国庁の官衙が存在する可能性が考えられよう[39]。

近江国庁が8世紀中頃からはじまる点から，移転説もしくは下層に先行する近江国衙を推定する。筆者も，木下良が指摘したように国府所在郡の栗太郡衙が岡遺跡で確認されている点から，先行する国府は別にあったと考える。岡遺跡は正殿を長舎で囲んだ郡庁を中心にして，正倉院，館もしくは厨家と推定される施設からなり7世紀末〜9世紀末に機能していた[40]。岡遺跡について，国衙機能を兼ね備えた官衙遺跡とみる積極的な証拠はない。また，岡遺跡の北東約2kmに位置する手原遺跡は，大型建物や白鳳寺院からなる官衙遺跡群で，岡遺跡に後続する栗田郡衙とみられている[41]。

瀬田丘陵でみつかっている近江国庁は8世紀中頃に建設されており，それ以前に遡る国府がどこに設置されたかは不明となっているが，別に初期国府はあったと考える。

（2） 美 濃 国 府

美濃国府（岐阜県垂井町）は正殿と脇殿2棟を東西に配置したコ字形をした国庁が確認され，東側には溝で区画された一画があり，国府に関わる官衙施設とみられている（図6）。国庁は，Ⅰ期：掘立柱建物，Ⅱ期：掘立柱建物，Ⅲ期：礎石建物へ建て替わる。それぞれの時期は，Ⅰ期が奈良時代初頭，Ⅱ期が奈良時代中頃，Ⅲ期が奈良時代後半とするが，実年代を示す遺物は少なく成立年代については検討の余地が残る。報告では，「全体的な遺物の出土状況は，Ⅰ期に属する遺物出土量は多くなく，政庁以外の当該期の遺構もほとんど確認されていない」とする[42]。

なお，贄元洋は美濃国庁の東脇殿の柱穴掘方内から出土した土器の中に，9世紀後半の灰釉陶器や須恵器碗が含まれている点から第Ⅱ期の上限年代を9世紀第3四半期，創建を9世紀第1四半期とし，垂井町教育委員会の報告と大きく異なる[43]。

ここでは報告書の年代案を採用するが，美濃国庁の年代基準となる柱穴から

出土した土器の取り上げには問題があり，建物年代の決定については発掘調査による再検討が必要である[44]。

美濃国府からは7世紀後半代に遡る土器も出土しているが，国庁建物の年代を示すものは少ない。成立年代の上限を考える資料として国庁設置前の遺構があり，正殿前の竪穴状遺構SX9100について出土土師器（図7）から7世紀末に位置付けられ，この時期以降に国庁が設置されていた。

建物と出土土器の出土状況が明確でない中で，美濃国庁の年代を探る手がかりとして瓦がある[45]。美濃国府から出土した軒瓦は，平城宮の軒丸瓦6282型式，軒平瓦6721型式と同系統である（図8）。軒平瓦6721の顎形態は曲線顎Ⅰで，平城宮編年では平城京還都前のⅡ期末（747年以前）に遡り，曲線顎Ⅱの恭仁宮所用瓦より古い。平城宮では軒平瓦の曲線顎Ⅰか

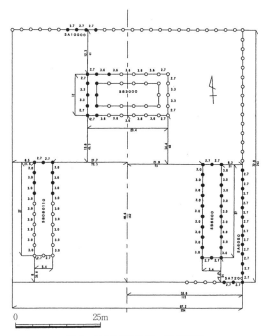

図6　美濃国庁Ⅱ期の遺構配置

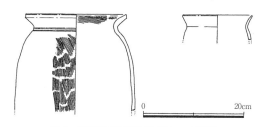

図7　美濃国庁SX9100出土の土師器

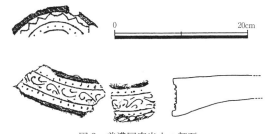

図8　美濃国府出土の軒瓦

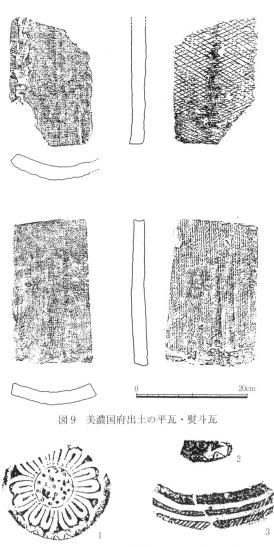

図9 美濃国府出土の平瓦・熨斗瓦

図10 宮処廃寺（1）・宮代廃寺（2・3）出土の軒瓦

ら曲線顎Ⅱに，天平12,13年（740,741）頃に変化する[46]。平城宮における年代を参考にすると，美濃国府例は曲線顎Ⅰで平城宮Ⅱ期末の8世紀第2四半期後半頃に位置付けできる。

美濃国庁とその周辺から出土した平城宮系瓦から，8世紀第2四半期後半に瓦葺建物が国庁内にあったとわかる。ただし，瓦の出土状況からはどの建物が瓦葺かは不明である。一方で，美濃国府では平城宮系瓦よりも古い瓦も出土している。桶巻作り格子叩きの平瓦である（図9）。美濃国府では平城宮系の軒瓦には縄叩きで一枚作りの平瓦が組むが，これとは別になる。格子叩きの平瓦は平城宮系の軒瓦より古く，国府前身の寺院に伴うと推定されていた[47]。しかし，国庁の調査で前身寺院に関わる遺構が確認されていない点から国庁所用瓦とみる。格子叩き平瓦は，斜格子（大・小）と正格子の3種があり，斜格子（大）は宮処寺廃寺，斜格子（小）は宮代廃寺に同一叩きがあり，

正格子も宮代廃寺に酷似し同一叩きの可能性が高い。同一叩き平瓦を出土する，宮処寺廃寺と宮代廃寺からは白鳳期に遡る川原寺系軒瓦が出土し，7世紀第4四半期後半〜8世紀第1四半期に収まる（図10）。こうした瓦が初期の国庁（第Ⅰ期）に葺かれたと考える。したがって，8世紀第2四半期後半の平城宮系瓦は，第Ⅱ期以降の国庁整備や補修で葺かれたのであろう。

美濃国庁は7世紀末を上限とし8世紀初めまでに設置され，2度の建て替えを経て10世紀代まで機能した。

田中弘志は，武義郡衙・弥勒寺官衙遺跡で郡庁の建物配置が美濃国庁と類似し建て替えの変遷も対応することを指摘する[48]（図11）。美濃国庁について，「規模こそ異なるものの，武義郡衙のそれと類似していることは一目瞭然である。建物配置もさることながら，注目すべきは建て替えの状況である」とし，美濃国庁の正殿が掘立柱建物から礎石建物へ建て替わり，西脇殿が掘立柱建物（2時期）から礎石建物に同じ位置で変遷するあり方は，武義郡衙の郡庁と一致するとした。美濃国庁と武義郡衙郡庁は正殿・脇殿をコ字形に配置し変遷も一致する。美濃国庁をモデルに郡庁が成立した可能性がある。

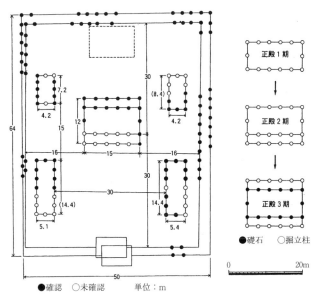

図11　弥勒寺官衙遺跡：郡庁の配置と正殿の変遷

（3） 武 蔵 国 府

　武蔵国府（東京都府中市）は 1,700 ヵ所を超える発掘調査によって，ほぼ全体像が把握されている[49]。その形成は 7 世紀末〜8 世紀初めにはじまり，国府域は東西約 2.2 km，南北約 1.8 km と広範囲に及び，国司館や実務的な施設，宗教施設（寺院・社），工房，雑務にあたった人々の竪穴建物が展開する。すぐ西側には官道の東山道武蔵路が北上し，国分寺と尼寺の間を抜けていく。国府域内にも諸施設をつなぐ，複数の道路が設けられ武蔵路に接続する。国衙東側では「多磨寺」と郡名を冠する寺名文字瓦が出土し，近くに多磨郡衙を想定する説が有力である[50]。ただし，これまでの調査で正倉をはじめとし郡衙に関わる遺構がみつからないために，郡衙についてはほかの場所を推定する意見もある[51]。酒井清治も，京所廃寺を多磨郡の郡寺と認めたうえで，国衙域に隣接し国府整備直前か並行することや軒瓦の意匠が国分寺創建瓦に引き継がれる点から両者が密接な関係にあったとみて，「国師が所在する堂舎としても位置づけられていたのではなかろうか」と考える[52]。

　武蔵国府の範囲は広く，7 世紀末〜8 世紀初めから官衙施設が道路網で結ばれ，寺も構え，多くの人々が集住する都市的な空間であったことが明らかになっている。

国衙中枢施設

　国衙は武蔵国総社である大国魂神社付近でみつかり，南北 290 m，東西 200 m が築地塀（推定）で囲まれる（図12）。その中に，国衙中枢施設が約 100 m 四方の区画からなり，大型の東西棟建物が南北に並び，西側に総柱建物 3 棟が並び建つ。国衙の大型建物は掘立柱建物から礎石建物へ複数回の建て替えがあり，8 世紀前葉〜10 世紀後半まで存続した。中枢部周辺では多量の瓦類が出土しており，8 世紀中頃に塼を用いた格式の高い瓦葺掘立柱建物が建ち，9 世紀中頃に瓦葺礎石建物に建て替わる。脇殿がなく国庁そのものではなく，国庁近くに併設された特別な儀式や宴会などに対応する中枢官衙と考えられる。国衙の建物群では掘立柱建物の柱穴や礎石据付の根石に使われた瓦や塼の出土状況から，2 時期目の 8 世紀中頃に塼を用いた瓦葺掘立柱建物が推定されている。創建期の掘立柱建物は 8 世紀前葉に遡る。

30

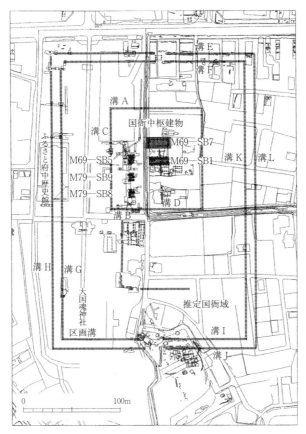

図12 武蔵国府の国衙中枢施設

初期の国司館

　国司館とされている御殿地地区は，国衙の南西約100mにあたる多摩川に向かって張り出した段丘上にあり，西に富士山を望む。建物群は7世紀後半〜8世紀中頃まで機能し，四面廂の東西棟と南北棟の掘立柱建物がL字形（もしくはコ字形配置）をとる時期がある（図13）。整然と並んだ建物配置，平城京などほかの官衙建物との類似性，短期間の存続であること，竪穴建物（煮炊きを伴う施設）が近接すること，富士山を望む眺望の地に立地していること，近くの大型土坑から「□館」墨書土器が出土し，国司館と考えられている[53]。

　江口桂は，武蔵国府の成立は7世紀末〜8世紀初めに遡るとし，御殿地地区

第1章　各地における国府の検討　　*31*

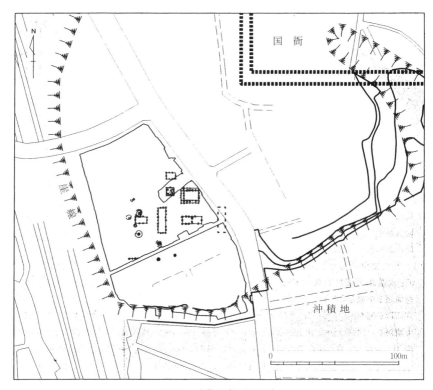

図13 武蔵国府の国司館

の国司館は初期国庁あるいは国宰所を兼ね備えていた国府の重要な施設と推定する。そのうえで，8世紀前葉以降に定型的な国庁が成立したと考える。

　武蔵国府は，竪穴建物跡や掘立柱建物跡などの遺構が国府域全体に分布し，官衙ブロックが設置されるN1期（7世紀末～8世紀初め）に成立していた。しかし，国庁の成立が8世紀前葉を遡らないことから，その段階では，御殿地地区の国司館が初期国庁あるいは国宰所を兼ね備えていた。そして，8世紀前葉以降の定型的な国庁の成立に伴い，御殿地地区の国司館は，国司の官舎としての機能に特化され，8世紀中頃に廃絶（＝他所へ移転）した[54]。

　武蔵国府は，国司館・曹司が7世紀末～8世紀初めに成立しているが，まだ国庁は場所も不明で，その実態解明が課題となっている。

(4) 下野国府

　国庁の正殿は未調査であるが，調査が行われた国庁の中でもっとも建物の変遷が判明している1つであり，成立年代は7世紀末〜8世紀初めと考える。

　下野国府（栃木県栃木市）の国庁の変遷・構造は，政庁や官衙施設，区画溝などから，Ⅰ〜Ⅵ期に大別される[55]。Ⅰ期が8世紀前半代，Ⅱ期は国分寺の創建期をやや下る頃，750〜791年頃，Ⅲ期はそれ以降9世紀代，Ⅳ期の終末は10世紀前葉である。Ⅴ期は10世紀代からであり，Ⅵ期の終末は11世紀中頃とされる。政庁は四至が溝や塀で区画され，Ⅰ〜Ⅳ期に変遷する。建物配置は，東西に細長い「前殿」を中央に置き，その東と西の両側に向かい合う長大な「脇殿」を配置する形態である（図14）。Ⅱ期脇殿は瓦葺であり，政庁は整地土下から出土した木簡の年紀から延暦10年（791）頃に火災に遭ったとみられる。

　下野国府の年代を考える文字資料に，「□里正徳」と記された木簡があり，霊亀元年〜天平12年（715〜740）の郷里制施行下に国府は機能している。木簡の内容から，下野国府に近接して都賀郡衙が位置しているとみる有力な説[56]があるが，国府に伴うとする説[57]もある。国庁の北方でみつかっている複数の総柱建物（高床倉庫）は都賀郡衙正倉の可能性が高く，国衙と郡衙は隣

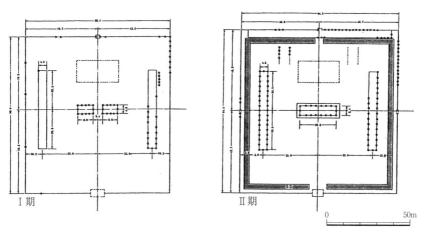

図14　下野国庁の遺構配置

接していたと考える。

　成立年代を検討する資料は，国庁から出土した瓦や土器類である（図15）。下野国府121・122型式の面違鋸歯文縁複弁八葉蓮華文軒丸瓦と三重弧文軒平瓦が国府Ⅰ期の瓦である。Ⅱ期脇殿の掘方内から瓦が出土することから，政庁ではⅠ期中に瓦葺建物が存在する。

　　Ⅰ期正殿の瓦葺期の正殿が瓦葺であった可能性がある。Ⅱ期脇殿の堀方内などから瓦が出土している。また，川原寺系の文様をつくる鋸歯文縁複弁八葉軒丸瓦と三重弧文軒平瓦が採集されている。そうであれば，出現時期は8世紀第1四半期中となる[58]。

　正殿は未調査だが，Ⅰ期は瓦葺建物の可能性が高い。国府Ⅰ期瓦は古江花神窯産であり，国府Ⅰ・Ⅱ期の瓦窯は古江花神窯→和田窯→下津原窯と移る[59]。国府Ⅰ期瓦の年代は7世紀末～8世紀初めとみている。

　国庁周辺から出土する塼は，瓦陶兼業窯の八幡6号窯産である[60]。関東地方では，八幡窯産と同型式の須恵器は畿内産土師器の飛鳥Ⅴ・平城Ⅰと共伴する事例が多く，八幡6号窯の操業年代は7世紀末～8世紀初めである[61]。Ⅰ期

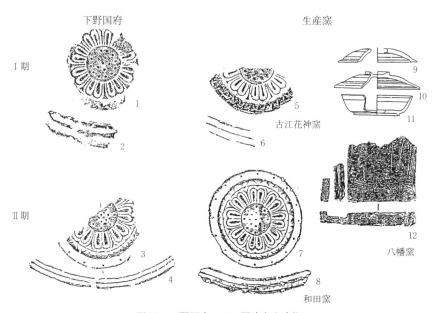

図15　下野国府および関連出土遺物

の正殿（推定）に敷かれたものであろう。

東脇殿下層の竪穴住居跡SI-14・15出土の土師器坏は，国庁の造営年代を知るうえで重要な資料である[62]。下野地域で7世紀末〜8世紀前半の特徴を持つ。この土器が国庁造営の上限を示す。以上の検討から，その成立は7世紀末〜8世紀初めに遡る。

(5)　陸　奥　国　府

陸奥国府は，仙台市郡山遺跡Ⅱ期官衙が第1次国府であり，それを引き継いだ多賀城が，移転した第2次国府である。なお，7世紀中頃の郡山遺跡Ⅰ期官衙は国家的な官衙で，7世紀末のⅡ期官衙が第1次陸奥国府である。

郡山遺跡Ⅰ期官衙

郡山遺跡Ⅰ期官衙は，7世紀中頃に造営された国家的な官衙施設（城柵）である。東西295m，南北604m以上に広がり，掘立柱建物，小規模な材木塀，板塀などが真北から50〜60度ほど西に偏して建つ。官衙の北寄りに板塀などにより区画された約120m×90mの一院があり，建物が塀と連結し中枢部となる。区画内部に広場が設けられ，南東辺中央に門があり，南東方向が正面となり，中枢部周辺に雑舎や倉庫とみられる建物群が展開する。

第1次国府：郡山遺跡Ⅱ期官衙

Ⅱ期官衙はⅠ期官衙を取り壊して，同じ場所に正方位で建設される（図16）。官衙域は材木塀で区画され，東西428m，南北423mのほぼ正方形となり，材木塀の外には大溝と外溝が二重にめぐる。

官衙域の中央やや南寄りに中枢部（政庁）があり，その北部に正殿として四面廂建物SB1250が設置される。この正殿北側には石敷遺構や石組池があり，広場としても機能を果たしていた。Ⅱ期官衙はA・B期の2小期があり，A期が多賀城移転前の陸奥国衙であり中枢部が国庁にあたる。A期の建物群は左右対称で正殿南にロ字形に建物を配置し，北に石敷と石組池を置き東西の外側に南北方向に各6棟の南北棟建物を置く。

今泉隆雄は，Ⅱ期官衙を陸奥国府とし中枢部について全体を区画する塀がなく8世紀の国府と異なるが，政庁と評価し前殿は国守が南面して座す正殿に対して，属僚が北面して座す建物と解する[63]。『続日本紀』霊亀元年（715）条に

第1章　各地における国府の検討　*35*

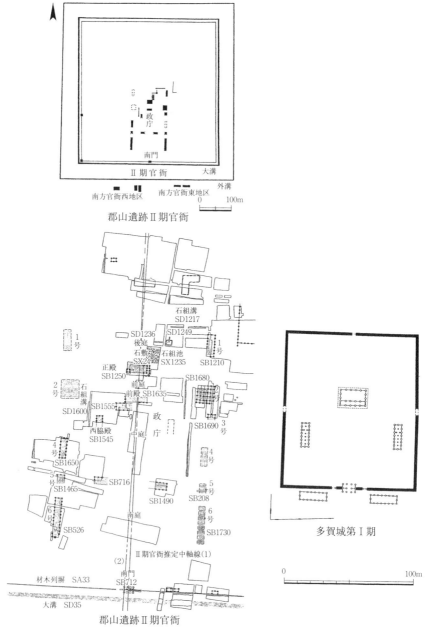

図16 郡山遺跡と多賀城の政庁

「国府郭下」がみえ，Ⅱ期官衙のことと理解されている。郡山遺跡Ⅱ期官衙の中枢部は，「朝堂風の建物配置」で，当時の都である藤原宮の要素を取り入れたと理解され，Ⅱ期官衙の中枢部は国庁で藤原宮の朝堂の影響があり，前殿は藤原宮大極殿院の南門にあたる建物と理解できる。

　Ⅱ期官衙の政庁は建物配置・構造からみて，藤原宮の朝堂院をモデルにして成立したのであろう。Ⅱ期官衙中枢部の中庭は，前殿前方に両脇殿と南側に東西2棟を配置し，5棟の建物でロ字形配置をとる。区画施設の有無や建物数，規模の違いは大きいが，建物配置は藤原宮の朝堂院と似る。Ⅱ期官衙は，藤原宮のほぼ1/4のサイズで，外周帯や官衙内の建物配置から設計に影響を受けた方形を基調にしていると考えられた[64]。建物配置も，藤原宮の朝堂院に系譜が求められる。

第2次国府：多賀城

　陸奥国府・多賀城の第Ⅰ期の成立は，養老・神亀年間（717〜728）頃で，多賀城碑によれば神亀元年（724）になる。政庁は正殿の前面に両殿を東西に置いた，品字形配置をとり，築地塀で区画され，東西約103m，南北約116mとやや南北に長い。各辺の中央に門が取り付けられ，南門は八脚門で威容を示し両外側に東西棟を設ける[65]。

　藤原宮の朝堂院をモデルにして成立した郡山遺跡Ⅱ期官衙の政庁は，正殿を北に置き前殿前方に両脇殿と南側に東西2棟を配置し，5棟の建物でロ字形配置をとる。郡山遺跡Ⅱ期官衙の政庁と多賀城第Ⅰ期政庁の建物配置には共通点が多い。郡山遺跡の前殿を正殿に置き換え，塀を除くと5棟の建物配置はよく似る。庭に面した正殿の前方に品字形に脇殿を配置するという城柵型政庁の特徴は，郡山遺跡の配置を継承したと理解できる。郡山遺跡Ⅱ期政庁の建物配置を多賀城では踏襲した。こうした建物構造の継続性からみても，郡山遺跡Ⅱ期官衙は陸奥国府の機能を有していたと理解できる。

　郡山遺跡Ⅱ期官衙は藤原宮をモデルにして7世紀末に成立した，第1次陸奥国府である。その後，多賀城に国府機能は移る。

3　北　陸　道

　北陸道は，『延喜式』段階に若狭・越前・加賀・能登・越中・越後・佐渡国
からなっている。「越国」（高志国）は 7 世紀後半に成立し，7 世紀末（683〜
685 年）の国境画定によって，越前・越中・越後国に分割されている。この頃
に佐渡国も成立する。当初，越前国は能登・加賀両国を含む広大な国で，養老
2 年（718）に能登国，弘仁 14 年（823）に加賀国として分かれた。
　北陸道の国府所在地は，『倭名類聚抄』や地名から推定されているが，国庁
などの中枢官衙施設の実態は不明な国が多い。発掘調査によって国府関連の遺
構が確認されている，越中国と能登国を取り上げる。

（1）　越　中　国　府

　越中国府（富山県高岡市）は大伴家持が国守（746〜751 年）となり，『万葉
集』に関係する国庁・国司館の記載があり，そこでは饗宴がたびたび催されて
いた。歴史地理学・考古学的な研究によって，国府は伏木台地上に展開したこ
とが明らかになっている[66]（図 17）。国衙の主要施設が推定される台地は浸食
谷が発達し，3〜4 の台地に分断されており，まとまった平坦面は少なく，方
格地割による区画や土地利用をなすには似つかわしいところではないとみられ
る。国衙施設はこれらの段丘面上に散在するかたちをとらざるを得なかった。
　中央台地先端にあたる勝興寺境内は約 200 m 四方あり，国庁などの国衙中
枢施設が推定されている。国庁そのものはみつかっていないが，周辺では 8〜
9 世紀代の掘立柱建物が数ヵ所でみつかり，瓦や高級陶器も出土し，ここに国
衙があったことは確実視されている。その中で勝興寺南接地区や牧野地区にお
いて，8 世紀後半〜9 世紀代の大型柱穴を持つ一定の方位をそろえた建物群が
みつかり，国衙の一部とみられている[67]。勝興寺の南西側にあたる御亭角廃
寺からは，白鳳期から奈良時代後半以降の国分寺と同種の瓦が出土しており，
堂塔は不明だが，ここに 7 世紀末に創建された寺院が奈良時代以降も存続して
いた。
　現在，『万葉集』の記述や発掘調査によって，8 世紀中頃までに越中国府は

伏木台地上の勝興寺周辺に設置されたことが明らかになっている。国衙中枢施設に近接する御亭角廃寺が7世紀末に創建されたことは注目されるが，まだ越中国府の成立年代に関わる手がかりは少ない。

（2） 能 登 国 府

能登国は養老元年（717）に越前国から分置（第1次国府）され，天平13年（741）に越中国に併合された後に，天平宝字元年（757）に再設置（第2次国府）された。国府は石川県七尾市古府や国下に推定する説が有力だが，吉岡康暢は第1次国府を後の国分寺南側の千野地区周辺，第2次国府を古府に想定している[68]。

国府が推定されてきた七尾市古府の小池川原地区遺跡，栄町遺跡，八幡昔谷遺跡，古府・国分遺跡で8世紀中頃以降の掘立柱建物から構成される施設がみつかり，国衙や郡衙に関わる施設の可能性が指摘されている[69]。近年では，能登国分寺から北東に500mの場所に位置する古府町ヒノバンデニバン遺跡で，8世紀中頃から後半に計画的に配置された四面廂の大型建物を含む掘立柱建物18棟，掘立柱塀4列以上が確認されている。「市殿」と記載された墨書土器（8世紀第2四半期）や「習書木簡」も出土し，国府市に関連するとみられている。

これまでの考古学的な成果から，第2次の能登国府は古府にあった可能性が高い[70]。一方で，第1次国府については不明な点が多い。

4 山 陰 道

山陰道に属したのは，丹波・丹後・但馬・因幡・伯耆・出雲・石見・隠岐国である。伯耆国と出雲国で国庁などの中枢官衙施設が確認されている。因幡国府でも国衙施設がみつかっているが，国庁の実態はよくわかっていない。

（1） 丹 波 国 府

『倭名類聚抄』に桑田郡に所在とあるが，その位置については諸説あり，移転説も有力である。京都府亀岡市千代川町から船井郡八木町や亀岡市池尻町に

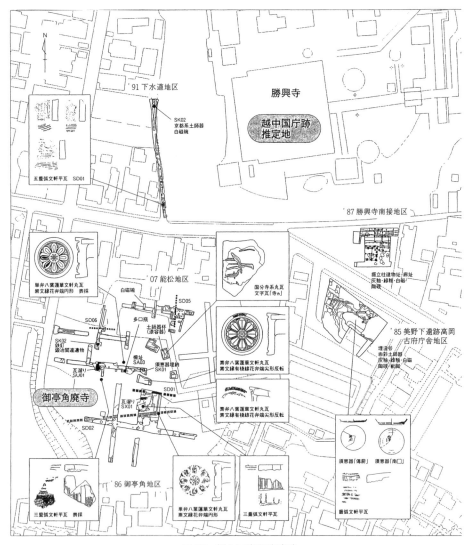

図17 越中国府関連遺跡

移転したと考える説[71]と亀岡市馬路町池尻から後に移転したとみる説[72]がある。

初期の国府は，亀岡市千代川遺跡が有力候補地となっていた。大型掘立柱建物や「承和七年」(840) 銘の木簡・墨書土器・石帯が出土し，国府の付属的官

40

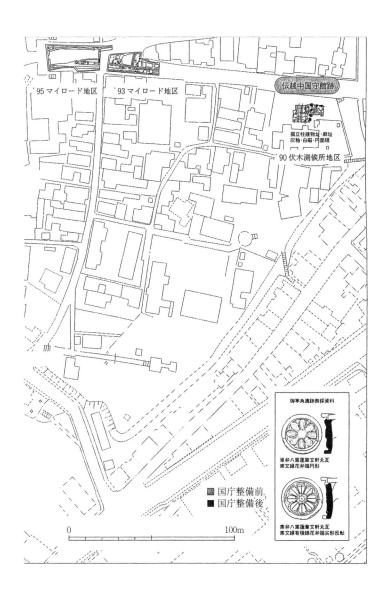

衙と想定されている[73]。想定されている国府域の北西部で確認されている建物が，8世紀前半からはじまり8世紀中頃を画期として真北を向き11世紀頃まで国府として機能したと推定されている[74]。ただし，国庁を含む中枢官衙建物はみつかっていない。近年では，同じ亀岡市内の大堰川左岸でみつかっ

た，池尻遺跡の建物群を国衙と考える説がだされている[75]。この地区は白鳳期の瓦が出土し寺院説もあるが，石崎善久によれば大規模な区画内に配置された掘立柱建物跡群が複数存在し，国府の可能性があり，瓦積基壇建物がみつかっている池尻廃寺は寺ではなく初期国庁の可能性が指摘されている。池尻遺跡のすぐ南方を山陰道（推定）が通過し，池尻遺跡周辺では地割は正方位をとる。

丹波国府については，千代川遺跡説と池尻遺跡説があり，どちらが国府かわかっていない。白鳳期からはじまる池尻廃寺が寺ではなく，国庁説もある点に注目しておく。

（2） 因幡国府

『倭名類聚抄』に記載された法美郡にあたる鳥取市国府町で，1972～79年に圃場整備に伴う発掘調査が行われ，奈良時代末期～鎌倉時代初期の5時期にわたる掘立柱建物群・柵列・溝・井戸などがみつかっている。

Ⅰ期は奈良時代末期～平安時代初期で，第6次調査区で溝によって東西150mに区画され，東西5間×南北4間で二面廂の東西棟が建ち，因幡国庁跡として国史跡となっている。「仁和二年」（886）と記された木簡や石帯などの出土遺物から平安時代の国衙とされる。一方，建物については国庁とすることに慎重な意見がある[76]。格式が高い廂付き建物を採用しながらも，同位置・同規模で建て替えがなされていない点や周辺から緑釉陶器などの土器類がまとまって出土している点から，国司館の可能性がある。

二面廂建物がみつかった第6次調査区東側の大権寺地区から，白鳳期から国分寺創建以降の瓦類が出土している。葺かれた建物は不明である。鎌倉時代の池庭を持つ邸宅風の遺構が確認され，その敷地の整地層中から多量の古代瓦が出土している。報告では国府に関わる倉庫に葺かれた可能性を指摘している[77]。木下良は「白鳳期にさかのぼる瓦をふくみ，大権寺の字名から考えても古代寺院の存在を考えるべきではなかろうか」と寺院を考える[78]。

大権寺地区出土の瓦は，軒丸瓦6種，軒平瓦2種（1種は無文），鴟尾破片もある。唐草文を持つ軒平瓦が1点出土し，国分寺と同笵の可能性が高い。平瓦には桶巻作りと一枚作りがある。文字が記された平瓦はいずれも同一格子叩きの桶巻作りで焼成・色調も白灰色で酷似し同一窯の製品であろう。因幡国分寺

を含めて十分な検討ができていないが，付近に白鳳期から国分寺創建以降まで
瓦葺建物があった。

　まだ因幡国府の成立状況はよくわかっていないが，国府は8世紀中頃に瓦葺
建物が国庁を中心に国衙で採用されることが多い。また，国分寺創建以降には
国分寺と同笵の軒瓦が供給される点も一般的である。これは国分寺創建期に国
衙系瓦屋が成立し，そこから国分寺・国府へ瓦が供給する体制が整ったためと
考えられる。国庁は9世紀以降も引き続き瓦葺建物となっていた。

　近年における各地の調査成果から因幡国府をみると，大権寺地区をはじめと
して国府域から出土した瓦は，国庁を含めて国衙で葺かれた可能性もある。国
衙の瓦葺は国分寺創建以降に降るだけでなく，創建前に遡る例も認められるの
で，因幡国府域出土瓦も問題はない。ただし，武蔵国府で明らかになっている
ように，国衙中枢施設に近接して寺院が設置されている例も認められるので国
衙所用瓦と断定することはできない。

　これまで因幡国府域から出土した瓦については，国衙もしくは寺院に葺かれ
た可能性が指摘されてきた。現状では葺かれた建物が不明で寺院の可能性もあ
るが，国衙で葺かれた可能性も残しておきたい。

（3）　伯耆国府

　伯耆国府（鳥取県倉吉市）では，8世紀後半〜10世紀の4期にわたる国衙の
変遷が認められる[79]（図18・19）。Ⅰ期は8世紀中頃〜末期で，国庁は掘立柱塀
で区画され南門・前殿・正殿・後殿を配置し，正殿の東西に細長い脇殿と脇殿
の南に楼閣風建物を設ける。建物はすべて掘立柱建物で正殿を中心にコ字形に
配置する。Ⅱ期は9世紀初め頃，国庁内建物を掘立柱建物で建て替える時期で
脇殿の北側に楼閣風の建物を新設する。Ⅲ期は9世紀中頃，国庁内の建物が南
門を除いて礎石建物として建て替え，塀も築地塀に替わる。Ⅳ期は9世紀末〜
10世紀で，国庁内の建物・築地塀がⅢ期を踏襲し，国庁を区画する溝が位置
を変え新たに南と西を拡張する。伯耆国庁では正殿・脇殿がコ字形配置を踏襲
し，同位置で建て替えられる点が特徴である。

　瓦類は国庁域から出土し，出土量が少ない点から建物の一部は瓦葺だった。
軒丸瓦4種，軒平瓦5種が出土し，そのうち軒丸瓦630，軒平瓦685型式は国

第1章　各地における国府の検討　*43*

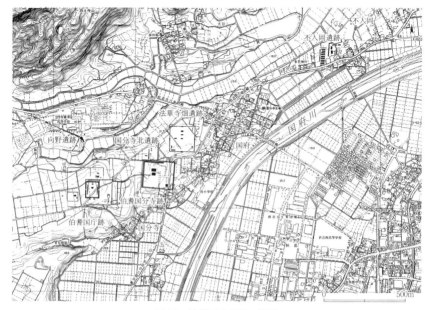

図18　伯耆国府周辺の遺跡

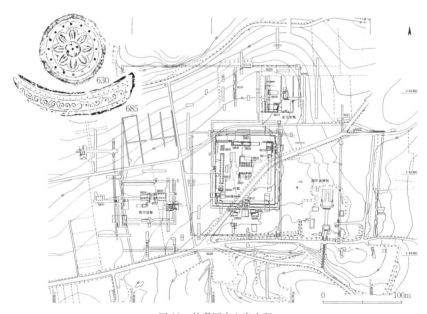

図19　伯耆国庁と出土瓦

分寺と同笵でありながら，出土比率・量が国分寺より多い点から伯耆国衙所用
瓦とみられている[80]。瓦は伯耆国分寺創建期，8世紀中頃に位置付けられる。
在地の寺院である大寺廃寺・坂中廃寺に系譜を引くが，国庁のどの建物に葺か
れたかは明確になっていない。報告では，楼風建物が瓦葺と推定されてい
る[81]。眞田広幸によると，瓦類は出土量が少なく国庁域の南門付近と楼閣風
建物周辺から出土しており，瓦葺となるのはⅡ期（9世紀初め）で，すべての
建物ではなく南門と楼風建物と指摘されている[82]。近年の調査でも，瓦が出
土し南辺築地塀は瓦葺と指摘されている[83]。

　筆者は伯耆国庁の瓦葺建物について，まずⅠ期の正殿に葺かれた可能性が高
いと考えた。

　　瓦の出土量や出土地点から，南門と楼閣風建物が瓦葺であったとする指摘
　　はその通りであろう。ただし，東西両脇殿の北側に楼風建物SB05・10が
　　新設されるのがⅡ期の9世紀初めに下る点は問題があり，瓦の年代である
　　8世紀中ころと齟齬が生じる。瓦の出土位置については，Ⅳ期廃絶時点に
　　おける瓦の使用建物を示しているとみれば，8世紀中ころに使用された瓦
　　については，別の建物を想定できる。もっとも格式が高い正殿に用いられ
　　た可能性があり，その時期はⅠ期からとみることも可能である。Ⅰ期の建
　　物が礎石建物ではなく掘立柱建物であるという点についても，下野国庁な
　　どでも掘立柱建物が瓦葺となる例がある点からも問題はない。伯耆国庁の
　　成立年代は8世紀中ころである事実が明らかにされており，瓦の年代から
　　はⅠ期から瓦葺建物が造営された可能性が高く，正殿に葺かれた可能性が
　　あると推定する[84]。

　妹尾周三によって，伯耆国庁から出土した瓦の分析が行われた[85]。国庁は
伯耆国分寺の創建以前に造営がはじまったと推測され，国庁の正殿SB04A
（掘立柱5間×4間の東西棟）の柱穴掘方から土器とともに平瓦も出土している
点から，掘立柱式の正殿が8世紀第2四半期に瓦葺であったと推定する。眞田
が指摘するように，正殿のほかに南門や楼閣風建物などが瓦葺であった可能性
は高い。瓦葺建物については，平瓦・丸瓦の出土状況や量が明確でない点から
今後の課題であろう。

　伯耆国衙跡の発掘調査によって伯耆国府が設けられたのは8世紀中頃と判明

第1章　各地における国府の検討　　*45*

しているが，それ以前の状況については不明となってきた。そうした中で伯耆国衙跡に先行する国衙の可能性があると注目されているのが不入岡遺跡である。不入岡遺跡は，伯耆国衙跡から北東約 1 km 離れた官衙遺跡である[86]。大規模な掘立柱建物群が出土し，大きくは 2 時期の変遷がある（図 20）。時期は 8 世紀前半〜10 世紀代である。建物配置や構造からみて，Ⅰ期とⅡ期で遺跡の性格が大きく変化する。

Ⅰ期は 8 世紀前半とされ，溝で区画された内郭と，その西と北にそれぞれ柵列によって区画され掘立柱建物群が配置された外郭からなる。内郭は東西 179 m と大規模でその西寄りに正殿とそれを囲んで北・東・西に長大な建物を置く。内郭の建物群は一時期だけで建て替えはされていない。外郭の規模は東西 228 m，南北 180 m で，その中に東西棟 2〜3 棟と南北棟 1 棟からなる 4 群の建物群が南北に展開し，その配置は伯耆国衙跡の官衙遺跡と共通する。さらに，郭の東西長や西方外郭の幅が伯耆国衙跡の南北長や東張出部の幅とほぼ等しいという規格の類似点も明らかにされている[87]。ただし，官衙施設の成立年代については土器類などの出土遺物が少なく限定できず，Ⅰ期官衙施設の前

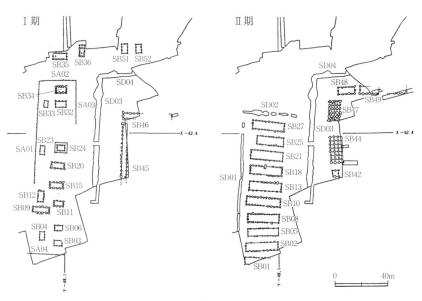

図 20　不入岡遺跡の大型建物変遷

段階の遺構が7世紀後半代である点から，それ以降の8世紀前半代に位置付けられている。

不入岡遺跡では，8世紀後半のⅡ期に建物配置や構造が変わる。内郭の建物群に変わって大型の総柱式建物などが建ち，外郭西方も東西棟の大型建物が10棟，南北に並列して建つ。物資の一時的な収納施設かとされる。

年代を推定できる遺物としては，Ⅱ期外郭西方の西側を区画する溝SD01やⅠ・Ⅱ期の東側建物群を区画するSD03・04出土土器があり，国庁編年第1～

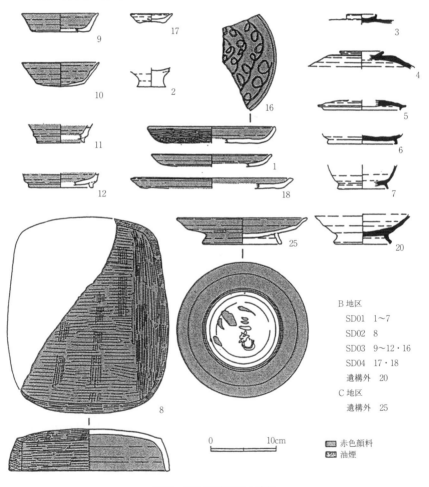

図21 不入岡遺跡出土遺物

第1章 各地における国府の検討　47

3段階で，8世紀後半〜10世紀前半である（図21）。その一方，7世紀第4四半期〜8世紀前半代に収まる土器も含まれており，不入岡遺跡Ⅰ期は8世紀前半でも古い時期にあがる可能性がある。

眞田広幸は，Ⅰ期について久米郡衙とするには規模が大きすぎる点と伯耆国衙が8世紀後半から造営される事実から，不入岡Ⅰ期を前身の伯耆国衙と考える[88]。伯耆国衙跡に先行する時期である，不入岡Ⅱ期に大きく施設が変わる点からみると，眞田の指摘は妥当である。これまで伯耆国では国衙跡の調査成果から国府の成立は8世紀中頃とされてきたが，不入岡遺跡Ⅰ期を初期の伯耆国衙とみれば8世紀前半の早い時期には遅くても成立していた可能性が高いことになろう。

（4）　出 雲 国 府

出雲国府（島根県松江市）では所在郡の意宇郡でない「大原評」と記された評制下の木簡（図22）が出土し，7世紀末には国府として機能したことが明らかになっていた[89]。ただし，出雲国庁が意宇郡家と同所に隣接し，別の施設として設置されたとみるのではなく，天平5年（733）時点においては，『出雲国風土記』の「国庁意宇郡家」を「国庁たる意宇郡家」と解釈し国府が郡家と同居したとみる説があった[90]。以下に史料を示す。

　　国の東の堺より西のかたに去ること丗里一百八十歩にして，野城の橋に至る。長さ丗丈七尺，広さ二丈六尺なり。飯梨川なり。又，西のかた丗一里にして国の庁，意宇の郡家の北の十字の街に至り，即ち，分れて二つの道と為る。一つは正西の道，一つは北に抂れる道なり[91]。

出雲国府の成立過程を考えるうえでは，発掘調査成果と『出雲国風土記』との関係が問題となってきた。出雲国府の六所脇地区で，正方位の四面廂建物SB20とその下層から振れが異なるSB18・19が確認され，官衙施設は「大原評」と記載された木簡から評制下に成立し，土器類からも7世紀後半代に遡る（図22・23）。SB20が出雲国庁の後殿とされ，下層のSB18・19は意宇郡家（郡衙）で出雲国庁としても用いられたと考えられた（図24）。

ただし，平石充によれば，意宇郡衙が初期出雲国衙と一体とする説について，木簡は初期出雲国衙に関わり郡に関係するものはないとし，積極的に意宇

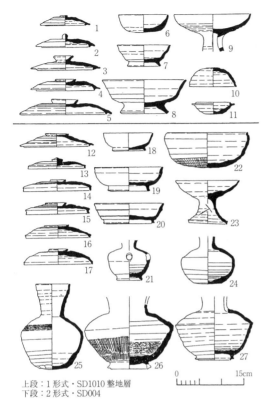

上段：1形式・SD1010 整地層
下段：2形式・SD004

図22　出雲国府出土遺物

郡家の存在を示さないとみた[92]。さらに，『出雲国風土記』に記載の道路の里程や出土文字資料から，国庁とは別に意宇評家・郡家が存在したと考える[93]。

　これまで出雲国府の六所脇地区で確認された中でもっとも古い官衙建物とみられる，斜め方位の掘立柱建物SB18・19は7世紀後半に遡る意宇評衙とする見方が有力であったが，初期の国府に関わる建物とみている。したがって，7世紀後半に斜めに振れたSB18・19が国府成立期の国衙中枢施設として設置され，その後，正方位に建て替えられて四面廂建物SB20が国庁もしくは国衙中枢施設として機能したと考える。このSB20北側には掘立柱建物群が展開しており，その区画溝から「大原評」木簡が出土しており，この四面廂建物SB20は評段階に遡り，周辺には曹司が設置されていた。

　他国においては，国庁は同一地点で掘立柱建物から瓦葺の礎石建物に建て替

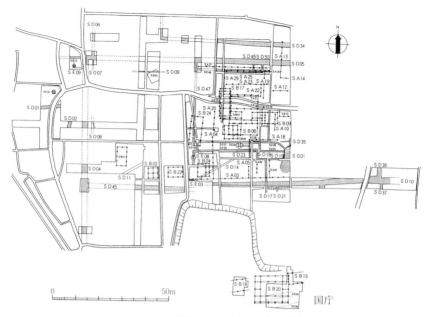

図23 六所脇・宮の後地区の遺構配置

えられている例が多く，長期間にわたって同じ場所を踏襲する傾向がある。出雲国庁の正殿とみられる掘立柱式の四面廂建物SB020も礎石建物として，同位置で建て替えられている[94]。四面廂建物SB020は7世紀末〜8世紀初めの評制下に造営されており，この建物が『出雲国風土記』に「国庁」として記された建物の1つとみられる。

　なお，これまでは斜めに振れたSB18・19について，長舎型の初期国庁の可能性があるとみてきた[95]が，まだ建物配置も不明なために初期の国府に関わる国衙中枢施設とみておく。加えて，7世紀末に建設される国庁も，正殿とみられる四面廂建物SB020が調査されているだけで，まだ脇殿や門，政庁を囲む塀はみつかっていない。2015年度から島根県教育委員会が国庁の発掘調査を行っており，建物配置や構造については今後の成果を待ちたい。

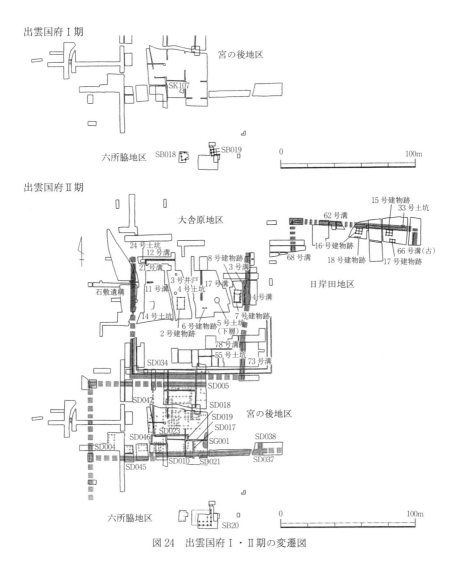

図24　出雲国府Ⅰ・Ⅱ期の変遷図

5　山　陽　道

　山陽道に属したのは，播磨・美作・備前・備中・備後・安芸・周防・長門国である。国庁が確認されているのは，美作国府だけである。播磨・備後・周防

国では国衙はみつかっているが，国庁の実態はよくわかっていない。

(1) 播磨国府

播磨国府の国衙中枢部とみられるのは本町遺跡（兵庫県姫路市）であり，建物をはじめとする遺構や出土遺物の研究が進む。まだ国庁はみつかっていないが，国府は本町遺跡周辺の姫路城下町の東南地域にあったとされる[96]。

本町遺跡は国庁そのものでなく，その周囲に設けられた付属官衙と推定されている。7紀末～13世紀初めにかけての国府，あるいは国衙関連遺構が各種検出されており，遺構は出土遺物，方位などから大きく4期（Ⅰ～Ⅳ期）に区分されている（図25）。

Ⅰ期は7世紀末～8世紀前半である。掘立柱建物群とその東側を画する塀が確認され，北より東に21度振れており，飾磨郡条里の方位と一致する。柱穴は大型の方形掘方で，この期は厳密な計画性と基準に基づいた官衙の創建時期と評価されている。

Ⅱ期は8世紀後半～9世紀前半で，方位が大きく変化しほぼ正方位を採用する。本町式をはじめとしたいわゆる「播磨国府系瓦」が出土しており，付近に瓦葺建物が出現し，9世紀前半頃まで葺き替えが行われていた。

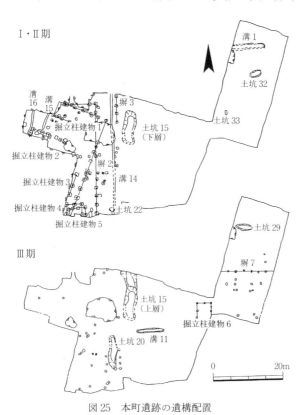

図25　本町遺跡の遺構配置

Ⅲ期は9世紀後半～

10世紀代でⅡ期を踏襲して建物が設置されるが，建物柱穴は円形掘方に変わり，小型化が進む。官衙機構の他所への移転，あるいは衰退の様相を呈する。

Ⅳ期は12世紀〜13世紀初めである。井戸，溝などが主な遺構で，建物としてまとまる柱穴はない。遺構はほぼ真北方位を踏襲し，播磨国衙関連の瓦が出土している。この時期は井戸と区画溝を

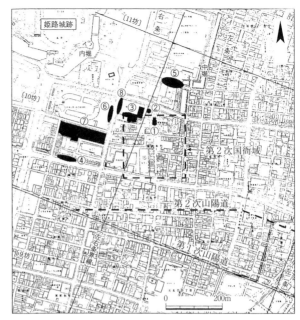

図26　播磨国府と山陽道

備えた生活要素の強い空間利用が考えられている。

　播磨国府では，建物や溝の方位が8世紀前半以降，斜め方位から正方位に変わり，それに合わせて山陽道も方位を変える（図26）。本町遺跡Ⅰ期（7世紀末〜8世紀前半）の建物や掘立柱塀の方位は「飾磨郡主条里の地割と一致」し，大型の柱穴を持つ建物が存在する点から，それが官衙の創建時期とされている。建物は山陽道を基準に条里と同じ方位で施設が設けられたことを示しており，国府成立はⅠ期に遡る。

　方位が大きく変わるのはⅡ期の8世紀後半であり，建物や溝はほぼ正方位となり，付近に駅家と同じ播磨国府系瓦を葺いた瓦葺建物が建設され礎石建ちになった可能性が高い。この時期に国府の正方位に合わせて，付近の地割全体が大きく改変されたと考えられている。

　国庁はみつかっていないが播磨国府では，国衙が7世紀末に設置され同じ場所を踏襲して古代末まで機能した。

第1章　各地における国府の検討　　53

(2) 備前国府

備前国府の所在地は古辞書の記載，地名や白鳳寺院である賞田廃寺や幡多廃寺から，これまでは岡山市国府市場一帯が有力とみられてきた[97]。まだ国庁をはじめとする国衙施設そのものはみつかっていない。

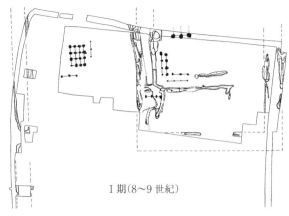

図27 ハガ遺跡の遺構配置 Ⅰ期(8～9世紀)

備前国府の関連施設としては，賞田廃寺と幡多廃寺の間でみつかったハガ遺跡が注目される（図27・28）。瓦塔や泥塔，灯明に使った土器や「寺」と墨書された土器などが出土し，国府域内における寺の機能を含む官衙で，国師の所在する「国府寺」としても機能したと考えられている[98]。創建は瓦からみると7世紀末に遡り，12世紀頃まで機能し1町四方の外郭の中に内郭と数棟の掘立柱建物群が建ち，内郭は国府に関連した寺院とされる。堂塔はみつかっていないが，平城宮系の瓦や備前国分僧寺と同文瓦が出土し，瓦葺の仏堂が想定できる。また，羊形硯1点，蹄脚硯2点，圏足硯5点，風字硯1点，転用硯2点が出土し，官衙との深い関係が指摘されている。

ハガ遺跡は7世紀末～8世紀初めに創建され，瓦や硯から備前国府に関係した官衙で内郭は寺院とみられている。その近くの成光寺地区が山陽道や小字地名，平城宮系軒丸瓦などから国庁と推定されている[99]。

こうした推定が正しければ，備前国府は7世紀末～8世紀初めに，山陽道沿いに設置されていたことになる。

(3) 備後国府

備後国府は，『倭名類聚抄』に芦田郡（広島県府中市）にありと記され，平安

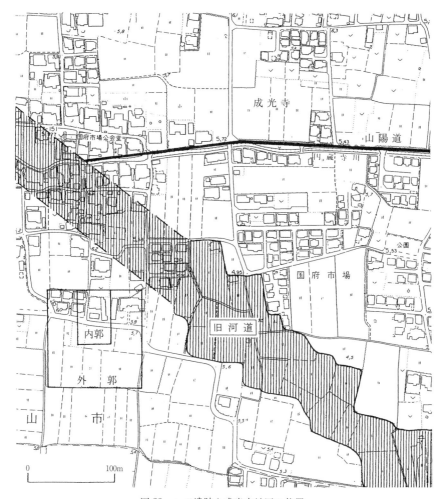

図28　ハガ遺跡と成光寺地区の位置

時代の国府は芦田郡に比定されていた。一方で，国分寺の存在と地名「方八町」から当初は安那郡（福山市神辺町）にあり，後に芦田郡に移転したとみる説があった[100]。

　府中市教育委員会を中心とする府中市街地における発掘調査によって，国府は当初から芦田郡内に設置されていたことが判明している[101]。備後国府では，ツジ遺跡から伝吉田寺までの東西約1kmにわたって元町を中心とする市

第1章　各地における国府の検討　　55

街地に官衙施設や寺院が展開する。古代の遺構や遺物の分布は，古代山陽道（推定）の北側に東西約3kmにわたって点在し，備後国府全体を画するような方形プランの存在を明確に示す区画施設はみつかっておらず，国衙の諸施設は東西に走る山陽道沿いの北側に置かれ，その外側に国府と関わる施設が点在していたことが明らかにされている。

ツジ地区では8世紀中頃以降は瓦葺建物を含む大型建物が継続的に10世紀代まで建て替えられ，国司館としての機能が推定されている。陶硯，腰帯具，高級な施釉陶器（奈良三彩・唐三彩・緑釉陶器）・銅鋺の出土からも，ここに国衙（国司館や曹司）があった。また，ツジ地区西側の砂山地区からは8世紀中頃の平城宮系軒瓦が出土し，国庁などの中枢施設の存在も想定されている[102]。

国庁はみつかっていないが，ツジ地区では7世紀末から正方位を意識した建物や区画溝が設けられ，臨時的な工房も設置されていた。7世紀末に設けられた正方位の区画溝が，8世紀中頃からの国衙（国司館）にも引き継がれていく点からみると，当初から国衙として設けられていた可能性が高い。現在，8世紀前半までの建物や出土土器などから想定される官衙施設の広がりは，ツジ地区と伝吉田寺付近を中心としており8世紀中頃以降に比べると限定的とみられている。

長年にわたる発掘調査によって，備後国府が当初から芦田郡（府中市街地）に設置されていたことが明らかにされた。国庁はみつかっていないが，国衙の成立は7世紀末にあり，8世紀中頃には国庁と国司館や曹司は計画的に配置されていたとみられる。

（4）美作国府

美作国は，備前国から和銅6年（713）に分立した。国庁は岡山県津山市南幸畑地区でみつかり，Ⅰ・Ⅱ期に区分される[103]（図29）。

Ⅰ期は座標北から約8度東偏した長舎囲い型の政庁で，分国の和銅6年以降に使用された初期国庁と考えられる。

Ⅱ期は掘立柱塀で囲まれた区画内に東面する政庁で，正殿は未確認だが，南北の脇殿には2度の建て替えがあり，掘立柱建物から礎石建物となる。脇殿の身舎は桁行7間，梁行2間で片廂が付加され，切妻造とみられる。このⅡ期は

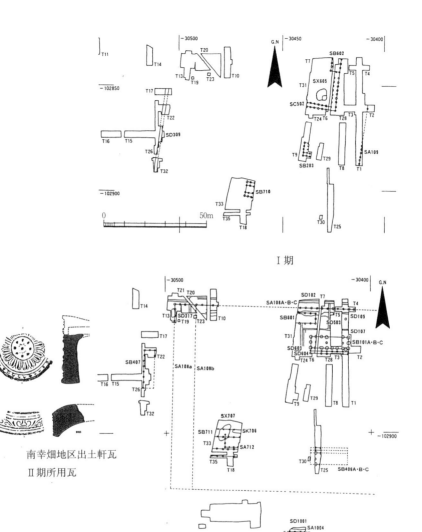

図29 南幸畑地区の遺構変遷と出土軒瓦

細分され，ⅡA期が奈良時代前半〜中頃，ⅡB期が奈良時代中頃〜末，ⅡC期が奈良時代末〜平安時代前期にあたる。

瓦葺建物は特定されていないが，ⅡA期の掘立柱建物から採用され，瓦は国

分寺に先行し8世紀第2四半期後半頃とみられる。8世紀後半以降の瓦も出土し礎石建ちの時期も瓦葺だった。

Ⅰ期は7世紀後葉～8世紀前葉とされ，美作国が分立する和銅6年以前にあたる点から苫田郡衙（評衙）とされ，その郡庁を利用して分国後に美作国庁としても利用したとみる意見があった。この根拠になったのは，土坑SX605から出土した土器である。

　SX605の年代からⅠ期の年代は，7世紀後葉から8世紀前葉と推定される。初現は7世紀第3四半期にさかのぼる可能性がある。いずれにせよⅠ期遺構は，美作国成立以前の官衙遺構と考えられる[104]。

土器はⅠ期建物に伴って出土したものではなく，Ⅰ期建物の年代を直接示すものではない。ⅡA期の国庁が8世紀中頃（第2四半期後半）に建設されたとみられる点から，それに先行するⅠ期の年代を7世紀代まで遡らせるのは掘立柱建物の構造からみて難しい。

長舎囲い型のⅠ期政庁は，美作国が分立した和銅6年頃に設置されたとみるのが妥当で，当初から美作国庁として設置されたと考える。Ⅰ期建物を初期国庁とすると，和銅6年段階ではまだ国庁が大規模でなく，定型化していなかったことになる。

（5）　周　防　国　府

周防国府（山口県防府市）は歴史地理学的な研究によって，平城京の条坊と同じように道路が1町単位の方格状に施工された方8町の形態であったと考えられていた[105]。現在，発掘調査によって周防国府は都城と異なり，古代に遡る方8町の国府域や碁盤目状の条坊地割の存在は否定されている。国庁はまだみつかっていないが，国史跡地である「二町域内に政庁があったと考えるのが妥当」とされている[106]。

官衙は微高地上にいくつかの地域に分かれて分散している（図30）。二町域の北方の草園地区（8世紀前半～9世紀代）や南方の築地地区（10世紀前～11世紀初め）で国司館とみられる施設，国府域東南部の所・浜の宮で国府津に関わるとみられる施設（8世紀～13世紀），国庁北東にあたる天田地区の河川跡から「釋奠」銘の墨書土器が発見されて付近に国学が推定されるなど，国庁（推定）

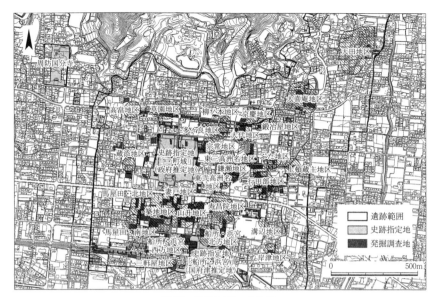

図30 周防国府の全体図

を中心にして官衙群が広い範囲に点在している状況が判明しつつある。

　国府域では7世紀後半代からの土器・瓦が出土するが，国衙との関わりは明確ではない。天田地区からは，7世紀後半代に遡る忍冬文軒丸瓦（7世紀後半）から平安時代までの瓦がまとまって出土し寺院も付近に想定できる。国府の成立年代については，8世紀代には国府が設置されていたとみられる一方，国庁の実態は不明で成立時期は明確ではない。

　国衙を考えるうえで，国庁地区から離れた船所地区から国分寺創建期の軒平瓦や，国司館地区から長門国府・国分寺と似た軒平瓦が出土している点は注目される[107]。船所地区は国府津とみられ，出土した瓦はここでは使われていないが，国府所用瓦と考えられている。

　国府成立時期についてはよくわかっていないが，国分寺創建期に国衙に瓦が葺かれた可能性は高い。

6 南 海 道

南海道に属したのは，紀伊・淡路・阿波・讃岐・伊予・土佐国である。まだ国庁が確認された国府はないが，讃岐国府や阿波国府は，その成立年代が7世紀後半まで遡る可能性がある。

(1) 讃岐国府

『倭名類聚抄』に国府は阿野郡と記され，香川県坂出市府中に比定されてきた。菅原道真は讃岐守（886～890年）となり，漢詩集『菅家文草』に「開法寺は府衙の西にあり」とみえる。開法寺は塔などが確認されており，この東方から北方にかけて国衙が想定されてきた。

讃岐国府と開法寺の発掘調査は1976年からはじまり，途中，中断を挟みながら継続されてきた[108]。現在までに，開法寺跡の東側から北側にかけての微高地上に掘立柱建物・礎石建物・塀や区画溝などの遺構とともに，地方では稀な緑釉瓦を含む多量の瓦類，数多い陶硯，緑釉陶器をはじめとする土器類などの出土から，官衙施設が広範囲にわたって展開したと理解されている[109]。

国庁は確認されていないが，開法寺跡のすぐ東側には掘立柱塀や築地塀（推定）で区画された施設があり，内部には大型建物が存在している。建物配置や変遷など不明な点が多く性格は不明だが，国衙の可能性が高い。

建物や塀・溝などの遺構，出土遺物からみると，まず7世紀後半代（末頃）に官衙の成立が推定され，これは隣接する古代山城の城山城の築城や維持管理に関係した可能性が推定されている[110]。讃岐国府に直接関係する遺構は奈良時代初めからと考えられており，大型の掘立柱建物などがみつかっている。それ以前に正方位を向いていた建物が，8世紀以降，付近の条里地割へ転換することも讃岐国府に関わることとみられている。

この地に正方位をとって最初に設けられる施設については古代山城との関わりがあるのか，あるいは古代山城と直接的な関わりがなく，当初から国衙として設置されたものかについては，今後の課題である。

(2) 阿波国府

阿波国府は徳島市観音寺遺跡付近にあったとみられている。せんだんの木地区や敷地遺跡では掘立柱建物からなる施設がみつかり国衙の可能性があるが，まだ国庁はみつかっていない。観音寺遺跡では自然流路から阿波国府および国府以前の木簡と土器類，瓦類が多量に出土している[111]。ここから出土した木簡「板野国守」「五十戸税」「麻殖評」「己丑年」(689) から国府の成立は7世紀後半の評段階になり，国府成立前の状況を含めて変遷が検討されている。藤川智之は，国府成立過程について，「国造家の居館 (6世紀末)，評衙 (7世紀後半)，国府 (＋評衙の可能性) (7世紀末) といった施設の変遷の流れが「スムーズに」行われた」と考える。[112]

阿波国府の機能は，木簡から7世紀末まで遡るが，国庁を含めた主要な国衙施設は不明な点が多い。名方評衙との関係も想定されているが，施設の実態はよくわかっていない[113]。国分寺と同笵もしくは同型の軒瓦が出土しており，国衙の中心施設に瓦葺建物があった可能性が高い。

阿波国府付近を通る南海道は7世紀後半代に北より西に10度振れて設けられたが，国衙は正方位で建設されたと考えられている。一山典は，8世紀前半には敷地遺跡などの正方位を志向した国衙施設が東西6町・南北15町の広範囲に展開し，国衙は国分寺創建以降に条里地割をとるように変わると考える[114]。

阿波国府は国庁などの中枢官衙建物は不明だが，出土した木簡から国衙の機能が7世紀末の評段階からはじまる。

7 西 海 道

西海道に属したのは，筑前・筑後・豊前・豊後・肥前・肥後・日向・大隅・薩摩国である。筑後と肥前・日向で国庁が確認されている。その他，豊前国庁の可能性がある官衙施設が福原長者原遺跡でみつかっている。

(1) 筑後国府

　筑後国府は『倭名類聚抄』には「御井郡」とあり，御井郡内の福岡県久留米市で確認されている（図31）。国府は7世紀末に設置された後，同じ御井郡内で12世紀半ば頃まで場所を3遷し，Ⅰ～Ⅳ期と変遷する[115]（図32・33）。

　国府設置前の先行官衙として古宮遺跡Ⅰ期遺構が設けられ，7世紀後半代に大溝と築地で区画された中に大型建物が設けられたことが確認されている。松村一良は，性格として防御的色彩の濃い官衙で東アジアの政治的緊張状況の中で設けられたとみた。さらに，出土土器や遺構の検討から造営年代は7世紀中頃で，百済戦役に先行する点から，国家クラスの官衙で南九州西岸の版図拡大

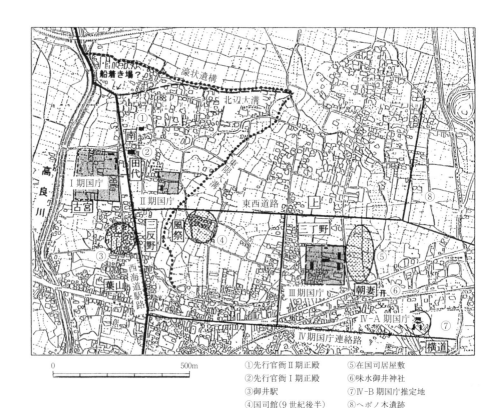

図31　筑後国府の全体図

のための対隼人遠征拠点として設置された城柵と推定する[116]。

国衙は古宮遺跡Ⅰ期遺構の領域を踏襲し，新たな官衙（古宮遺跡Ⅱ期遺構）として，7世紀末に造営され8世紀半ば頃に枝光地区に遷る。官衙は南北長約180m，東西幅80m以上（推定120m）の敷地があり，周囲に両側溝を持つ築地塀をめぐらす。地方官衙で築地塀を採用したもっとも古い例の一つである。前身官衙に続いて，国府も防御的な色彩が強いと評価されている。

この後，国庁は同一場所

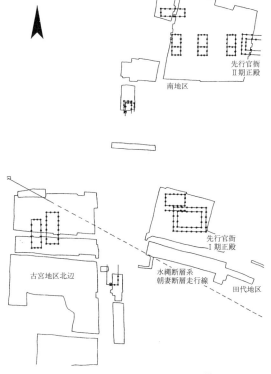

図32 筑後国府先行官衙中枢部の遺構配置

で営まれるのではなく御井郡内を3遷している。国庁所在地名から成立順に示すと，Ⅰ期：古宮国府，Ⅱ期：枝光国府，Ⅲ期：朝妻国府，Ⅳ期：横道国府となる。7世紀末に成立した国府Ⅰ期（古宮国府）は国庁が築地塀で囲まれ，8世紀半ばまでの半世紀にわたり営まれる。建物配置は正殿の南側に前殿を置き，その前面に広場（庭）を設け東側に脇殿を置いた配置である。正殿や脇殿はほぼ同位置で建て替えられるという，国庁でよくみられる建物配置を示している。ただし，正殿と東脇殿でL字形配置をとり西脇殿は設けられない。定型化したコ字形配置を採用するのはⅡ期国府の8世紀中頃であり，大宰府政庁Ⅱ期と同じ建物配置となる。

国府Ⅰ期に伴う曹司は分散して確認され，鋳銅工房もみつかっている。一方で国府成立期には，区画を伴う大規模な政庁に行政実務を集約させていた可能

第1章 各地における国府の検討　63

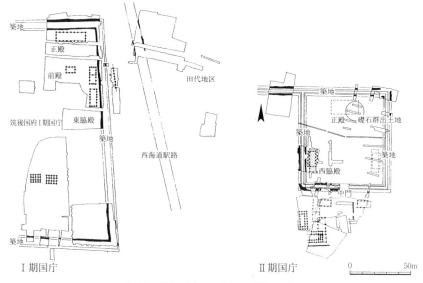

図33 筑後国庁Ⅰ・Ⅱ期の遺構配置

性が指摘されている[117]。

　成立期の国庁については大宰府型政庁の配置をとらず，8世紀初めに創建される大宰府政庁Ⅱ期より造営が早いと評価されている[118]。定型化したコ字形配置をとるのは8世紀半ばだが，筑後国では国庁を持つ国衙は7世紀末に成立していた。

(2) 豊 前 国 府

　豊前国府（福岡県行橋市，みやこ町）は，『倭名類聚抄』に「国府在京都郡」とあり，平安時代の国府所在地は京都郡に推定されてきた。豊前国庁とされてきたのは，旧仲津郡にあたるみやこ町国作の県指定史跡豊前国府である[119]。国庁は9世紀後葉〜10世紀後葉にくだり，築地塀に区画され，その規模は南北105m×東西79.2mで，南門は八脚門である。東脇殿が確認されたが，削平のためか，西側脇殿と正殿は未確認となっている。建物は特定できないが，老司系軒丸瓦が国庁周辺地区を中心に出土し，国分寺創建前後の8世紀中頃に位置付けられる。

　行橋市福原長者原遺跡は初期の豊前国庁の可能性がある官衙施設である[120]

(図34・35)。旧仲津郡域にあたる京都平野の台地上に立地する。

　政庁Ⅰ期は溝で区画され，東西約128m，南北128m以上，Ⅱ期は拡張され外側を一辺約150m四方に大溝でめぐらし，その内側に一辺120m四方の回廊状遺構で区画し，南門は八脚門である。正殿は桁行6間，梁行3間の東西棟

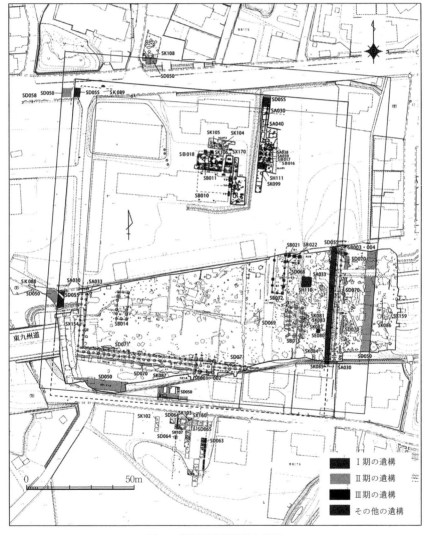

図34　福原長者原遺跡全体図

図35 福原長者原遺跡変遷模式図

で廂付建物になる可能性が高く，その前面の東西に脇殿を配置する。遺構の変遷は3時期あり，出土土器類から8世紀前半を中心とした存続時期となるが，成立時期は明確ではない。

特徴として，政庁の平面形が方形になっている点があげられる。地方官衙で政庁外側の官衙域を方形で二重に区画している例に，郡山遺跡Ⅱ期官衙（陸奥国府）がある。官衙域は材木塀で区画され，東西428m，南北423mのほぼ正方形となり，材木塀の外には大溝と外溝が二重にめぐる。藤原宮のほぼ1/4のサイズで，外周帯や官衙内の建物配置から設計に影響を受けて，方形を基調にしていると考えられている[121]。青木敬は，国庁の平面形について正方形ないしは正方形に近い形態を呈する一群（正方形区画）については，藤原宮との関係を推定する[122]。

福原長者原遺跡は規模と構造からみて国レベルの官衙施設であり，国庁の可能性が高い。豊前国においては藤原宮の影響を色濃く受けた，定型化政庁が8世紀初めには建設されていた。

一方で，国庁であれば周辺に国衙を構成する曹司や国司館などの諸施設が配置されているが，その実態は不明な点が多い。周辺の官衙施設や道路などの究明が課題である。

(3) 肥前国府

肥前国庁（佐賀市大和町）は，4時期の変遷をたどることが明らかにされている[123]（図36・37）。第Ⅰ期は8世紀前半に遡り，東西約64m，南北約68m

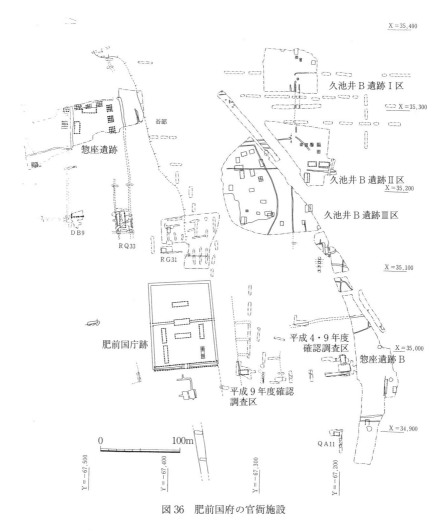

図36 肥前国府の官衙施設

第1章 各地における国府の検討 67

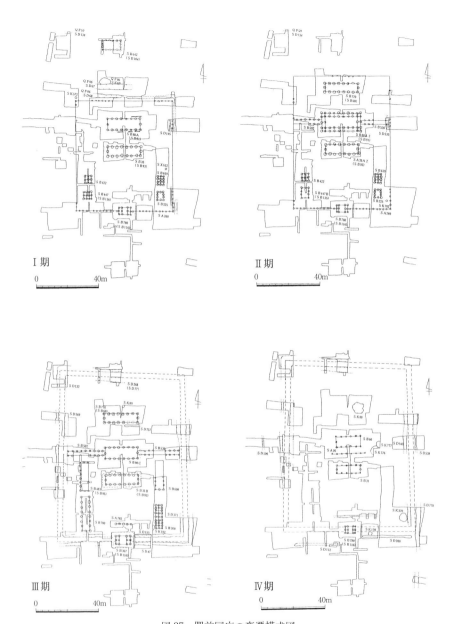

図 37 肥前国庁の変遷模式図

の掘立柱塀に区画され，掘立柱式で正殿前の左右に小型建物2棟が東西に配され前殿と南門を持つ。建物は特定されていないが，鴻臚館式の瓦が葺かれた。第Ⅱ期は8世紀後半で大宰府政庁第Ⅱ期と類似した建物配置をとる。正殿は四面廂が付き，後殿と正殿に掘立柱式の翼廊が付加される。建物は引き続き，掘立柱式である。第Ⅲ期は9世紀前半で，後殿と翼廊を除く国庁内の建物がすべて礎石建ちとなり，東西脇殿も第Ⅱ期後半に長舎化した建物を踏襲して礎石建ちとなる。塀も掘立柱式から築地塀となる。第Ⅳ期は10世紀代で，正殿と前殿が小規模な掘立柱建物に建て替えられたとみられる一方で，東西脇殿については再建されることはなかったとみられている。

　肥前国庁は8世紀前半に設置され，同じ場所で10世紀代まで機能していた。第Ⅰ・Ⅱ期は，塀に区画され左右対称に殿舎を配置する一方で，脇殿とされる建物は小型で，大宰府政庁第Ⅱ期にならって定型的なコ字形配置をとるのは，9世紀の第Ⅲ期になってからである。

　国庁周辺の官衙遺跡としては，8〜9世紀代に機能した久池井B遺跡，久池井六本杉遺跡や惣座遺跡が知られている[124]。久池井B遺跡は国庁の北東に位置し，Ⅱ区は廂を持つ側柱建物がL字形となり，その北側には小型の総柱建物5棟が規格的に配置され，国司館と推定されている。Ⅲ区は側柱建物が中心となって構成される施設であり，国衙の曹司と推定されている。惣座遺跡は国庁の北西に位置し，総柱建物が確認されており正倉とみられる。

(4)　肥後国府

　熊本市二本木遺跡は大型建物や硯・瓦の出土などから，「肥後で最も格式が高い官衙」で肥後国府の可能性が高い（図38）。古代官衙としては8世紀中頃以降に創建され長期間にわたって機能し，官衙に関わる遺構群について「二本木官衙」とされる[125]。

　二本木官衙は，塀や溝で官衙施設をブロック的に配置し東ブロックを区画する2号柱列が政庁の板塀となり，内側の3号建物（掘立柱建物）が西脇殿の可能性が高い。東ブロックから瓦が大量に出土し，政庁はⅠ期の国分寺創建期から瓦葺建物があったと推定される。礎石建物は確認されていないが，礎石とみられる安山岩が出土している。9世紀以降の瓦も出土し，瓦葺建物の大規模な

第1章　各地における国府の検討　　69

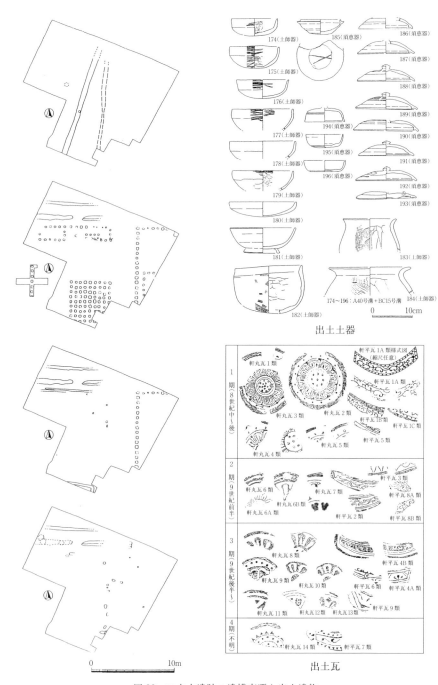

図38 二本木遺跡の遺構変遷と出土遺物

補修もしくは追加が推定されている。塼も出土している点は注目できる。郡衙では瓦葺で塼を使用する建物の例は稀であり，肥後国庁の可能性が高い。一方，政庁西側に建つ6号建物は8間×8間の総柱式の大型建物で，事務棟もしくは倉庫とされている。

　二本木官衙が8世紀中頃以降の肥後国府とすると，それ以前の国府がどこに置かれたかが問題となる。ここからは7世紀後半〜8世紀前半の土器も出土し，硯も7世紀後葉に1点，8世紀前半に5点（朱墨4点含む）の転用硯が確認されており，「7世紀後葉〜8世紀初め（あるいは8世紀前半代）に転用硯の使用が始まり，8世紀後半に使用のピークがあって，9世紀前葉まで残っている」と報告されている[126]。硯からみると，二本木遺跡は7世紀後半から官衙機能を持っていた可能性がある。

　成立期の国府は，国庁を中心にはじまる例がある。常陸国庁や日向国庁などで国庁下層にやや小規模な施設がみつかっており，初期国庁と推定している。二本木官衙では，7世紀後半代の建物は確認されていないが，7世紀後葉とされる南北溝A40号溝やA41号溝が設けられている。方位をみるとA40号溝は東に振れ，A41号溝は8世紀中頃の遺構群と同じくほぼ真北方位をとる。両溝は埋土の違いから時期が異なり，東に振れる南北溝A40号溝が古い。二本木官衙建物に先行する南北溝A40号溝やA41号溝は，初期の官衙施設を区画する施設の可能性が高い。

　肥後国府は，二本木遺跡がいつから官衙として機能しはじめたのかを含めて，今後の調査成果を待ちたい。

（5）　日 向 国 府

　日向国府は西都原台地の先端近くの寺崎遺跡（宮崎県西都市）であり，7世紀後半〜10世紀前半にわたって官衙施設が設けられる[127]。

　国庁が塀で区画された中に正殿と両脇殿でコ字形配置をとる定型化の時期は，8世紀後半（第3四半期）である。10世紀前半まで同じ場所を踏襲して，掘立柱建物から礎石建物に建て替えられ，塀も掘立柱塀から築地塀となる。正殿は桁行7間，梁行4間の二面廂を持つ建物，東西脇殿は桁行7間，梁行2間である。軒瓦は出土していないが，大量の瓦が出土しており，定型化国庁は瓦

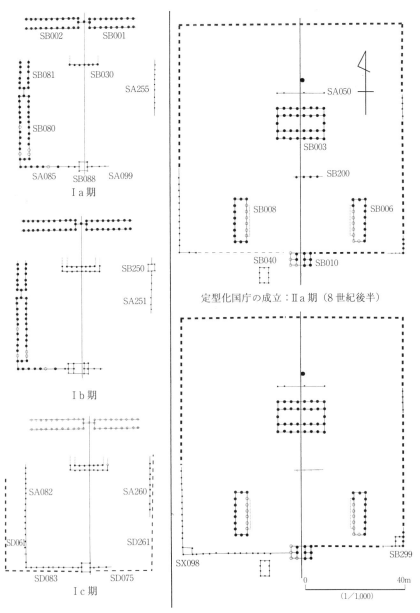

図39 日向国府の前身官衙と定型化国庁の変遷模式図

茸となる（図39）。

　定型化国庁に先行して，同じ場所で下層から長舎で構成される政庁がみつかっている。現在も発掘調査中で詳しい建物配置や年代については明らかになっていないが，正殿は定型化国庁の西脇殿下層でみつかっている。南廂を持つ東西棟で，正方位を向く。この定型化国庁に先行する長舎は建て替えから3時期あり，その成立時期は7世紀末まで遡る可能性があり，筆者は定型化国庁に先行する初期の国庁とみている。日向国庁は大宰府政庁や筑後国庁と同じく，長舎を主体とした施設からはじまり，後に定型化国庁となった。

　日向国庁では長舎囲い型の初期国庁は正方位で建つが，その下層や付近からは斜めに振れた7世紀後半に遡るとみられる6間以上×2間の片廂建物などが確認されている。初期国庁に先行して長舎とみられる建物が存在することは，この地点に国府が設置された事情を考えるうえで看過できない。7世紀後半以降における日向国の国郡制形成過程を考えるうえで，初期国庁に先行する長舎も含めて検討していく必要がある。

　註
1)　国府の概要把握については，次の文献によったところが大きい。国立歴史民俗博物館「国府研究の現状（その1）」（『国立歴史民俗博物館研究報告』第10集，1986年），日本考古学協会1996年度三重大会三重県実行委員会『シンポジウム2　国府―畿内・七道の様相―』（1996年），条里制・古代都市研究会編『古代の都市と条里』（吉川弘文館，2015年）。
2)　平井美典「畿内近国　近江」（註1『古代の都市と条里』）。
3)　三重県埋蔵文化財センター『伊賀国府跡（第5次）・箕升氏館跡』（三重県埋蔵文化財調査報告108-5，1993年）。
4)　竹内英昭「伊賀国府跡（第6次）調査」（『三重県埋蔵文化財センター研究紀要』第13号，2003年）。
5)　鈴鹿市教育委員会『伊勢国府跡』（1999年），新田剛「伊勢国府の成立」（『古代文化』第63巻第3号，2011年），同「伊勢国庁と関連遺構」（『駒澤考古』第39号，2014年），同「東海道　伊勢」（註1『古代の都市と条里』）。
6)　水橋公恵「伊勢・伊賀国府成立時期に関する覚書」（『三重県埋蔵文化財センター研究紀要』第6号，1997年），賛元洋「国府政庁の成立年代」（『吾々の考古学』和田晴吾先生還暦記念論集刊行会，2008年）。
7)　註5「東海道　伊勢」100頁。
8)　同上論考。

9) 稲沢市教育委員会『尾張国府跡発掘調査報告書（Ⅰ）～（Ⅺ）』（稲沢市文化財調査報告，1979～89年），永井邦仁「尾張国府跡の研究(1)」（『愛知県埋蔵文化財センター研究紀要』第14号，2013年）。

10) 永井邦仁「古代の塔の越遺跡」（『長野北浦遺跡・塔の越遺跡』愛知県埋蔵文化財センター調査報告書第171集，2012年）256頁。

11) 豊川市教育委員会『三河国府跡確認調査報告書』（2003年），同『豊川市内遺跡発掘調査概報Ⅸ　三河国府跡第12次・13次調査』（2006年），林弘之「白鳥遺跡（三河国府）」（『愛知県史　資料編　考古4』愛知県史編さん委員会，2010年），同「三河国府の成立」（『古代文化』第63巻第4号，2011年）。

12) 註11の豊川市教育委員会両書に同じ。註6「国府政庁の成立年代」。

13) 大橋泰夫「国府成立の一考察」（大金宣亮氏追悼論文集刊行会編『古代東国の考古学』慶友社，2005年）。

14) 豊川市教育委員会「附載　三河国府跡確認調査の再検討について」（『東赤土遺跡』2012年）149頁。

15) 前田清彦「三河国府式軒瓦素描」（『三河考古』第14号，2001年），註13「国府成立の一考察」。

16) 永井邦仁「三河における古代寺院の成立―西三河を中心に―」（赤塚次郎編『尾張・三河の古墳と古代社会』同成社，2012年）。

17) 註14「附載　三河国府跡確認調査の再検討について」149頁。

18) 同上，140頁。

19) 註11「三河国府の成立」。

20) 安藤寛「御殿二之宮遺跡・見付端城遺跡」（『磐田市史　史料編1』磐田市，1992年）。

21) 鬼頭清明「木簡」（『御殿・二之宮遺跡発掘調査報告Ⅰ』磐田市教育委員会，1981年）71頁。

22) 佐野五十三「遠江国」（註1『シンポジウム2　国府―畿内・七道の様相―』）。

23) 『静岡県史　資料編2・考古2』（静岡県，1994年）。

24) 荒井秀規「相模国府研究史」（『相模国府とその世界』平塚市博物館，1998年），『検証相模国府』（平塚市博物館，2010年）。

25) 田尾誠敏「相模国府と律令制下の物流」（『日々の考古学』東海大学考古学教室開設20周年記念論文集編集委員会，2002年）。なお，引用文中に掲載されている参考文献は以下の通り。明石新「発掘から見た相模国府」（『国史学』第156号，1995年），同「相模国「国厨」について」（『自然と文化』第19号，1996年），同「相模国府所在地について」（『夏季特別展　相模国府とその世界』平塚市博物館，1998年），平塚市博物館「平成10年夏季特別展シンポジウム　相模国府とその世界」（『自然と文化』第22号，1999年）。

26）　（財）かながわ考古学財団『湘南新道関連遺跡Ⅳ　坪ノ内遺跡・六ノ域遺跡』（かなが
　　　わ考古学財団調査報告書243，2009年）398頁。

27）　註24『検証相模国府』，明石新「相模国府」（須田勉・阿久津久編『東国の古代官
　　　衙』高志書院，2013年），田尾誠敏「相模国府とその景観」（『大地に刻まれた藤沢の歴
　　　史Ⅴ　古代』藤沢市，2015年）。

28）　倉澤正幸「信濃国府考（小県）」（註27『東国の古代官衙』）。

29）　駒見和夫「下総国須和田遺跡における律令期の再検討」（『和洋女子大学紀要　人文
　　　系編』第47集，2007年）。

30）　山路直充「下総国府関連遺跡」（『千葉県の歴史　資料編考古3（奈良・平安時代）』
　　　千葉県，1998年）。

31）　松本太郎「房総地域出土土器の分析―下総国府成立期の様相―」（『土曜考古』第34
　　　号，2011年）。

32）　山中敏史『古代地方官衙遺跡の研究』（塙書房，1994年）。

33）　松本太郎『東国の土器と官衙遺跡』（六一書房，2013年）116頁。

34）　箕輪健一「常陸国衙跡中枢部の国庁としての確度と有効性―周辺環境と官衙設計理
　　　念からみたひとつの指標―」（『婆良岐考古』第33号，2011年），同「常陸国府の成立
　　　―国庁前身官衙の造営を中心に―」（『古代文化』第63巻第4号，2011年）。

35）　滋賀県教育委員会『史跡　近江国衙跡発掘調査報告』（滋賀県文化財調査報告書第6
　　　冊，1977年）。

36）　丸山竜平「近江国衙跡の問題点」（滋賀県教育委員会『史跡　近江国衙跡発掘調査報
　　　告』滋賀県文化財調査報告書第6冊，1977年）36頁。

37）　木下良『国府―その変遷を主にして―』（教育社，1988年）44・45頁。

38）　平井美典『藤原仲麻呂がつくった壮麗な国庁　近江国庁』（新泉社，2010年）47・
　　　48頁。

39）　須崎雪博「近江国庁成立時期に関する一試案」（『淡海文化財論叢』第4輯，2012
　　　年）149頁。

40）　栗東町教育委員会『岡遺跡発掘調査報告書　1次・2次・3次調査』（1990年），滋賀
　　　県教育委員会『栗東町岡遺跡発掘調査報告書』（1996年）。

41）　雨森智美「滋賀県手原遺跡と古代の地方官衙」（『近江歴史・考古論集』畑中誠治教
　　　授退官記念会，1996年），同「近江国栗太郡の倉庫遺構」（『古代の稲倉と村落・郷里の
　　　支配』奈良国立文化財研究所，1998年）。

42）　垂井町教育委員会『美濃国府跡発掘調査報告書Ⅲ』（2005年）。

43）　註6「国府政庁の成立年代」，贊元洋「掘立柱建物の年代決定方法について―国庁を
　　　中心として―」（『三河考古』第23号，2013年）65頁。

44）　掘立柱建物の柱穴から出土した土器を年代基準とする場合，建物の時期ごとに掘方
　　　埋土か，抜取埋土か，柱痕跡かをきちんと識別して取り上げる必要があるが，美濃国庁

の調査は十分ではない（大橋泰夫『国郡制と国府成立の研究』平成24〜27年度科学研究費補助金・基盤研究(C)研究成果報告書，2016年，15頁）。

45）　中川尚子「古代国府における瓦について」（『美濃の考古学』6号，2003年）。

46）　佐川正敏「屋瓦」（『平城宮発掘調査報告ⅩⅣ　平城宮第2次大極殿院の調査』奈良国立文化財研究所学報第51冊，1993年）。

47）　八賀晋「美濃国」（註1『シンポジウム2　国府―畿内・七道の様相―』1996年）。

48）　田中弘志「弥勒寺と武義郡衙」「弥勒寺跡・弥勒寺東遺跡」（『古代』第110号，2001年）。

49）　府中市教育委員会『武蔵国衙跡1』（府中市埋蔵文化財調査報告第43集，2009年），江口桂『古代武蔵国府の成立と展開』（同成社，2014年）。

50）　深澤靖幸「古代武蔵国府の成立」（『府中市郷土の森博物館紀要』第23号，2010年）。

51）　荒井健治「武蔵国府の成立と展開」（註27『東国の古代官衙』）。

52）　酒井清治「南多摩に分布する剣菱文軒丸瓦と牛角状中心飾り唐草文軒平瓦小考」（『駒沢考古』第40号，2015年）。

53）　府中市教育委員会『武蔵国府跡　御殿地地区発掘調査報告書』（府中市埋蔵文化財調査報告第51集，2012年）。

54）　江口桂「武蔵国府の成立」（『古代文化』第63巻第3号，2011年）97頁。

55）　栃木県教育委員会『下野国府跡Ⅰ〜Ⅸ』（栃木県埋蔵文化財調査報告第30・35・42・50・54・63・74・90・100集，1979〜90年）。

56）　平川南「下野国府出土の木簡について」（同『漆紙文書の研究』吉川弘文館，1989年）。

57）　加藤友康「国・郡の行政と木簡―「国府跡」出土木簡の検討を中心として―」（『木簡研究』第15号，1993年）。

58）　田熊清彦「下野国」（註1『シンポジウム2　国府―畿内・七道の様相―』）205頁。

59）　大橋泰夫「下野の瓦生産について」（『栃木県考古学会誌』第22集，2001年）。

60）　大川清『下野の古代窯業遺跡　本文編Ⅰ・Ⅱ』（栃木県埋蔵文化財調査報告第18集，1976年）。

61）　津野仁・山口耕一・内山敏行・池田敏宏「三毳山麓窯跡群の須恵器生産(Ⅱ)」（『栃木県考古学会誌』第25集，2004年）。

62）　栃木県教育委員会『下野国府跡Ⅱ』（栃木県埋蔵文化財調査報告第35集，1980年）47頁，木村等「下野国」（『シンポジウム東国の国府 in WAYO』シンポジウム東国の国府 in WAYO実行委員会，1998年）81頁。

63）　今泉隆雄「古代国家と郡山遺跡」（仙台市教育委員会『郡山遺跡発掘調査報告書　総括編(1)』仙台市文化財調査報告書第283集，2005年）289頁。

64）　註63「古代国家と郡山遺跡」。

65）　宮城県教育委員会・宮城県多賀城跡調査研究所『多賀城跡　政庁跡　本文編』（1982

年），同『多賀城跡　政庁跡　補遺編』（2010 年）。

66）　山口辰一「越中国」（註 1『シンポジウム 2　国府―畿内・七道の様相―』），城岡朋
洋「北陸道　越中」（註 1『古代の都市と条里』）。

67）　高岡市教育委員会『市内遺跡調査概報Ⅲ―平成 19 年度越中国府・御亭角遺跡の調査
他―』（高岡市埋蔵文化財調査概報第 67 冊，2009 年），杉山大晋「越中国府と地域交通
―陸上・水運・海運交通の結節点―」（『こしのくに五市国府フォーラム　北陸の国府と
交通・交流　資料集』小松市経済観光文化部文化創造課，2015 年）。

68）　吉岡康暢「平安前期の地方政治と国分寺（下）―能登国分寺をめぐる問題―」（『金沢
大学日本海域研究所報告』9 号，1979 年）。

69）　「七尾市の原始・古代」（『新修七尾市史 14　通史編 I』七尾市，2011 年）。

70）　北林雅康「能登国府と交通・交流―国分寺・役所・道・駅・津・市・祓―」（註 67
『こしのくに五市国府フォーラム　北陸の国府と交通・交流　資料集』）。

71）　木下良「丹波国府址」（『古代文化』第 16 巻第 2 号，1966 年），鵜島三壽『千代川遺
跡』（京都府埋蔵文化財調査研究センター，1992 年）。

72）　石崎善久「池尻遺跡第 7 次」（京都府遺跡調査概報第 123 冊，京都府埋蔵文化財調査
研究センター，2007 年）。

73）　高橋美久二「丹波国府の造営」（『新修亀岡市史　本文編第 1 巻』亀岡市，1995 年）。

74）　樋口隆久「丹波国」（註 1『シンポジウム 2　国府―畿内・七道の様相―』）。

75）　註 72「池尻遺跡第 7 次」。

76）　中山和之「因幡国」（註 1『シンポジウム 2　国府―畿内・七道の様相―』）。

77）　鳥取県教育委員会文化課『因幡国府』（1980 年）。

78）　註 37『国府　その変遷を主にして―』。

79）　倉吉市教育委員会『伯耆国庁跡発掘調査概報　第 5・6 次』（1979 年），眞田廣幸
「伯耆国府の成立」（『古代文化』第 63 巻第 4 号，2012 年）。

80）　眞田廣幸「奈良時代の伯耆国に見られる軒瓦の様相」（『考古学雑誌』第 66 巻第 2
号，1980 年）。

81）　菅原正明「まとめ」（倉吉市教育委員会『伯耆国庁跡発掘調査概報　第 4 次』1977
年）21 頁。

82）　眞田廣幸「律令制下の山陰―官衙と寺院―」（小林昌二・小嶋芳孝編『日本海域歴史
大系　第 1 巻古代篇 I』清文堂出版，2005 年）294 頁。

83）　倉吉市教育委員会『史跡伯耆国府跡　国庁跡発掘調査報告書（第 12 次～第 14 次）』
（倉吉市文化財調査報告書第 141 集，2012 年）。

84）　大橋泰夫「国郡制と地方官衙の成立」（『古代地方行政単位の成立と在地社会』奈良
文化財研究所，2009 年）36 頁。

85）　妹尾周三「軒瓦から見た伯耆国庁と国分寺の造営」（『古代文化研究』第 23 号，2015
年）。

第 1 章　各地における国府の検討　　77

86) 倉吉市教育委員会『不入岡遺跡群発掘調査報告書』（倉吉市文化財調査報告書第85集，1996年）。

87) 註82「律令制下の山陰―官衙と寺院―」。

88) 註82に同じ。

89) 松江市教育委員会『出雲国庁跡発掘調査概報』（1971年）。

90) 青木和夫『古代豪族』（小学館，1974年）。

91) 『日本古典文学大系2 風土記』岩波書店，1958年。

92) 平石充「出雲国庁跡出土木簡について」（『古代文化研究』第3号，1995年）。

93) 平石充「出雲国風土記と国府の成立」（『古代文化』第63巻4号，2012年）105・106頁。

94) 2017年度の島根県教育委員会による発掘調査によって，SB20が礎石建物に建て替えられた可能性が高い点が明らかにされている。

95) 註84に同じ。

96) 山本博利「播磨国府跡」（『姫路市史 第7巻下 資料編考古』姫路市，2010年），今里幾次「播磨の国府と国庁」（『姫路市史 第1巻下 本編考古』姫路市，2013年）。

97) 『岡山県史 第3巻古代II』（岡山県，1988年）。

98) 岡山市教育委員会『ハガ遺跡―備前国府関連遺跡の発掘調査報告―』（2004年）。

99) 草原孝典「備前国府の位置とその構造」（『ハガ遺跡―備前国府関連遺跡の発掘調査報告―』岡山市教育委員会，2004年）。

100) 米倉二郎「条里制の分布」（『広島県史 原始古代通史I』広島県，1980年）。

101) 府中市教育委員会『備後国府関連遺跡1 第2分冊』（府中市埋蔵文化財調査報告第27冊，2016年）。

102) 妹尾周三「備後における奈良時代の軒瓦―「備後国府系古瓦」の再検討―」（『考古学雑誌』第98巻第3号，2014年）。

103) 津山市教育委員会『美作国府跡』（津山市埋蔵文化財発掘調査報告第50集，1994年），安川豊史「美作国府の成立」（『古代文化』第63巻第3号，2011年）。

104) 註103『美作国府跡』49頁。

105) 三坂圭治『周防国府の研究』（積文社，1933年）。

106) 吉瀬勝康「山陽道 周防」（註1『古代の都市と条里』）157頁。

107) 亀田修一「瓦」（『山口県史 資料編考古2』山口県，2004年），佐々木達也「周防国府跡第150次調査」（『平成16年度防府市内遺跡発掘調査概要』防府市教育委員会，2006年）25頁。

108) 香川県教育委員会『讃岐国府跡―国庫補助による国府跡確認調査概要―』（1982年）。

109) 香川県埋蔵文化財センター『讃岐国府を探る』（2010年）。

110) 信里芳紀「讃岐国府を考える」（『第4回古代山城サミット高松大会開催記念企画展

屋嶋城が築かれた時代』高松市教育委員会，2013 年）。

111）　徳島県教育委員会『観音寺遺跡Ⅰ（観音寺遺跡木簡篇）』（徳島県埋蔵文化財センター調査報告集第 40 集，2002 年），同『観音寺遺跡Ⅳ』（徳島県埋蔵文化財センター調査報告書第 71 集，2008 年）。

112）　藤川智之「考古学からみた阿波国府研究の現状」（註 111『観音寺遺跡Ⅰ（観音寺遺跡木簡篇）』）153 頁。

113）　和田萃・藤川智之「徳島市観音寺木簡の歴史的意義」（『徳島県埋蔵文化財センター研究紀要　真朱』9，2011 年）。

114）　一山典「阿波国府の考古学的考察」（徳島考古学論集刊行会編『論集　徳島の考古学』2002 年）。

115）　松村一良「筑後国府跡」（『久留米市史　第 12 巻資料編（考古）』久留米市史編さん委員会，1994 年），同「西海道　筑後」（註 1『古代の都市と条里』）。

116）　註 115「西海道　筑後」。

117）　神保公久「付属官衙からみた国府の変容―筑後国府を対象に―」（高倉洋彰編『東アジア古文化論攷』2，中国書店，2014 年）。

118）　神保公久「筑後国府の成立」（『古代文化』第 63 巻第 4 号，2012 年），小澤太郎「西海道における四面廂建物の様相」（『第 15 回古代官衙・集落研究会報告書　四面廂建物を考える　報告編』奈良文化財研究所研究報告第 9 冊，2012 年）。

119）　豊津町教育委員会『豊前国府』（豊津町文化財調査報告書第 15 集，1995 年）。

120）　岡田諭「福岡県・福原長者原遺跡の調査について」（『日本考古学』第 38 号，2014 年），九州歴史資料館『福原長者原遺跡第 3 次調査　福原寄原遺跡第 2・3 次調査』（東九州自動車道関係埋蔵文化財調査報告書第 13 集，2014 年），行橋市教育委員会『福原長者原遺跡』（行橋市文化財調査報告書第 58 集，2016 年）。

121）　註 63『郡山遺跡発掘調査報告書　総括編(1)』。

122）　青木敬「宮都と国府の成立」（『古代文化』第 63 巻第 4 号，2012 年）90・91 頁。

123）　佐賀市教育委員会『国史跡肥前国庁跡保存整備事業報告書―遺物・整備編―』（佐賀市文化財整備報告書第 1 集，2006 年）。

124）　佐賀県教育庁文化課編『惣座遺跡』（佐賀県文化財調査報告書第 96 集，1990 年）。

125）　熊本市教育委員会『二本木遺跡群』（2007 年）。

126）　網田龍生「硯」（同上書）。

127）　西都市教育委員会『日向国府跡　平成 24～28 年度発掘調査概要報告書』（西都市埋蔵文化財発掘調査報告書第 64・66・68・69・72 集，2013～17 年），宮崎県教育委員会『寺崎遺跡―日向国庁を含む官衙遺跡―』（国衙跡保存整備基礎調査報告書，2001 年），津曲大祐「日向国府跡の調査成果」（『一般社団法人日本考古学協会 2017 年度宮崎大会資料』日本考古学協会 2017 年度宮崎大会実行委員会，2017 年）。

第2章　国庁の構造

　国庁は，成立当初から長舎を使用する例が多い。長舎は7世紀半ば以降，都城を中心に地方官衙を中心に用いられる例が多く，その実態を明らかにすることは，都城と地方との関係や国郡制の形成過程を知る手がかりとなる。とくに，政庁に7世紀後半〜8世紀前葉にかけて採用され，8世紀前葉以降に定型化したコ字形配置の政庁に転換していくことが，各地の国庁・郡庁で認められる。長舎から定型化政庁への変遷過程は，7世紀後半の国評制から国郡制による律令国家の統治システムの整備と深く関わるものと推測される。山中敏史がまとめた，平城宮・地方官衙の掘立柱建物の平面形式によれば，桁行が7間を超える長舎は，官衙に数多く用いられていることが明らかにされている[1]。

　加えて，「地方官衙の官舎（総柱建物を除く）には，桁行総長が30m以上に及ぶ長大な建物がみられる。これは集落や居宅の建物にはみられない特徴の一つである。これらの建物の梁行総長は6m以下であり，ほとんどが無廂建物である。これらの建物は主に国庁や郡庁の殿舎に見られる」ことが明らかにされている[2]。ここでは国庁・郡庁の構造について，桁行7間以上の細長い建物を長舎の目安として検討を行う。

1　政庁と長舎

　地方官衙の政庁の説明にあたり，定型化した国庁については，山中敏史の分類にしたがって長大な脇殿が正殿左右まで延びる長舎型，正殿前面左右に二棟ずつの脇殿がある大宰府型政庁，正殿・脇殿が品字状をとる城柵型政庁の3類型とする。山中は建物配置から国庁の特徴を次のようにまとめる。

　　国庁は周囲が塀や溝で囲繞された一院を形成している。その北寄り中央に正殿を設け，その前面の前庭を挟んで左右に脇殿を配置した左右対称の整然とした建物配置をとる。中には伊勢・近江国庁のように，高度の地割計画にしたがって建物が配置されている例もある。また，前殿を伴う国庁で

は，後述する国庁院のほぼ中心位置に前殿を配置するという計画性が認められる例が多い[3]。

近年の調査成果を加えて，青木敬も初期国庁との違いを検討する中で定型化国庁の定義を行う。後殿の出現を重要な要素とし，「①後殿の出現，②正殿・前殿・後殿・脇殿などの建物は方位に則り計画的に配置され，③それらは建物から独立した塀などの遮蔽施設によって方形に区画される，以上を建物配置からみた定型化国庁の定義」とする[4]。

後殿の出現は定型化国庁を考えるうえで重要な指摘だが，下野国庁，常陸国庁，陸奥国庁（多賀城政庁）のように，後殿が当初はなかったり最終期まで欠けている例があることから，定型化国庁の定義は山中の整理にしたがって，「塀で囲繞された一院の中に正殿・脇殿が塀と分離して左右対称の整然とした建物配置をとり，南面する」とする。

ただし，諸国でまず導入された定型化国庁をみていくと，長舎型，大宰府型政庁，城柵型政庁といっても，国ごとの違いも認められ一律にまとめるだけでは不十分であり，そうした違いをどのように評価していくかが問題である。なお，長舎型・大宰府型政庁・城柵型政庁として，8世紀第2四半期以降に諸国の国府で設けられる政庁が国庁のはじまりとされたが，筆者は7世紀末～8世紀初めには諸国で国庁が設置されたと考えている。そうした初期国庁の中には，独立した塀で囲繞せずに長舎が塀を兼ねた例も含まれる。

一方，郡庁について，山中は建物配置から郡庁をⅠ～Ⅷ類に分ける[5]。建物をロ字形配置としたもの（Ⅰ類や省略形のⅥ類），正殿と脇殿でコ字形配置をとるもの（Ⅱ類や省略形のⅤ類），品字形配置のもの（Ⅲ類や省略形のⅥ類），脇殿がなく左右非対称の変則的な配置をとるもの（Ⅶ類やⅧ類）がある。郡庁で多くみられる，ロ字形配置としたⅠ類については，建物構造からⅠA類（長舎連結型），ⅠB類（短舎連結型），ⅠC類（回廊型）とする。

筆者は，定型化前の国庁と郡庁については，建物配置から明確に分けることが難しいと考えている。したがって，初期国庁を含めた政庁についても，ロ字形配置・コ字形配置・品字形配置としてまとめる。

地方官衙成立期の政庁

成立期の政庁は長舎を多用しており，ロ字形，コ字形，品字形配置とその省

略変形型にまとめられてきた。定型化国庁と異なり，殿舎が塀を兼ねた長舎囲い型が多い。

政府の祖型について，阿部義平はロ字形長舎囲い型を郡庁の出発点とし，その配置は国庁院や朝堂院あるいは太政官曹司の配置とは異なり，7世紀代の畿内の宮殿遺構（飛鳥稲淵宮殿跡・斑鳩宮跡など）と類似するとした[6]。また，豪族の居宅に系譜を求める案もあった[7]。

これに対して，山中は初期の郡庁（政庁）にはロ字形長舎囲い型に限らず，コ字形配置も採用されている点や全国的に地域差も認められない点から，「宮城の政府である朝堂院や内裏中枢施設を主な手本とし，長舎や回廊が多用された7世紀代の宮殿・官衙スタイルの要素がそれに加わって，地方官衙の政府として創出された構造であった蓋然性が高い」とし，「長舎を伴う構造は，宮中枢施設の構造や長舎主体で構成されている藤原宮の曹司などと類似しており，後者の品字型配置は平城宮兵部省や宮内省などの曹司配置との類似性が認められる。郡庁の構造はそうした宮城施設の構造の影響も受けて創出されたスタイルであった可能性がある」とする[8]。

阿部義平や山中敏史による，地方官衙の建物配置が律令期の中央官衙や宮殿を祖型とする説に対して，海野聡は律令制度以前から存在した小墾田宮などの宮の形式を受け継いだとみて，地方官衙政府の建物配置については前庭空間が儀式や饗宴空間として重要な役割を果たしたと評価しつつ，前殿・後殿の有無や脇殿の建物数も異なる点を重視する[9]。

政府の祖型を考えるうえでは機能が重要であり，政府の建物配置が宮城中枢施設や国庁と同じく，中央部に前庭を設けそれを囲むように正殿・脇殿などを整然と配置した一院を形成していることから，「国庁における政務・儀式・饗宴と同様の行為が，その形を変えながらも郡庁で実施されていたことを物語る」と考えられる[10]。

小笠原好彦も，「これらの配置の祖型は7世紀末に出現した藤原宮の大極殿と四周に回廊がめぐる大極殿院的な配置が構想された可能性が高い」とする。品字形については，弥勒寺官衙遺跡（武義郡衙）の例をあげ，「その祖型は，前期難波宮である孝徳朝の難波長柄豊碕宮の内裏中枢部，また法隆寺東院下層で見つかっている7世紀前半の斑鳩宮想定遺構，7世紀後半の飛鳥の稲淵川宮

殿遺跡などに求められる」とし，ロ字形，コ字形，品字形建物配置の祖型を中央官衙（宮都）に求める[11]。

地方官衙の政庁の祖型については，7世紀以降の宮殿との関係が深いとみるのが妥当であろう。これまでみてきたように，国庁と郡庁はそれぞれ特徴が異なる政庁と分類され理解されてきたが，筆者は，定型化前の国庁と郡庁については建物構造から明確に分けることが難しいと考えている。後述するように，定型化国庁に先行する初期国庁は，長舎囲い型の政庁（ロ字形・コ字形・品字形）を採用している場合が多く，郡庁と構造的には関わりが強い。

2 長舎を用いた政庁の成立

長舎をコ字形，ロ字形に配置し，中央を庭とした建物配置は儀式空間としての機能が想定できる。こうした配置は，福岡県比恵遺跡や奈良県石神遺跡など6世紀後半〜7世紀中頃にもみられる。

北部九州の事例

福岡市比恵遺跡では，6世紀後半以降につくられた3本1単位で柱列を連ねた柵状遺構（三本柱柵）で区画された高床倉庫群と，両側に三本柱柵を連結させた細長い側柱建物がみつかっている[12]（図40）。6世紀後半後葉につくられ，遅くとも7世紀後半前葉には機能を終え，「三本柱柵を長細い側柱建物に置き換えれば，近年北部九州で見つかっている郡庁と近い形態になり，2列の三本柱柵間の距離が短いことも考慮すれば，側柱建物を門施設と考え，倉庫群の中心施設となる建物が柵内にある可能性」が考えられている[13]。長舎を含む施設は，政庁のような儀式空間だった可能性がある。

三本柱柵に区画された高床倉庫群は，ほかに有田遺跡，惣利遺跡，田淵遺跡でも確認されている。有田遺跡では同位置で後に早良郡衙が設けられ，ほかの遺跡でも7世紀後半以降の大型建物がみつかっており，同じ場所で郡衙へ移行する。早良郡衙（有田遺跡）の郡庁は，長舎が北・東辺を画し，その中に四面廂付の正殿を配置し，コ字形もしくはロ字形配置となり，半町程度の規模になる（図41）。年代は三本柱柵に区画された高床倉庫群が廃絶した後で，7世紀後半以降である。

第2章 国庁の構造 *83*

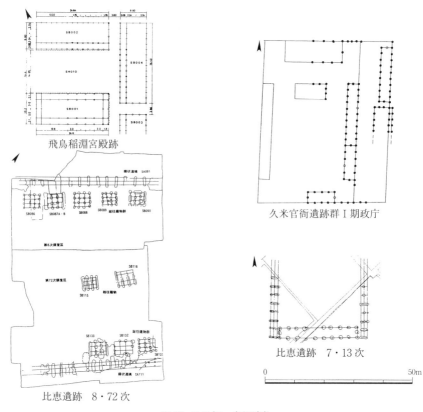

図40 7世紀の官衙建物

　比恵遺跡や有田遺跡にみるように，倭王権と関わる可能性が高い三本柱柵に区画された高床倉庫群や三本柱柵と連結した長舎施設（儀式空間か）の場所を踏襲して，郡衙施設が建設されていく。一方で，三本柱柵という特殊な区画施設は続かず，こうした三本柱柵と関わる建物群と後の郡庁とは，建物構造には連続性があるようには考えない。建物構造からみると，7世紀後半以降に採用されるコ字形に配置した郡庁の祖型について，三本柱柵を伴う施設に求めることは難しい。

久米官衙遺跡群の評価

　久米官衙遺跡群のⅠ期政庁は正殿とみられる東西棟と脇殿からなり，7世紀第2四半期頃を上限とし，中頃にかけて機能したと想定されている[14]（図

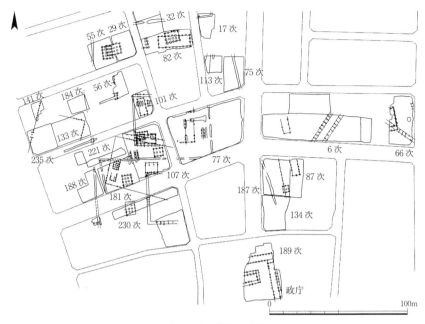

図41　有田遺跡全体図

40)。西側の外郭に建物はなく左右対称とならず，建物配置は不明な点が多いが，正方位をとる正庁としてはもっとも古い。こうした7世紀前半代に遡るⅠ期政庁について，松原弘宣は「7世紀中期の孝徳立評以前とすると，久米国造の統治機構を想定するのが最も自然」とし[15]，山中敏史は「ミヤケに伴う施設か端緒的久米評衙，あるいはミヤケを管掌する久米国造の職務執行機関に伴う施設」と考える[16]。

　地方官衙で，正方位をとる政庁が採用されるのは7世紀第4四半期以降であり，確実に第3四半期に遡る例がない中で，Ⅰ期政庁は7世紀中頃（第2四半期か）とされ同時期で比較できる例はない。橋本雄一は，モデルとなったのは推古天皇の小墾田宮と飛鳥岡本宮が候補で，飛鳥の宮殿の詳細が不明なために検討ができないとする[17]。

　寺院は飛鳥寺創建期の6世紀末から正方位をとるが，官衙では都城の飛鳥宮で正方位を採用するようになるのは，7世紀中頃の飛鳥宮Ⅱ期遺構（飛鳥板蓋宮）で，小墾田宮の有力な推定地である雷丘東方遺跡や石神遺跡で7世紀前半

まで遡る遺構は正方位をとらない[18]。現状では，久米官衙遺跡群のⅠ期政庁について，ほかの7世紀後半以降に各地で出現してくる政庁と比較・検討することは難しい。

　広島県大宮遺跡の長舎4棟も6世紀後半頃とされる。梁行1～2間で桁行6間，9間の4棟に囲まれた空間が広場になり，品字形配置の建物群の前身的な性格が想定されている[19]。しかし，建物配置の規格性は乏しく，方位も一定でなく，郡庁との年代的な開きも大きく，律令期の政庁に関連付けることは難しい。

　現状では，律令期になって採用される，長舎を用いた地方官衙の政庁の直接的な系譜を古墳時代まで遡らせることは難しい。

3　7世紀以降の大極殿院・朝堂院

　長舎を多用した政庁の祖型を考えるうえでは，同時期の都城における大極殿院・朝堂院の状況を把握しておく必要がある（図42）。藤原宮の大極殿は史料の初出が698年（『続日本紀』文武2年正月条）で，この頃までに造営されている。また，藤原宮の朝堂院回廊完成は，東側の南北大溝SD9815から出土した木簡から大宝3年（703）以降まで遅れる可能性が高い[20]。

　一方，地方で政庁が建設されるのは7世紀後半からであり，藤原宮完成前に各地で政庁が出現していた。初期の国庁や郡庁の祖型を考えるうえでは，藤原

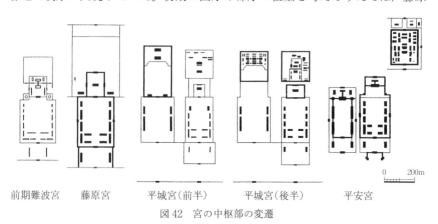

前期難波宮　　藤原宮　　　平城宮（前半）　　平城宮（後半）　　平安宮

図42　宮の中枢部の変遷

宮だけでなく，先行する飛鳥宮の中でも同時期にあたる飛鳥浄御原宮などの構造との関係を含めて検討が必要となる。

飛鳥宮

伝承飛鳥浄御原宮跡の飛鳥宮は発掘調査により，ほぼ同じ位置に3時期の宮殿遺構が重複して存在し，下層からⅠ・Ⅱ・Ⅲ期とされている。Ⅰ期が舒明天皇の飛鳥岡本宮（630～），Ⅱ期が皇極天皇の飛鳥板蓋宮（643～），Ⅲ期が斉明・天智天皇の後飛鳥岡本宮，天武・持統天皇の飛鳥浄御原宮とみられている[21]。天武・持統朝の飛鳥浄御原宮である，Ⅲ期は2小期に分けられ，Ⅲ-A期が後飛鳥岡本宮（656～672），Ⅲ-B期が飛鳥浄御原宮（672～694）と推定されている。この間，難波遷都や大津遷都によって，都が飛鳥を離れる場合もあった。Ⅲ期については，建物の配置や構造がかなり明らかになり，内郭だけの段階がⅢ-A期，内郭をそのまま継承して東南郭を造営したのがⅢ-B期となっている。

Ⅲ-A期は内郭だけで構成され，東西塀によって南区画と北区画とに分かれる。南区画が公的空間で，奥まった位置にある北区画が私的空間とみられている。内郭の南門を入ると，内郭前殿である正殿SB7910が建ち，その東西には2列の掘立柱塀を挟んでそれぞれ南北10間の長舎がそれぞれ左右対称に2棟，配置されている。こうした左右に並ぶ4棟の南北棟建物は朝堂であり，前殿の東西に位置するのは，公的空間の位置付けに関わるとされる。その北側にはさらに大きな東西棟建物SB0301とSB0501が南北に配置される。ともに東西8間，南北4間の切妻建物で北と南に廂を持ち，東側と西側に東西3間，南北4間の建物を廊状施設で連結する長舎であった。

Ⅲ-B期は，内郭をそのままにして東南郭を新設する。東南郭は内郭の儀式空間を独立させたもので大極殿院と推定され，掘立柱塀で南北約55m，東西約94mを囲んだ横長の区画のほぼ中央に，四面廂の正殿SB7701を置き，その南東と南西（推定）に南北棟建物を左右対称にコ字形に配置し，西辺に5間×2間の西門が開く。小澤毅は，南辺塀の南側にも南北棟4棟を復元し，東南郭南辺にも出入口を設けて，以南の部分を含めて全体に左右対称の構造をとり一体的に機能したと考える[22]（図43右）。また，内郭前殿の正殿SB7910とその東西に置かれた4棟の朝堂についても，引き続き公的空間として機能したと理

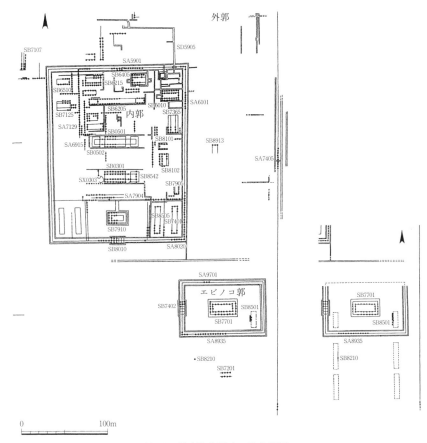

図43 飛鳥浄御原宮の建物配置

解されている。

　林部均も正殿SB7701を大極殿と理解するが，その南西の脇殿相当の南北棟建物や郭の南に朝堂はなく，区画中央に正殿SB7701が配置され，その東南にだけ小規模な南北棟建物が置かれたとみる。そして，Ⅲ-A期以来の儀式空間である内郭の南の空間をそのまま継承したため，東南郭（エビノコ郭）は正殿が南を向くにもかかわらず，空間としては西向きになったと考え，正殿南側の南北棟建物については，左右対称でなく東側だけにあったと推定する[23]（図43左）。

飛鳥宮と長舎を多用した政庁

地方官衙の政庁は前庭を持つ儀式空間であり，同時期の飛鳥宮Ⅲ-Ｂ期や藤原宮との関係の有無が問題となる。ロ字形，コ字形，品字形配置の政庁が出現する時期は藤原宮以前に遡る可能性があるが，同時期とみられる飛鳥浄御原宮との関係は論じられることがなかった。一見して，地方官衙の政庁と建物配置が似ていると考えられなかったためであろう。一方，飛鳥浄御原宮から遷都した藤原宮の朝堂院が，建物配置や構造の変形・省略を認めたうえで郡山遺跡Ⅱ期官衙の政庁のモデルになった可能性が高い[24]。

全体の建物配置は不明な点が多いが，飛鳥浄御原宮Ⅲ-Ｂ期・東南郭の正殿 SB7701 の前は石敷の庭になり，その前方に南北棟建物（脇殿）が左右対称のコ字形に配置され，南辺塀南側には南北棟 4 棟が脇殿と柱筋を揃えて建ち一体的に機能したとみられる。初期の政庁において，その建物配置が飛鳥浄御原宮の東南郭と相似形のものはない。長舎を用いた地方官衙成立期のコ字形，ロ字形，品字形配置の政庁が，飛鳥浄御原宮を直接的な祖型とみるのは問題が多い。ただし，左右対称で庭を持つという基本的な部分は共通しており，地方官衙の政庁の祖型を考えるうえでは，飛鳥浄御原宮から藤原宮にいたる朝堂院との関係も含めて，さらに検討を進めていく必要があろう。

長舎囲い型政庁の祖型

地方官衙でもっとも古い長舎囲い型政庁は，7 世紀中頃に遡るとされる久米官衙遺跡や郡山遺跡Ⅰ期官衙遺跡のような拠点的官衙施設で採用される。

地方で長舎が用いられはじめる時期は，飛鳥宮では発掘調査によって構造がほぼ判明している天武・持統朝の飛鳥浄御原宮とされる飛鳥宮Ⅲ期に先行する，Ⅰ期の飛鳥岡本宮（630～），Ⅱ期の飛鳥板蓋宮（643～655）や百済宮（640～），遷都によって一時期，飛鳥を離れた前期難波宮（652～）や近江大津宮（667～672）に相当する。長舎囲い型政庁の特徴としては，前庭を持つことが第 1 にあげられる。加えて，正方位をとることは少ないが，南面する傾向が強い。

長舎を多用する政庁について，小田裕樹は「石神遺跡にみられるような正殿と儀式空間を長舎で囲む建物配置が，地方の饗宴空間のモデルとなった可能性を考えたい」とし，7 世紀中頃の石神遺跡の饗宴施設が建物配置のモデルにな

ったと考える[25]。

　長舎を多用するあり方は，地方官衙の成立期にみられる官衙施設に共通する点であり，都城との関係を知るうえで重要な指摘である。一方で，地方官衙の長舎囲い型の政庁には前庭が広いという共通する特徴があり，儀式空間として重視されていることがうかがえるが，石神遺跡では南側に広い前庭を持たず違いは大きい。7世紀末～8世紀初めに成立する初期国庁も同様に広い前庭を持つ点では共通し，前庭が重視された。郡山遺跡Ⅱ期官衙や福原長者原遺跡も藤原宮の影響があり，その政庁も広い朝庭を持つ朝堂を模して成立した。地方官衙の政庁では政務や饗宴も行われたが，当初からもっとも重要な機能は前庭の儀式空間の場であったと理解できる。

　岸俊男は，『日本書紀』推古16年（608）条などの分析から，推古朝の小墾田宮が，「大殿―大門（閤門）―朝廷―宮門（南門）」という構造で，朝庭の左右には大臣らの庁（朝堂）があったとした[26]。7世紀初めの小墾田宮（603～）において，それ以降の都城における朝堂の基本構造が成立していた点は注目できる。

　海野聡は，地方官衙政庁の建物配置において前庭空間が儀式空間として重要な役割を果たしたとし，律令成立以降の中央官衙に祖型を求めるのではなく，律令制度以前から存在した小墾田宮などの宮の形式を受け継いだとみる[27]。長舎囲い型政庁の祖型を考えるうえでは，海野が指摘するように「前庭」を重視すべきであろう。前述したように，橋本雄一も7世紀前半に遡る久米官衙遺跡の政庁のモデルとなったのは，推古天皇の小墾田宮と飛鳥岡本宮を候補とする。

　山中敏史は初期の政庁について，宮城の政庁である朝堂院や内裏中枢施設を手本とし，長舎や回廊が多用された7世紀代の宮殿・官衙スタイルの要素がそれに加わって，地方官衙の政庁として創出されたとした[28]。筆者もこれを支持したい。地方官衙の政庁は，儀式機能が重視され朝庭を持つ宮殿の朝堂をモデルにして成立した。7世紀末以降も同様に，藤原宮・平城宮の朝堂院に倣ったと考える。長舎囲い型の政庁については，小墾田宮以降の前庭を持つと推定される宮殿中枢施設に祖型を求めたい。

4　長舎を多用した政庁から定型化国庁へ

これまで長舎を主体としたロ字形，コ字形，品字形配置の郡庁と定型化国庁との関係については，儀式空間としての機能は共通すると評価されたが，年代が異なるとし別々に検討され，その関係性は十分に論じられていない。しかし，筆者は常陸・陸奥・伯耆国庁の例から，長舎を多用した政庁が定型化国庁の祖型となり，定型化国庁の成立にあたっては長舎を主体とした政庁が直接的な祖型となっている場合もあると考える。

(1)　常陸国庁の建物配置─ロ字形配置から定型化国庁成立─

常陸国庁は，8世紀前葉に定型化国庁として成立する。政庁の北寄りに正殿を置き，その前面に脇殿2棟ずつをコ字形に配置し，この正殿と脇殿4棟からなる配置が9世紀代まで踏襲されていく。

建物配置は，藤原宮・平城宮の朝堂院をモデルに成立した大宰府Ⅱ期政庁に似ており，大宰府と同じように都城の朝堂院にその直接的な系譜が求められるような案も考えられる。しかし，常陸国庁では定型化国庁に先行する初期国庁（前身官衙）と建物構造が似ており，それとの関わりを重視したい。初期国庁は都城の朝堂院のような中枢官衙施設に祖型が求められる可能性が高いので，定型化国庁と朝堂院は無関係ではない。

初期国庁（前身官衙）と定型化国庁との関係については，箕輪健一によって，定型化国庁の中軸線が先行する前身官衙の基準線を踏襲し，「国庁前身官衙と定型化国庁は，極めて計画的高度な設計技術により造営されたものとみなすことが可能で，正殿の桁行6間という偶数柱間の継承をも考慮すると，両者の造営は，一貫した理念を踏襲した連続性のある官衙形成であった」ことが明らかになっている（図5)[29]。

筆者は，常陸国庁では建物の基準線や正殿の柱間の共通性に加えて，定型化国庁の建物配置についても，初期国庁を継承したとみている。初期国庁は東面するが，正殿両脇に2棟の脇殿を配置し，区画施設として塀を設けず，正殿正面側に東西棟2棟を置いた，ロ字形配置をとる（図5)。

第2章　国庁の構造　　*91*

一方，8世紀前葉に南面し，規模が大きくなった常陸国庁は脇殿を2棟とし，前身官衙と同じ配置をとる。初期国庁と定型化国庁がともに北側が桁行8間に対して，南側は初期国庁が7間，定型化国庁が6間と短い。また，正殿と脇殿の位置についても，同じように脇殿2棟からなる大宰府政庁では正殿前方に脇殿が置かれるが，常陸国庁では正殿脇に配置されている。初期国庁は正面に長舎を並べて区画も兼ねて内側を庭にしたが，定型化国庁では独立した掘立柱塀に変更された。

　常陸国庁は，設計の基準線，正殿の構造に加えて建物配置についても初期国庁と共通点が多く，両者の密接な関係がうかがえる。8世紀前葉に常陸国庁は正方位を採用し，独立した塀によって区画され規模も拡大するが，初期国庁の影響が認められる。

　正方位をとり，独立した塀で区画し八脚門を正面に持つという，同時期の定型化国庁にみられる特徴については，新たに都城や他の国庁など地方官衙の影響を受けたと考えるが，基本的な建物配置は先行するロ字形配置の長舎連結型の初期国庁が祖型になっている。常陸国庁の例からは，定型化政庁の成立がロ字形配置の長舎連結型を継承している場合もあったことがわかる。

（2）　伯耆国庁の成立

　伯耆国衙に先行して，初期の国衙とされるのは北西約1km離れる不入岡遺跡である[30]。大規模な掘立柱建物群からなり，2時期の変遷がある。時期は8世紀前半～10世紀代である。建物配置や構造からみて，Ⅰ期とⅡ期で遺跡の性格が大きく変化する。

　Ⅰ期は8世紀前半とされ，溝で区画された内郭と，その西と北にそれぞれ柵列によって区画された外郭の掘立柱建物群からなる。内郭は東西179mと大規模でその西寄りに正殿とそれを囲んで北・東・西に長大な建物を置く。外郭の規模は東西228m，南北180mで，その中に東西棟2～3棟と南北棟1棟からなる4群の建物群が南北に展開した。こうした配置は伯耆国衙と共通する。郭の東西長や西方外郭の幅が伯耆国衙の南北長や東張出部の幅とほぼ等しいという規格の類似点が明らかにされ，Ⅰ期について久米郡衙とするには規模が大きすぎる点と，伯耆国衙が8世紀後半から造営される事実から，不入岡Ⅰ期は

図44 不入岡遺跡と伯耆国庁の建物配置

前身の国衙施設とみられる[31]。

　伯耆国庁（Ⅰ期）は，正殿と両脇殿でコ字形配置をとる。殿舎と塀は完全に分離しておらず南門から延びる南辺塀は北折するが，脇殿までは達しない。また，後殿が北辺の遮蔽施設を兼ね，後殿の東西両側から脇殿北側に板塀が設けられ，両脇殿が東西辺を兼ねる。

　一方，先行する不入岡遺跡の政庁（初期国庁）は，正殿を後殿と両脇殿が囲み，塀はなく後殿と両脇殿によって庭が設けられる。伯耆国庁と不入岡遺跡の政庁には，正殿を両脇殿と後殿で囲むという共通点のほかに，正殿と脇殿との位置関係も脇殿北端が正殿より北側に出るという点でも類似する（図44）。

　長舎囲い型の国庁の代表例とされる伯耆国庁も，当初（Ⅰ期）は完全に独立した塀の中に正殿，両脇殿が配置されるのではなく，脇殿や後殿が塀を部分的に兼ね，不入岡遺跡の政庁と建物配置に共通する点が認められる。伯耆国庁では，新たに前殿や脇殿の前後に楼風の建物が付加され，殿舎の一部は瓦葺となるといった違いも認められるが，先行する長舎を主体とした不入岡遺跡の構造を継承して成立したのであろう。

(3) 郡山遺跡の変遷

　地方官衙としてもっとも古い一つである郡山遺跡では，7世紀中頃の郡山遺跡Ⅰ期官衙から8世紀前葉のⅡ期官衙までの間，長舎は中枢施設の建物の一部

や曹司として採用される。

郡山遺跡 I 期官衙

郡山遺跡 I 期官衙は，7世紀中頃に造営された国家的な官衙施設（城柵）である。東西 295 m，南北 604 m 以上に広がり，掘立柱建物，小規模な材木塀，板塀などが真北から 50～60 度ほど西に偏して建つ（図45）。官衙の北寄りに板塀などにより区画された，約 120 m×90 m の一画（院）があり，建物が塀と連結して中枢部となっている。区画内部には広場が設けられ，南東辺中央に門があることから南東方向が正面となり，中枢部周辺に雑舎や倉庫とみられる建物群が展開する。長舎と短舎が塀と一体化している点が特徴である。

I 期官衙は，倉庫群が中心となる時期（IA期）と側柱建物へ建て替えられた時期（IB期）に分かれ，IA期は 7 世紀中頃～後半で，まだ奥羽国内において同時期の評衙が未設置で国家的な城柵として機能した[32]。IB期には，正面とみられる中枢部南東辺に門が設けられ，北側にも建物が建ち，内部は建物と塀に区画された庭になっていたと推定される。

今泉隆雄は，IB期官衙の中枢部については，郡庁にみられるように各辺の塀にそって長い建物を配置している点から，「I 期官衙の中枢部である政庁に当たる」とする[33]。IB期は 7 世紀後半～末で，陸奥国において泉官衙遺跡（行方郡衙）や栄町遺跡の郡庁成立期と対応する（図46）。

筆者は，郡山遺跡 IB期の長舎連結型の政庁が，陸奥国内の泉官衙遺跡（行方郡衙）や栄町遺跡（磐瀬郡庁）の郡庁に影響を与えたと考える。泉官衙遺跡や栄町遺跡は，7 世紀第 4 四半期頃に創設されており，都城ではすでに正方位を採用している時期にもかかわらず，斜めに振れて長舎を塀で連結して前庭を持つ。こうした特徴は，郡山遺跡 IB期の長舎連結型の政庁に共通する。これは郡庁の直接的なモデルが，都城にあるのではなく，それ以前に建設された地方の拠点的官衙施設に求められる場合があったことを示すのであろう。

郡山遺跡 I 期官衙の系譜

郡山遺跡 I 期官衙は，年代から飛鳥宮 I 期の飛鳥岡本宮（630～），もしくは II 期の飛鳥板蓋宮（643～）にあたる。飛鳥宮で地形と関係なく官衙が正方位をとるのは II 期の飛鳥板蓋宮以降である。郡山 I 期官衙は 7 世紀前半まで遡る可能性が指摘されており[34]，飛鳥宮 I 期との関係が問題となる。飛鳥宮 I 期

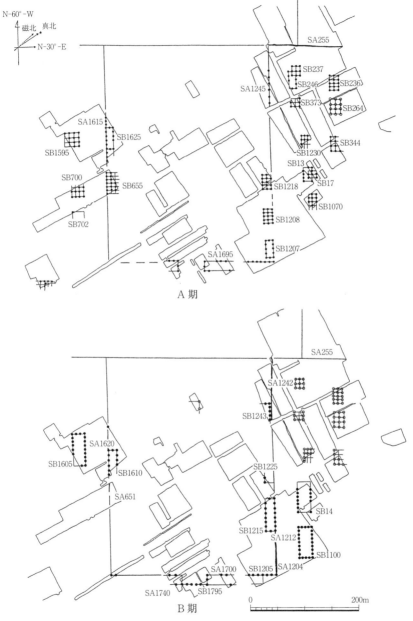

図45 郡山遺跡Ⅰ期官衙中枢部の変遷

第2章 国庁の構造 95

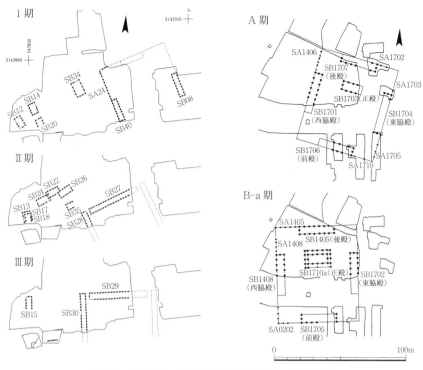

図46 栄町遺跡(左)・泉官衙遺跡(右)の政庁変遷

遺構は、造営方位が北で西に約20度振れる特徴を持ち、掘立柱建物・塀などが確認されているが、部分的な把握にとどまり建物配置はわかっていない。そのため、郡山遺跡Ⅰ期官衙との類似性は、正方位をとらないという以外は不明である。郡山Ⅰ期官衙の系譜については、今後の課題である。

郡山遺跡Ⅱ期官衙の中枢部

Ⅱ期官衙はⅠ期官衙を取り壊して、同じ場所に正方位で建設される。官衙域は材木塀で区画され、東西428m、南北423mのほぼ正方形となり、材木塀の外には大溝と外溝が二重にめぐる(図16)。

官衙域の中央やや南寄りに中枢部(政庁)があり、その北部に桁行8間(身舎6間)、梁行5間(身舎3間)の東西17.4m、南北10.8mの四面廂付建物SB1250が正殿と考えられている。この正殿北側には石敷遺構や石組池があり、広場としても機能を果たしていた。Ⅱ期官衙はA・B期の2小期があり、

96

A期が多賀城移転前の陸奥国衙とみられ中枢部が国庁にあたる。

中枢部は外郭南門を入った南側にあり，A期の建物群は左右対称で正殿の南に口字形に建物を配置し，北に石敷遺構と石組池を置き東西の外側に南北方向に各6棟の南北棟建物を置く。四面廂建物のSB1250が正殿で，その南約16mに東西棟の前殿SB1635があり，6間×2間で正殿と柱筋をそろえる。この前殿SB1635の西南に，西脇殿の南北棟SB1545（3間以上×2間）があり，中軸線を挟んだ位置にも東脇殿が推定でき，前殿SB1635の南65mに2棟の東西棟SB716（3間以上×1間以上），SB1490（4間以上×2間）が建つ（図16）。

したがって，郡山遺跡Ⅱ期官衙の中枢部は正殿を北に置き前殿の前方に両脇殿を配置し，南側にも東西2棟あり，5棟で口字形配置をとると理解できる。政庁の東・西両側には楼閣状の建物のほか，建物4棟が南北に並び，政庁の周辺に曹司を集めて配置している[35]。このうち，北端と南端の南北棟は長舎でそれぞれ，7間×2間，12間×2間となっている。

今泉隆雄はⅡ期官衙を陸奥国府とし，その中枢部について全体を区画する塀がなく8世紀の国府と異なるが，政庁と評価する。

> 正殿を中心に，その南に，前殿と東西列2号に囲まれた前庭，さらに南に口字形に配置された建物に囲まれた中庭，北に石敷，石組池，東西列1号に囲まれた後庭がある。前殿は国守が南面して座す正殿に対して，属僚が北面して座す建物と解する。2号楼閣建物は前庭を荘厳する意味をもつものであろう。中庭の南の空間も何らかの役割を果たす場合が考えられ，これを南庭とよぶ[36]。

郡山遺跡Ⅱ期官衙の中枢部は，「朝堂風の建物配置」で，当時の宮都である藤原宮の要素を取り入れたと理解されたように，Ⅱ期官衙の中枢部は国庁で，藤原宮の朝堂の影響があり，前殿は藤原宮大極殿院の南門にあたる建物と理解できる。

郡山遺跡Ⅱ期官衙と藤原宮

郡山遺跡Ⅱ期官衙の政庁は建物配置・構造からみて，藤原宮の朝堂院をモデルにして成立した。具体的に，建物配置を検討しておく。南北棟建物SB1545（3間以上×2間）が西脇殿となり，その中軸線を挟んだ東脇殿（推定）と前殿SB1635や南側の東西棟SB716，SB1490の5棟が口字形配置で庭となっている。

Ⅱ期官衙中枢部の中庭は，前殿前方に両脇殿と南側に東西2棟を配置し，5棟の建物でロ字形配置をとる。区画施設の有無や建物数，規模の違いは大きいが，建物配置は藤原宮の朝堂院と似ており，林部均も「正殿，前殿と脇殿との関係では，脇殿がかなり南に下った位置に配置されており，国府政庁というよりは，藤原宮，平城宮に共通する要素であろう」と指摘する[37]。

　建物配置の対応関係をみると，藤原宮の大極殿が正殿，大極殿院南門が前殿，藤原宮の東・西第1～4堂の4棟に対応するのが両脇殿であろう。さらに，藤原宮朝庭の南側の東・西第5堂にあたるのが，南側の東・西2棟となる。正殿南側に置かれた，総柱式建物も藤原宮の大極殿南側の楼閣に倣った可能性がある。郡山遺跡Ⅱ期官衙では，楼閣状建物の北と南側に曹司とみられる南北棟建物が配置されるという違いがあるが，朝庭の北側に楼閣を設ける点では共通するように思われる。また，藤原宮の朝庭と郡山遺跡Ⅱ期官衙の庭は，形態がやや縦長でほぼ相似形で1：3となっている。郡山遺跡Ⅱ期官衙は，藤原宮のほぼ1/4のサイズで，外周帯や官衙内の建物配置から設計に影響を受けた方形を基調にしていると考えられた。建物配置も，藤原宮の朝堂院に系譜が求められる。

正殿の構造

　建物の梁行の違いがどの程度，建物そのものの系譜を示すかという問題もあるが，郡山遺跡Ⅱ期の正殿SB1250は格式の高い四面廂付建物であり，桁行8間（身舎6間），梁行5間（身舎3間）となり，身舎の梁行が3間で同時期の藤原宮大極殿と異なる。大極殿は，藤原宮以降，身舎の梁行2間が基本で，3間は内裏建物など一部に限られる[38]。藤原宮に先行する，飛鳥浄御原宮Ⅲ－Ｂ期の大極殿は東南郭に立つSB7701で，桁行9間（身舎7間），梁行5間（身舎3間）である。建物構造からみると，郡山遺跡Ⅱ期の正殿SB1250は飛鳥浄御原宮の構造と共通する。地方においては，すでに都城で採用されなくなった，建物構造（方位を含めて）が残存することが珍しくない。すでに採用された建物構造が地方で継承された結果と評価できるかもしれない。正殿SB1250建物の祖型については，さらに検討が必要であろう。

(4) 多賀城からみた城柵型国庁の成立―城柵型政府の基本形成立―

陸奥国府・多賀城の第Ⅰ期は，養老・神亀年間（717〜728）頃で，多賀城碑によれば神亀元年（724年）になる。政庁は正殿の前面に両殿を東西に置いた品字形配置をとり，築地塀で区画され，東西約103m，南北約116mとやや南北に長い。各辺の中央に門が取り付けられ，南門は八脚門で威容を示し両外側に東西棟を設ける（図16）。

阿部義平は，多賀城で成立する城柵政府はほぼ方形の区画を持ち，主要建物は正殿と脇殿が品字形に置かれ，南門外に東西の外殿を持つ5棟を基本とする配置とした[39]。奥羽の城柵は8世紀前葉に成立した多賀城第Ⅰ期の建物配置が，それ以降に建設された城柵のモデルになる。陸奥国では，多賀城創建前の7世紀末には城柵を特徴づける塀と大溝や櫓による外郭囲繞施設がつくられ，門とともに対峙した蝦夷に対して国家の威信を示していた。その起点となったのが郡山遺跡Ⅱ期官衙であった。

村田晃一は続く多賀城創建以降における奥羽の城柵・郡衙の政庁について，「城柵はそれぞれが担った役割や設置された時期，地域によって政庁や城柵構造が異なった。これは，その時々における蝦夷との関係性や蝦夷政策を敏感に反映した結果と考えられる。その一方，外周囲繞施設や門・櫓には高い共通性が認められるとともに長期間維持された」とし，城柵の造営は国家主導で行われたと考える[40]。

こうした研究によって，8世紀前葉以降，奥羽における城柵の展開に多賀城の具体的な影響がより明確になった。そうした成果を踏まえると，奥羽における国府・郡衙・城柵の展開を考えるうえで，多賀城に先行する陸奥国府の機能も持った国家的な官衙施設である，郡山遺跡Ⅱ期官衙と評・郡衙，城柵との関係や郡山遺跡Ⅱ期官衙から多賀城第Ⅰ期に引き継がれた点をみていく必要がある。

郡山遺跡Ⅱ期官衙から多賀城第Ⅰ期政庁へ

多賀城政庁の創設にあたって，先行する郡山遺跡Ⅱ期官衙との違いや継承された点が指摘されてきた。進藤秋輝は，多賀城の成立は国庁との関係が深いとみる。多賀城Ⅰ期について，正殿と東・西脇殿からなる建物配置は国庁の建物

配置と共通する点が多いとし，その成立は平城遷都が契機となって全国的な国府整備が貫徹された結果と考える。具体的な祖型が平城宮にあるのか，諸国の国庁にあるのか明確には示さないが，郡山遺跡Ⅱ期官衙が正殿の前面に楼閣風建物を含む数棟の建物群を東西対象に配置するあり方について，多賀城とは隔絶した違いを認める[41]。

古川一明も両者の共通性を認めながら，多くの違いを指摘するが，その一方で，多賀城の外郭施設の材木塀に櫓状建物跡が伴う構造は，郡山遺跡Ⅱ期官衙に共通する要素として注目する。

　　この時期の遺構・遺物を，郡山遺跡Ⅱ期官衙との関係でみると，建物跡が掘立式であることなど共通性を示す要素もいくつか見出せるが，遺跡の立地が丘陵上であること，政庁の建物配置が「コ」字状を呈すること，政庁域を築地塀で区画すること，屋根に瓦を使用することなど，むしろ多くの相違点が指摘できる[42]。

村田晃一は奥羽の城柵構造について，政庁は7世紀後半の「ロの字連結」から，7世紀末〜8世紀初めに「朝堂風配置」，8世紀前半の「コの字型配置」と変遷し，モデルは「朝堂風配置」が藤原宮，「コの字型配置」が平城宮とみている[43]。そうした多賀城と平城宮との関係については，「政庁囲繞施設の画期は築地塀が採用された多賀城第Ⅰ期で，その契機は遷都後間もない平城宮・京の影響と考えられる」とした。

林部均も多賀城政庁第Ⅰ期の形態は国府政庁の類型の中で捉えられるとし，郡山遺跡Ⅱ期官衙とは別のものに求めるのが適切として，創建年代（724年）から平城宮東区の大極殿，朝堂がモデルであったと考える。その一方で，多賀城には郡山遺跡Ⅱ期官衙にみられたような宮都からの強い影響はなくなっており，小さくなっていると評価する[44]。

多賀城と郡山遺跡Ⅱ期官衙との違いが指摘される一方で，阿部義平は郡山遺跡Ⅱ期官衙の空間構成は多賀城に引き継がれたと考える。

　　この内の南よりの2つの空間の基本が多賀城に引きつがれ，南の空間の南北棟建物が東西棟建物になるなどの変更点も見られるが，基本は引きつがれていることがみてとれる。しかし多賀城では地形を利用した立体的な段状配置や区画の外側を築垣区画等に様相を変えた側面も存在する[45]。

長島榮一も，多賀城成立にあたって，郡山遺跡Ⅱ期官衙から引き継がれた要
素を重視する。

　　郡山遺跡Ⅱ期官衙と多賀城第Ⅰ期では，立地や外郭線の種類，政庁の構成
　や区画，倉庫院の存在，官衙外の付属施設，官衙内の主要道路の存在など
　で違いがあり，機能的には必ずしも同一には見られない。しかし掘立柱式
　建物による官舎や，寺院の伽藍，軒丸瓦の文様などでは継続性が認められ
　る[46]。

　多賀城の外郭調査によって，これまで外郭南辺とされていた南門とそれに続
く外郭施設は遅れ，その北側約 120 m で確認された八脚門（SX2776）と東西
に延びる積土などが，創建期の外郭南辺になる可能性が指摘されている。この
点について，長島は「多賀城では新たな南辺の区画施設（掘立式八脚門と東西
に延びる積土遺構等）と東辺部において検出している 2 時期の材木列と櫓状建
物が，郡山遺跡Ⅱ期官衙の外郭南辺の内側に取り付く建物と似た構造となるた
め，築地による遮蔽部以外では類似した点を指摘できる」とみた[47]。最近の
南辺塀の調査によって，創建期の八脚門（SX2776）に取り付く南辺塀が材木塀
で，郡山遺跡Ⅱ期官衙の塀と類似している点が明らかになった[48]。

　青木敬は，国庁の平面形は西日本と東日本では形態的差異があり，東日本を
中心とした正方形ないしは正方形に近い形態を呈する一群（正方形区画）と，
西日本を中心とした長方形を呈する一群（長方形区画）に分かれるとした。そ
のうえで，多賀城を正方形区画に含めて，「城柵型政庁に正方形区画が多いの
は，藤原宮をモデルとした郡山遺跡Ⅱ期官衙を祖形とした政庁区画の形態が，
東北地方各地へ展開していった証左と考えられないだろうか」とする[49]。厳
密には，多賀城政庁は東西約 103 m，南北約 116 m で正方形ではないが，郡山
遺跡Ⅱ期官衙と多賀城との関係を考えるうえで重要な指摘である。

　阿部義平や長島榮一が指摘するように，郡山遺跡Ⅱ期官衙の多くの要素が多
賀城に継承されている。ここでは政庁の建物配置から，郡山遺跡Ⅱ期官衙と多
賀城との関係を検討する。

城柵型政庁のモデルは郡山遺跡Ⅱ期官衙

　藤原宮の朝堂院をモデルにして成立した郡山遺跡Ⅱ期官衙の政庁は，正殿を
北に置き，前殿前方に両脇殿と南側に東西 2 棟を配置し，5 棟の建物でロ字形

配置をとる。こうした郡山遺跡Ⅱ期官衙の政庁と多賀城第Ⅰ期政庁の建物配置について検討すると、両者には共通点が多い（図16）。郡山遺跡の前殿を正殿に置き換え、塀を除くと5棟の建物配置はよく似る。庭に面した正殿の前方に品字形に脇殿を配置するという城柵型政庁の特徴は、郡山遺跡の配置を継承したと理解できる。

　政庁南側の東西2棟について、脇殿の外側柱列におおよそ柱筋を揃えている点も共通する。多賀城南門外の東西2棟が塀を挟んで、ほぼ脇殿と柱筋を揃えることは、郡山遺跡Ⅱ期官衙の南側の東西2棟を引き継いだ可能性が高い。郡山遺跡Ⅱ期政庁の建物配置を多賀城で踏襲したのであろう。

　多賀城南門外の東西2棟については、平城宮・朝集殿との関わりも想定されるが、この点について検討しておく。平城宮の朝集殿は前半期には東区に設置され、それが平安宮にも引き継れる。都城における朝集殿は南北棟で向かい合うのが原則だが、多賀城第Ⅰ期政庁で採用された建物は東西棟である。朝集殿は塀で区画された院を持つが、多賀城では塀を設けない。多賀城第Ⅰ期政庁の南門外の東西2棟について、平城宮朝集殿をモデルにして成立した可能性も排除できないが、先述のように郡山遺跡Ⅱ期官衙のロ字形配置の東西棟を南門の外側に配置したとみることもできよう。

　庭の規模をみると、郡山遺跡Ⅱ期政庁は南北67m、東西50mで、多賀城第Ⅰ期政庁は南北60m、東西67mとなり、面積は多賀城がやや広いが、大きな違いはない。両者の共通点について、筆者の研究を受けて村田晃一も詳細な検討を行い、多賀城正庁は郡山遺跡の建物位置や庭の規模も基本的に踏襲する形で設計された点を具体的に説明した[50]。

　建物配置からみて、殿舎を品字形に配置して庭を設けるという、多賀城からはじまる城柵型政庁の直接的なモデルは、郡山遺跡Ⅱ期官衙の政庁である。

建物構造の検討

　多賀城第Ⅰ期正殿の特徴は、梁行3間で南面にのみ地山削り出しの基壇下に片廂（土廂）を持つこと、掘立柱建物で総瓦葺を採用することである[51]。

　第Ⅰ期の正殿は掘立柱建物で規模も小さい点から、平城宮東区の下層正殿SB9140をモデルとみる意見[52]もあったが、多賀城の正殿が2012年度の再調査によって、身舎の梁行が2間ではなく3間と判明した点から再検討の必要が

生じている。

梁行3間は東国の官衙建物では珍しくないが，平城宮の中枢建物は身舎梁行2間が基本で，正殿SB9140も身舎2間の四面廂である。平城宮では基本的に正殿は四面廂を採用し，内裏建物の一部を除くと身舎梁行は2間で異なる。梁行3間で南廂付の正殿が秋田城にも採用されるように，陸奥・出羽両国では多賀城創建以降の政庁の建物配置や構造は多賀城がモデルとなっている。

都城では梁行3間の建物は7世紀後半に大型建物で採用されるが，奈良時代以降，平城宮の中枢建物では一部の建物に用いられる。多賀城創建期において，内裏では正殿SB4700，前殿SB460の身舎が3間である。地方官衙の政庁のモデルとみられる朝堂院では，東区の朝堂院地区の第1堂だけが身舎3間の四面廂建物であり，中央区，東区ともに正殿を含めて殿舎は身舎2間である。

宮殿の変遷では，前期難波宮の内裏前殿が桁行9間，梁行5間，身舎の梁行が3間で後の内裏正殿に特徴的な梁行と共通する。正殿としては，飛鳥浄御原宮の東南郭の中心建物SB7701が桁行9間，梁行5間で，身舎の梁行が3間となっており，大極殿とみられる格式が高い掘立柱建物である。この後，藤原宮で造営された大極殿は，礎石建ち瓦葺建物で桁行7間，梁行4間で，身舎の梁行が2間となり，平城宮に移築される[53]。

中心建物として，地方では身舎の梁行3間の建物が，郡山遺跡Ⅱ期官衙，常陸国庁の正殿，郡衙・城柵では名生館官衙遺跡，幡羅遺跡などでみられる。陸奥国内では多賀城創建前から，梁行3間の建物は採用され，8・9世紀代を通してみられる（表1）。

多賀城正殿は基壇上に威容を誇ったが，身舎は梁行3間で，総瓦葺の掘立柱建物，柱間も両端が広い特徴，基壇下に片廂（土廂）を付け，基壇化粧も南縁以外は剝き出しに近かった可能性があるなど，都城の正殿などの中枢建物と異なる点が多い。家原圭太は正殿の構造が都城と異なり，「多賀城で基壇上に建てられた掘立柱の正殿や乱石積基壇は，都城の建物を参考にしていなかった可能性がある」とした[54]。

建物構造からみると，郡山遺跡Ⅱ期正殿が四面廂で入母屋造（もしくは寄棟造）に対して，多賀城では片廂の切妻造という違いもあるが，梁行3間という点を重視すると両者には関係があったとみられる。

第2章　国庁の構造　　103

表1　地方官衙政庁における主な身舎梁行3間の建物

所在地	遺跡名	遺構番号	性　格	建　物	遺構年代
宮城県多賀城市	多賀城跡	SB150A	国　庁	正　殿	8世紀前葉
宮城県仙台市	郡山遺跡Ⅱ期官衙	SB1250	国　庁	正　殿	7世紀末〜8世紀初
宮城県大崎市	名生館官衙遺跡（丹取郡衙か）	SB01	郡　庁	正　殿	7世紀末〜8世紀初
宮城県亘理郡亘理町	三十三間堂官衙遺跡（亘理郡衙）		郡　庁	正　殿	9世紀
福島県須賀川市	栄町遺跡Ⅵ期（石背郡衙）	SB41	郡　庁	正　殿	9世紀
福島県南相馬市	泉官衙遺跡Ⅲ期（行方郡衙）	SB1712	郡　庁	正　殿	8世紀後半
山形県酒田市	城輪柵跡（出羽国府）	SB001	国　庁	正　殿	9世紀前半
山形県酒田市	八森遺跡（出羽国府）	SB1	国　庁	正　殿	9世紀末
秋田県秋田市	秋田城跡	SB748B	政　庁	正　殿	8世紀前半
茨城県石岡市	常陸国衙跡	SB1702	国　庁	正　殿	8世紀前葉
神奈川県鎌倉市	今小路西遺跡（鎌倉郡衙）		郡　庁	正　殿	8世紀
三重県鈴鹿市	伊勢国府跡		国　庁	正　殿	8世紀中葉
三重県四日市市	久留倍官衙遺跡（朝明郡衙）	SB436	郡　庁	正　殿	8世紀前半
三重県伊賀市	伊賀国府跡		国　庁	正　殿	8世紀後半
鳥取県倉吉市	伯耆国衙跡	SB04	国　庁	正　殿	8世紀後半
広島県三次市	下本谷遺跡（三次郡衙）		郡　庁	正　殿	8世紀後半
福岡県太宰府市	大宰府	SB120 SB121 SB500a・b	政庁Ⅰ期 政庁Ⅰ期 政庁Ⅱ期	中枢建物 中枢建物	7世紀末 7世紀末 8世紀前半〜
福岡県久留米市	筑後国府跡	SB2 SB3389	前身官衙 国　庁	中枢建物 正　殿	7世紀後半 7世紀末

瓦葺建物の採用

　仙台郡山遺跡Ⅱ期官衙と多賀城との大きな違いは掘立柱建物でありながら，多賀城では瓦葺を採用する点である。都城では藤原宮から正殿である大極殿は礎石建物で総瓦葺とするのが通例で，平城宮内裏地区にわずかに掘立柱建物を瓦葺とする建物があるが，ほとんどが甍棟とみられる。多賀城正殿は総瓦葺の掘立柱建物とされ，この点でも都城の瓦葺建物と異なる。

　政庁を瓦葺掘立柱建物とするのは，陸奥国内では多賀城に先行して名生館官衙遺跡第Ⅲ期の正殿があり，関和久官衙遺跡（白河郡衙）でも7世紀末〜8世紀初めの瓦が郡庁で用いられた可能性が高い。下野国庁，常陸国庁でも，その時期に瓦葺掘立柱建物が想定されている。多賀城に先行もしくは同時期の城

桁行	梁行	廂形式	備考
5	4	片廂	総瓦葺
8	5	四面廂	
7	5	四面廂	甍棟
5	3		
7	5	四面廂	
5	3		
8	5	四面廂	
7	3		礎石建物
5	4	片廂	
6	4	片廂	
4以上	5	四面廂	
7	5	四面廂	礎石建物
5	4	片廂	
5	3		
5	4	片廂	廂は隅欠け
6	5	二面廂	
11以上	4	片廂	
7	5	四面廂	南北棟
8	5	四面廂	掘立から礎石
7	5	四面廂	
6	3		

柵・郡衙で，政庁以外にも掘立柱建物で瓦葺を採用する例が，関和久官衙遺跡（白河郡衙），大畑遺跡（苅田郡衙），根岸遺跡（石城郡衙），泉官衙遺跡（行方郡衙），角田郡山遺跡（伊具郡衙）の正倉に認められる[55]。郡山遺跡Ⅱ期官衙においては，南側の寺院は瓦葺だったが，政庁は非瓦葺の掘立柱建物とみられている。その一方で，多賀城創建の軒瓦の祖型は，郡山遺跡Ⅱ期官衙に求めることができる[56]。

多賀城創建の8世紀前葉において，陸奥国を含めて東国では国・郡衙の政庁や正倉を含めて，官衙施設に瓦葺の掘立柱建物や礎石建物が採用されていた。したがって，多賀城正殿の瓦葺の採用も都城に求める必要はなく，在地の中で考えられる。

城柵型政庁の系譜

多賀城で成立する城柵型政庁の建物配置や建築技術は，郡山遺跡Ⅱ期官衙を継承している点が多い。一方，築地塀は平城宮の直接的な影響とみられているが，実際には多賀城第Ⅰ期の築地塀は瓦を葺いておらず平城宮と異なる。加えて，家原圭太は多賀城Ⅰ期政庁の南辺築地塀と北辺築地塀の下層地山面でみつかっている掘立柱塀から，創建当初は掘立柱塀でそれを築地塀につくり替えたと指摘する[57]。政庁の区画施設についても，実態の解明を含めて平城宮からの直接的な影響とみていいのか，今後の検討課題であろう。

多賀城で成立する城柵型政庁は，これまで考えられていたよりも郡山遺跡Ⅱ期官衙の政庁から引き継がれた要素が多く，都城の直接的な影響はほとんど認められない。

定型化国庁の祖型

定型化国庁の3類型のうち，大宰府型政庁は藤原宮や平城宮の中央区もしく
は東区朝堂院に直接的な系譜が求められる[58]。一方，城柵型政庁について
は，郡山遺跡Ⅱ期官衙の口字形配置の政庁が，藤原宮朝堂院をモデルに成立
し，それが後の定型化国庁である城柵型政庁の祖型になったと考えた。常陸国
庁でも，初期国庁の口字形配置が，次期のコ字形配置の定型化国庁に継承され
た。また，伯耆国庁にみられるように，先行する長舎を主体とする政庁と建物
配置についても共通する点が認められる。

伯耆国庁や下野国庁のように長大な脇殿が正殿左右まで延びる長舎型政庁の
祖型について，山中敏史は前殿が国庁の中心部に位置するのは藤原宮・平城宮
の大極殿閣門と共通するとし，「長舎型国庁は，中央の曹司に対応するもので
はなく，朝堂院の左右対称の建物配置を基本形としながら，それに国庁の機能
にみあうような省略・変形が加わり，さらにまた，内裏内郭や平城宮中央朝堂
院（後の豊楽院）などの宮城中枢施設の要素や中央官衙曹司の要素などが加味
され，国家の出先機関としての国庁の代表的な構造として成立したのではなか
ろうか」とする[59]。妥当な見解であろう。大局的にみれば，8世紀前葉以降，
国庁構造の定型化にみられるように，全国的に共通する点が多い。画一的な国
庁のあり方については，山中敏史によって，8世紀前葉以降，郡庁に比べて国
庁が定型化した建物構造をとることが明らかにされたように，「国庁がそれぞ
れの国情に即した行政実務にふさわしい施設として造営されたというよりも，
宮城中枢施設に似た儀式・饗宴空間としての画一的な利用に対応する施設とし
て設けられたことを示す」ものであり[60]，元日朝賀の儀式にうかがうことが
できるように，国守が国家権力の威信を誇示するものであった。

ただし，長舎型政庁は平城宮に先行して出現している可能性が高い点から，
藤原宮がモデルになった場合もあったとみている。また，在地のすでに採用さ
れた長舎を主体とした政庁との関係も認められる場合もある。加えて，定型化
国庁の成立についても，全国で同時期でない点も明らかになっている。陸奥・
下野・常陸国のように8世紀前葉までに定型化する国もあれば，筑後・日向国
のように8世紀後半に降る例もある。中央政府の政策によって，一斉に国庁が
定型化したわけではない点にも留意しておく必要がある。

定型化国庁の成立にあたっては，大宰府型政庁のように，都城の朝堂院を直接的なモデルに成立する場合もある一方で，すでに地方で採用されていた長舎を用いた政庁が定型化国庁につながっていくこともあった。各地の政庁の建物配置や建築技術が，すべて都城の直接的な影響下にあるのではなく，在地の拠点的官衙施設に求められる場合もあったとみるべきである。

5　国庁・郡庁の祖型

　郡庁では，建物配置から朝堂院や国庁と同じように，政務・儀式・饗宴が実施されていたとみられる。国庁と郡庁の初現時期はほぼ同じであり，初期国庁の施設が郡庁の成立に影響を与えた場合があったとみている。両者の成立期の建物配置に大きな違いはないことから，郡庁と国庁の祖型に大きな違いはなく郡庁は広い前庭を持つという点から，儀式空間としての役割が重要だった。

　国庁や郡庁の祖型を考えるうえでは，成立期からロ字形，コ字形，品字形配置は左右対称で庭を持つという共通性が指摘できる。非対称のものも，ロ字形，コ字形，品字形配置の省略変形型と理解される[61]。

　これまでの研究では，長舎を用いたロ字形，コ字形，品字形配置の郡庁について，建物配置の変形や省略が大きいという特徴から国庁と系譜が異なり，個別に祖型をみつけようとする傾向が強い。筆者は，初現期から複数の建物配置があることや，左右対称で庭を持つという共通性，初期郡庁と初期国庁は類似する点から，祖型は同じだった可能性が高いと考える。

　陸奥国庁で明らかなように，藤原宮大極殿院・朝堂院をモデルとして，ロ字形の長舎囲い型政庁が成立し，後に品字形の城柵型政庁に継承されていくこと，常陸国庁ではロ字形の長舎連結型政庁がコ字形の定型化国庁につながっていくことから，ロ字形，コ字形，品字形配置は系譜が異なるのではなく，関係性が強い。都城での調査例が増えた現時点においても，「藤原宮段階での官衙は区画されていたが，中枢部の殿舎のように左右対称の整然とした配置は採らなかった。左右対称になる官衙の建物配置は平城宮，とくに8世紀後半を待たなければならなかった」という事実から[62]，7世紀代から左右対称となる大極殿院・朝堂院が地方官衙政庁のモデルとみている。

第2章　国庁の構造　　*107*

また，正殿に採用されることが多い四面廂建物について，家原圭太の分析によると，「宮内における四面廂建物は，前期難波宮から平安宮まで一貫して中枢部である内裏や大極殿院，朝堂院，東院に配された。これらの空間は天皇が直接関わる空間であり，官人の執務空間である曹司には四面廂建物がほとんどみられない」ことが明らかになっている[63]。

　初期の国庁や郡庁では，四面廂建物が正殿になっている例が，有田遺跡（早良郡衙），大ノ瀬官衙遺跡（上毛郡衙），下本谷遺跡（三次郡衙），西方Ａ遺跡（高座郡衙），名生館官衙遺跡（丹取郡衙か），根岸遺跡（磐城郡衙）などのロ字形やコ字形配置の政庁で採用されている。直接的かどうかは別にして，その祖型は都城中枢部の宮殿であった。

　成立当初から国庁と郡庁は左右対称で庭を持つという共通性があり，儀式空間としての役割が大きかった。大極殿院・朝堂院などの都城中枢部の施設がモデルとなって成立し，省略・変形によっての違いが，長舎を用いたロ字形，コ字形，品字形という建物配置に現れたのであろう。

（1）　郡庁と国庁の関係

　これまでの研究では，郡庁より国庁が成立するのが遅れるとされ，郡庁の成立や変遷について，国庁との直接的な関連性を読み取られることはなかった。これに対して，国庁は7世紀末〜8世紀初めには各地で成立し，そうした初期国庁の施設が，郡庁の成立に影響を与えた場合もあると考えた。国府そのものの成立は，広範囲に調査が行われている。武蔵国府や出雲国府の調査成果で明らかなように，複数の官衙施設が7世紀末〜8世紀初めには設置されており，この頃には国衙として機能していた。

　国府から7世紀後半代に遡る官衙遺構が確認された場合，長舎を含む建物を国衙に関わるとみるか，別の施設（評衙など）に関わるとみるかが問題になってきた。

　筑後国府では，8世紀中頃に設けられる左右対称の定型化した国庁に先行するⅠ期（古宮）政庁は，築地塀で区画され，長舎をL字形に塀際に配置する。こうした筑後国府例を含めて，出雲・日向・常陸・伯耆国府において，8世紀前葉以降の国庁下層もしくは周辺で，7世紀代に遡るとみられる長舎を中心と

する建物が確認されているが，こうした官衙遺構は国府そのものではなく，先行する郡衙施設もしくは軍事的拠点施設で，後に性格が変わり国衙となったと評価された。しかし，郡衙・郡庁を国衙・国庁に転用したとする遺跡では，郡衙を国衙に利用・転用した明確な根拠はなく，下層の長舎を郡庁，定型化した政庁を国庁と性格が変わったとみる確証はない。

　考古学的には7世紀末から政庁として機能し，8世紀前半以降に同じ場所で建物構造が変わり，引き続き政庁として用いられたとみることができる。そのため，こうした国庁下層の官衙施設について初期国庁と判断した。同じ場所を踏襲して定型化国庁となっている場合，先行する長舎を用いた施設は初期国庁とみるのが自然であろう。郡庁と国庁は7世紀末頃に成立し，両者の建物配置は類似し，政務・儀式・饗宴などが実施され，郡庁は国庁をモデルに省略・変形して創出された場合もあった。初期国庁の建物構造（建物配置・規模・方位・形式）は，郡庁と同様に長舎を多用し，8世紀前葉以降に定型化国庁として建て替えられたと考える。

　これまでの研究では，定型化国庁の成立する8世紀前葉以降に城柵型政庁が奥羽の官衙施設に，大宰府型政庁が西海道諸国の国庁に影響を与えたことが指摘されてきた。それに先行する，郡庁の場合は建物配置に地域差がないこともあり，都城に直接的な系譜が求められた。郡庁の建物配置の分析にあたって，山中敏史は国を超えた共通性に着目し，「郡庁が中央政府と関わりをもちながら造営された側面を示している」と評価し，「長舎を伴う構造は，宮中枢施設の構造や長舎主体で構成されている藤原宮の曹司などと類似しており，後者の品字型配置は平城宮兵部省や宮内省などの曹司配置との類似性が認められる。郡庁の構造はそうした宮城施設の構造の影響も受けて創出されたスタイルであった可能性がある。また，Ⅶ類の郡庁は，脇殿などでおこなわれていた実務の一定部分が，分化独立した曹司など郡庁の外部でおこなわれるようになったことや，大型の正殿と前庭をより重視した儀式構造への変化を反映するものかもしれない」とする[64]。

　各地の郡庁が長舎を主体として類似した建物配置を採用して，7世紀第4四半期に出現してくる状況からみて，中央政府との関係を持ち都城の施設をモデルとしたとみている。ただし，各地の郡庁の建設にあたっては，建物配置を含

めて都城の直接的な影響だけでなく，在地の中で国庁などの拠点的官衙施設との関わりがあって造営されている場合が多かったとみている。ここでは，郡庁造営にあたって，すでに根付いていた在地の技術を重視する立場で考えてみたい。

同一国内の国庁・郡庁

　国庁や郡庁の発掘調査例が増えた結果，政庁の建物配置について，国ごとに検討できる例が増えてきた。その結果，建物配置や構造から，陸奥・下野・出雲・美濃国などの国で国庁や郡庁に共通する点が多いことが明らかになってきた（図47）。国庁と郡庁の建物配置が共通する例があることから，国庁が郡庁に影響を与えた可能性を考えている。西海道においても，大宰府Ⅱ期政庁が成立する前に，大宰府政庁Ⅰ期政庁と筑後国庁の長舎を用いた段階から，両者の関係は深いとされる[65]。国庁とともに郡庁が判明している陸奥・下野・出雲国を中心にみておく。

陸奥国の官衙遺跡

　陸奥国では，7世紀中頃に国家的な拠点施設として郡山遺跡Ⅰ期官衙が設置される[66]。Ⅰ期官衙は，正方位をとらず倉庫群が中心となる時期（ⅠA期）と側柱建物に建て替わる時期（ⅠB期）に分かれる。ⅠA期は7世紀中頃～後半で，まだ奥羽国内において同時期の評衙は未設置で，国家的な城柵として機能した。ⅠA期は7世紀前半まで遡る可能性が指摘され，飛鳥宮でも正方位を採用していない段階に並行する可能性がある。ⅠB期は長舎・短舎が塀と一体となって構成され，規模は不明だが広場の北側にも建物が設けられた。

　郡山遺跡ⅠB期は7世紀後半～末で，都では正方位で建設された飛鳥御浄原宮にあたるが，郡山遺跡ではⅠA期を踏襲して正方位をとらなかったと考えられる。陸奥において泉官衙遺跡（行方郡衙）や栄町遺跡（磐瀬郡衙）成立期の官衙施設が対応する。泉官衙遺跡や栄町遺跡では，長舎と塀を連結して政庁が設けられており，郡山官衙遺跡ⅠB期の影響を受けている可能性がある。両遺跡とも正方位をとらず，長舎と塀を連結し建物配置も似る（図47）。

　次期の郡山遺跡Ⅱ期官衙は陸奥国府として，7世紀末～8世紀初めに藤原宮の影響を受けて正方位になって建設される。8世紀以降，泉官衙遺跡や栄町遺跡も正方位となって建て替えられ，郡山遺跡Ⅱ期官衙に倣った可能性が高い。

図47 国ごとにみた創設期の政庁

第2章 国庁の構造　111

ただし，泉官衙遺跡や栄町遺跡の政庁の建物配置については建て替え前の郡庁を踏襲する。

陸奥国では，まず拠点的官衙施設である郡山遺跡が設置され，その影響を受け郡庁を含めて官衙施設が建設されていく。郡庁は同時期の都城の宮殿に直接的な影響を受けたのではなく，拠点的官衙や国庁と密接な関わりの中で建設されていったと理解できる。

行方郡衙である泉官衙遺跡の郡庁は，大きく東に触れるⅠ期（7世紀後半～8世紀初め）から，真北方位をとるⅡ期（8世紀前半）・Ⅲ期（8世紀後半～9世紀）に変遷する[67]。方位が大きく正方位に変わるⅡ期郡庁の建物配置は，基本的にⅠ期を踏襲する（図47）。行方郡庁が正方位に変わるのは，陸奥国府である郡山遺跡Ⅱ期官衙の影響とみているが，建物配置は郡山遺跡Ⅱ期官衙ではなく，それまでの行方郡庁の建物配置を踏襲している。同様なあり方は，同じ陸奥国内の磐瀬郡庁である栄町遺跡でも認められる。郡庁の建物配置の計画にあたっては，拠点的官衙施設をモデルとしただけでなく，先行した郡庁を踏襲する場合がある点にも留意する必要がある。

下野国の官衙遺跡

下野国庁は，独立した塀と門を備えたコ字形配置をとる。国庁と同時期に創設された，上神主・茂原官衙遺跡（河内郡衙）や長者ヶ平官衙遺跡（芳賀郡郡衙）の郡庁は，塀や前殿を欠き規模も一回り小さいが，下野国庁の建物配置とよく似ている。両者には密接な関係があり，国庁が郡庁に影響を与えたとみている（図14・48）。

下野国の官衙施設の創設を考えるうえでは，国庁や郡庁に先行し，7世紀第

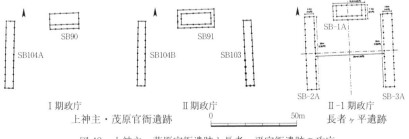

図48　上神主・茂原官衙遺跡と長者ヶ平官衙遺跡の政庁

3四半期後半に建設された拠点的官衙施設である西下谷田遺跡との関係の有無が問題となる。

　西下谷田遺跡は，下野国内で7世紀代3四半期後半，最初に設置された官衙である（図49）。正方位を採用し，掘立柱塀で南北約150m・東西108m（推定）を長方形に囲み，内部に複数の掘立柱式建物や大型竪穴建物を配し南門を持つ。東西長は約108m（1町）と中軸線から推定され，南北長は約150m（500尺）で，大尺であれば東西は300尺，南北420尺で設計されていた可能性がある。官衙として機能していたⅠ・Ⅱ期と区画施設廃絶後のⅢ期に分かれ，掘立柱塀で区画された官衙施設は7世紀第3四半期後半にはじまり8世紀第1四半期までに終焉を迎える。

　Ⅰ期は，塀によって北ブロックと南ブロックに分割される。中心部は未調査部分が多く不明だが，南ブロックでは南半に集中して大型掘立柱建物が配置され，南東部には大型竪穴建物と小型掘立柱建物を置き，北ブロックは塀際に寄せて掘立柱建物を配置し中央部を空閑地とする。南と北ブロックを分ける塀を挟んで，東辺塀沿いに，6間×2間の南北棟2棟が柱筋を揃えて建つ。

　Ⅰ期は掘立柱塀で区画して棟門を設置し，区画の中央部をあけて空閑地を意識した建物配置をとる点から，家政的性格を持つ機関（居宅）を内包した，下野国に最初に設置された拠点的評衙であったとされる[68]。下野国に最初に設

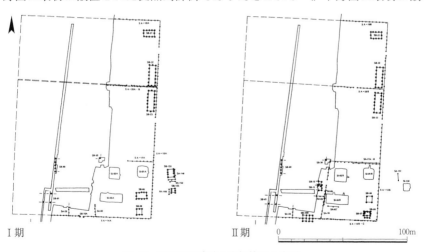

図49　西下谷田遺跡の中枢施設の変遷

置された官衙施設であり，全国的にみて正方位をとり門や区画施設を設けた長方形の評衙は7世紀第3四半期に例がない点から，評衙だけの機能ではなく，軍事・交通などの機能を持った国家的な拠点施設の可能性がある。

Ⅱ期の7世紀第4四半期には施設全体を大きく改修し，南門を棟門から八脚門に建て替え，南東部の大型竪穴建物を塀で区画し整備する。区画施設外の東側には，官衙に関連した集落や管理棟・倉庫とみられる竪穴住居と掘立柱建物群が展開する。

Ⅱ期になって，河内郡衙の多功遺跡（本院の正倉院）と上神主・茂原官衙遺跡（別院の郡庁と正倉院）がそれぞれ南方3km，東方700mの位置に造営される。こうした状況から7世紀第4四半期に河内評衙としての機能が西下谷田遺跡から上神主・茂原官衙遺跡に移り，西下谷田遺跡は下野国に派遣された国宰が常駐する施設（国宰所）として機能していた可能性が指摘されている[69]。

瓦からみると，西下谷田遺跡と下野国庁は関わりが認められる。下野国庁のもっとも古い7世紀末～8世紀初めに位置付けられる瓦は，国府所在の都賀郡内の古江花神窯産である[70]。この瓦は郡を異にする，河内郡の西下谷田遺跡と下野薬師寺からも出土し，西下谷田遺跡では瓦葺建物はみつかっていないが，区画施設内の官衙建物もしくは仏堂に葺かれた。下野薬師寺は8世紀以降に官寺となる寺院である。

西下谷田遺跡は下野国内でもっとも古い官衙施設であり，官衙機能がなくなる頃に下野国府が設置されていく。陸奥国の郡山遺跡と同様，7世紀後半代における国家的な拠点施設であった可能性がある。西下谷田遺跡の内部施設が不明なため，建物配置について下野国庁や郡衙と比較することはできないが，下野国庁や郡庁が最初から正方位を採用して造営されている点で，西下谷田遺跡との関わりが想定できるかもしれない。

出雲国庁と郡庁

出雲国府では，六所脇地区で正方位の四面廂建物SB20とその下層から振れが異なるSB18・19が確認され，官衙は大原評の木簡から評制下に成立し，土器類からも7世紀後半代に遡る[71]。正方位の四面廂建物SB20は出雲国庁（もしくは国衙中枢施設）の正殿とみている（図23・24）。

出雲国府では，斜め方位の建物SB18・19を正方位の四面廂建物SB20に建

114

て替えるが，同じようなあり方が神門郡衙の古志本郷遺跡でもみられる[72]（図47）。郡庁は振れが強い長舎建物から正方位の廂付建物になり，出雲国庁と神門郡衙の建物や振れの変更は共通する。郡垣遺跡は，『出雲国風土記』に記載された，移転前の大原郡衙の政庁とみられ，大きく斜めに振れたコ字形配置で長舎を連結した政庁が確認されている[73]。

　出雲国内の官衙施設をみると建物配置は不明な点が多いが，長舎を採用し出雲国庁と同じく官衙成立期に斜めに振れた建物方位が8世紀以降に正方位になっていく点から，国庁と郡庁との間で類似点が認められる。

国ごとの異同

　官衙成立期の国庁と郡庁が判明している陸奥・下野・出雲国では，それぞれ国単位で政庁をみた場合に，その建物配置について国ごとに国庁と郡庁に共通性がみられる一方，隣接した国でありながら共通性が乏しいという傾向がうかがえる（図47）。

　陸奥国では，7世紀後半代の郡山遺跡ⅠB期官衙が泉官衙遺跡や栄町遺跡の成立期に対応し，長舎を塀で連結して庭を設け正方位をとらない。正方位をとる名生館官衙遺跡Ⅲ期の政庁は，郡山遺跡ⅠB期でなく，正方位をとる郡山遺跡Ⅱ期官衙の影響がみられる。

　陸奥国に隣接する下野国では，国庁も郡庁も長舎をコ字形に配置し，廂付の格式が高い正殿を持ち，正方位を採用するが，陸奥国の政庁のように塀で長舎を連結しない。

　武蔵国では国庁はみつかっていないが，郡庁は長舎を用い，正方位をとらず，廂付の正殿を持たないという点で類似する。御殿前遺跡（豊島郡衙）では7世紀末の成立期に造営された政庁は，主軸が斜めに振れた，南北棟（15間×2間）と東西棟（10間以上×2間）の長舎2棟がL字形配置をとる[74]。神奈川県長者原遺跡（都筑郡衙）でも，郡庁は斜めに振れた方位を持ち，長舎がL字形配置をとる。幡羅遺跡（幡羅郡衙）においても，13間×1間と7間×2間の長舎が斜め方位でL字形配置をとる。この長舎は柱穴が小型で柱間も一定でない点から政庁でなく，実務官衙施設とされる[75]。しかし，すぐ北側の台地下には郡衙創設頃からはじまる祭祀空間があり，この間に目立った建物はない点から，このL字形配置の長舎も政庁や祭祀空間に伴う施設の可能性があ

第2章　国庁の構造　　*115*

る。武蔵国内で確認されている初期の郡庁は，いずれも正方位をとらず，長舎を主体としてL字形配置をとる特徴で共通する一方で，武蔵国に接した下野国，上野国の建物配置や構造と大きく異なる。

小　結

陸奥国や下野国のように，同一国内の複数の政庁に共通性が認められる一方で，隣国同士であっても建物配置や方位が異なる場合がある。また，都城の古い特徴である建物構造（方位や梁行3間の正殿）が，地方官衙では継続して採用される場合がある。

こうした事実は，個々の政庁それぞれが同時期の宮殿をモデルに成立したと理解するよりも，まず拠点的官衙施設が都城の宮殿をモデルにして成立した後，国庁などの拠点的官衙施設の影響を受けて建設された場合があったと考えた方が自然であろう。

初期郡庁には，長舎を中心としたロ字形・コ字形という建物配置が地域を越えて全国各地で認められる。これまでは郡庁が中央政府と関わりを持ちながら造営されたと考えられてきた。筆者も郡庁の祖型は都城に系譜があると考えるが，その一方で，郡庁造営にあたっては在地における国庁をはじめとする拠点的官衙施設との関わりが深かったと考える。

（2）　大宰府I期政庁と西海道諸国の国庁

大宰府I期政庁

大宰府政庁では，7世紀後半〜8世紀初めにI期の掘立柱建物群が，II期礎石建物の下層に2時期（古段階，新段階）がみつかっている（図50）。I期古段階は7世紀後半で南北棟の掘立柱建物が数棟，この中に7間×3間の長舎が含まれる。I期新段階は7世紀末で，南廂を持つ長舎とその前面に大型の四面廂建物（南北棟）が配置されており，政庁は段階的に整備されていった[76]。

政庁I期新段階は，東西棟SB120にSA110が取り付き溝とともに囲繞し，その中に南北棟建物SB121を配置する。長舎連結型の政庁とみられるが，全体の建物配置は不明で，正殿については北辺塀に取り付いた東西棟SB120か，四面廂で格式が高い南北棟SB121だったかは明らかではない。I期新段階については，部分的な調査で正殿をどのように理解するか，まだ不明な点が

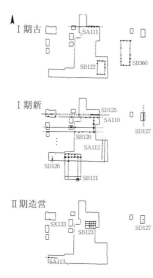

大宰府正殿地区Ⅰ期遺構の変遷

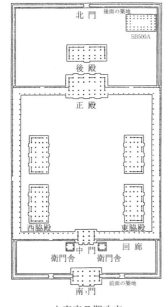

大宰府Ⅱ期政庁

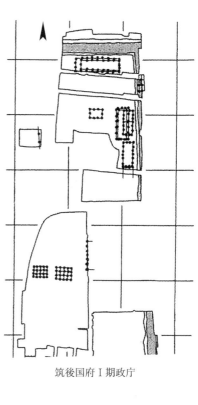

筑後国府Ⅰ期政庁

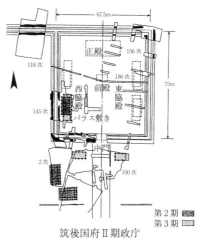

筑後国府Ⅱ期政庁

図50 大宰府と筑後国庁

多いが，Ⅰ期新段階は大型の四面廂建物を含み，長舎が塀と一体となった官衙中枢施設で，儀式空間の政庁と理解できる。

大宰府Ⅰ期新段階の7世紀末には，西海道諸国において長舎を用いた政庁が建設されている。これまで，大宰府政庁とこうした官衙との関係については，政庁Ⅰ期の建物配置がよくわかっていないということもあり，建物配置・構造を含めて十分な検討がされていない。ここでは，大宰府型政庁の成立前における，長舎を主体とした国庁についてみておく。

筑後国庁

筑後国府は場所を3遷する。国府の前身官衙の古宮遺跡Ⅰ期遺構は7世紀後半代に人溝と築地で区画され大型建物が建ち，防御的色彩が濃く東アジアの政治的緊張の中で設けられたとされる。筑後国府は古宮遺跡Ⅰ期遺構の領域を踏襲し，新たに古宮遺跡Ⅱ期官衙（筑後国庁Ⅰ期）として7世紀末に造営される（図33）。国庁は築地塀で囲まれ8世紀半ばまで機能し，4期に区分されている。その建物配置は，正殿の前に前殿，その前面に広場（庭）を設け，東側にだけ脇殿を置く。その後，8世紀中頃に国庁は場所を移して建て替えられ，この時期には定型化した大宰府Ⅱ期政庁の影響を受けた，大宰府型政庁の建物配置を採用する。

小澤太郎は，四面廂建物の検討から，筑後国府に先立つ先行官衙（前身官衙）と大宰府政庁Ⅰ期との建物規格の共通性に着目し，筑後国府跡先行官衙の成立が古い可能性を指摘したうえで，「古段階での無廂建物主体の配置構成から，新段階での四面廂建物出現という共通する流れがあった」とし，両者の関係が深いとする。そのうえで，「朝堂院形式」の建物配置以前に，大宰府政庁Ⅰ期や筑後国府政庁がともに儀式的な空間であったとみる[77]。

西海道においては，8世紀中頃以降，大宰府型政庁が国庁に影響を与えたことが指摘されてきたが，筑後国庁ではそれ以前，7世紀後半以降の長舎を用いた段階から建物構造は大宰府との関係が深い。

日向国庁

日向国府は定型化国庁の前に長舎を用いた前身官衙があり，これを初期国庁とみている。8世紀第3四半期に建設された定型化国庁に先行して，初期国庁は建て替えから3時期あり，7世紀末に遡る可能性がある[78]。

定型化国庁の下層に，正方位の長舎からなる初期国庁が継続して展開するの
は，大宰府政庁の変遷とも類似する。児湯郡庁に国庁が併設した施設とも推定
されているが，郡庁を国庁が兼ねたとみる説は根拠が十分でなく，同じ場所を
踏襲して長舎による初期国庁が成立し，定型化国庁に変遷したと考える。国庁
下層の長舎については国庁とみることが自然であろう。日向国庁は大宰府政庁
や筑後国庁と同じく，長舎を主体とした施設からはじまり，後に定型化国庁と
なった。

　さらに，日向国府の初期国庁は正方位で建つが，その下層と付近から斜めに
振れた7世紀第3四半期頃に遡るとみられる掘立柱建物群が確認されている。
初期国庁に先行して長舎とみられる建物が存在することは，この地点に国府が
設置された事情を考えるうえで看過できない。7世紀後半以降における日向国
の国郡制形成過程を考えるうえで，初期国庁に先行する建物も含めて検討して
いく必要がある。

定型化国庁成立前の地方官衙

　西海道において，大宰府と管内の国府や郡衙などの官衙施設との考古学的な
検討については，定型化した大宰府Ⅱ期政庁と肥前国庁や筑後国庁との関係な
どが指摘された[79]。

　西海道の定型化国庁に先行する，初期国庁については年代を含めて課題が多
いが，西海道諸国の国郡制の成立を考えるうえでは，大宰府型政庁に先行する
国・郡衙の政庁を，遺構と遺物の分析を通して考古学的に明らかにしていく必
要がある。建物配置や構造からみた場合，定型化以前に長舎を主体とした官衙
建物が，大宰府，筑後国庁，日向国庁で成立・展開していた。西海道において
は，都城の朝堂院をモデルに成立した大宰府型政庁が，後に国庁に影響を与え
たことが指摘されてきた。それに先行する，長舎を主体とした政庁が展開する
7世紀後半〜8世紀初めにおいて，大宰府正殿地区Ⅰ期遺構（政庁）と各地の
政庁との検討が今後の課題であろう。国庁だけでなく，小郡官衙遺跡（筑後国
御原郡衙），有田遺跡（筑前国早良郡衙），大ノ瀬官衙遺跡（豊前国上毛郡衙）の
郡庁が，どのような系譜下で造営されたのか，大宰府型政庁の成立前における
大宰府と西海道内の官衙施設との関係について，建物配置や構造の検討が必要
であろう。

6 長舎の出現と政庁建物の構造

（1） 長舎の出現

官衙成立期もしくは先行して，正殿と脇殿からなるコ字形配置などをとらず，長舎が中心になって建物が設けられる例がある。地方においては，長舎はロ字形やコ字形配置の政庁に採用されるより前に，郡山官衙遺跡のような国家的な官衙施設のほかに，単なる居宅ではなく初期的な評衙とみられる遺跡で建てられる。

鳥羽政之は，7世紀後半代の郡庁成立以前の長舎を検討し，埼玉県熊野遺跡（武蔵国榛沢評衙），築道下遺跡，群馬県山王廃寺跡，静岡県上横山遺跡，神奈川県御屋敷添遺跡，宮城県名生館官衙遺跡などをあげ，建物配置に雁行形配置とL字形配置があり，居宅として把握できる一方で官衙的機能も有し，「居宅及び官衙としての性格をあわせもつ」と評価する[80]。こうした長舎が，地方で最初に採用される遺跡の特徴は，下記の通りである。

①大型建物や長舎から構成され，門を持つ場合もある。

②集落と異なり，区画施設として大溝や掘立柱塀が設けられる例がある。

③8世紀以降の郡衙と異なり建物配置に規格性が乏しく，近くに竪穴建物や井戸を含む場合がある。

④建物の方位が正方位ではなく，斜めに振れる例が多い。

⑤畿内産土師器や硯，仏教関係の遺物が出土する。集落より須恵器の比率が高い場合や地域もある。

⑥古墳時代後・終末期時代に続いてはじまる例や，7世紀後半から突如はじまる例がある。

⑦8世紀以降の郡衙建物に隣接したり，下層からみつかる例がある。

7世紀第3四半期に遡る熊野遺跡の北西側には，7世紀末～8世紀初めに成立する武蔵国榛沢郡衙（正倉院）の中宿遺跡が位置する。熊野遺跡は中宿遺跡に先行し，7間×3間の床束を持つ大型建物を核として，それに伴う倉庫とみられる総柱式建物2棟や大型の石組井戸から構成され，周辺には塀に区画されたブロックや竪穴住居も展開する（図51）。建物配置は規格性が乏しく，竪穴

住居や井戸を含む一方で，武器・武具の生産，硯からは文書行政が行われたと推定されれ，初期の評衙とみられている。さらに，長舎付近の土坑から畿内産土師器や高盤が出土する点から，儀式・饗宴が行われたと推定されている。

山王廃寺は，『上野国交替実録帳』にみえる放光寺で，回廊の中に西側に金堂，東側に塔が並ぶ伽藍の下層から，7世紀後半の大きく振れた方位の前身建物群がみつかっている[81]（図52）。その1つである側柱建物SB9

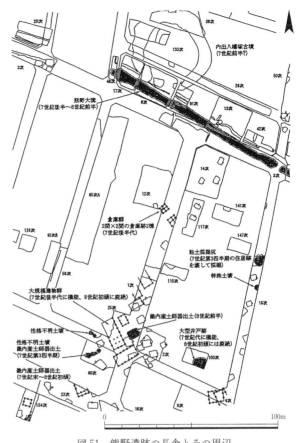

図51　熊野遺跡の長舎とその周辺

は，桁行6間以上（梁行不明，3間か）の大型建物で，同時期に地業を持つ礎石建物や総柱建物（高床倉庫）が伴う。7世紀第3四半期の仏堂（推定）が併設された群馬評衙であり，後に評衙施設は移転し寺院のみ建て替えられたと考えられている[82]。

讃岐国府でも，7世紀後半に遡る7間×3間の掘立柱建物が建ち，周辺から広い範囲にわたって同じ方位の建物や溝が確認され，隣接する古代山城の城山城の築城や維持管理に関係した可能性も推定されている[83]（図53）。

岐阜県弥勒寺官衙遺跡（美濃国武儀郡衙），広島県下本谷遺跡（備後国三次郡衙）では，コ字形配置の政庁に先行して長舎が単独もしくは付属建物を伴って

第2章　国庁の構造　　121

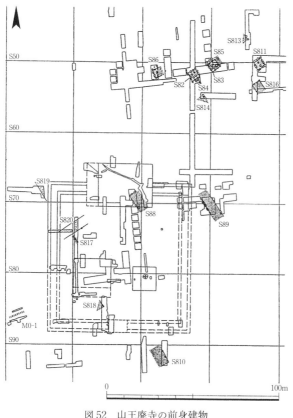
図52 山王廃寺の前身建物

設けられる。弥勒寺官衙遺跡の郡庁はコ字形配置をとるが、その下層から桁行7間×梁行3間の南北棟が確認されている[84]（図54）。後の郡庁正殿に次ぐ大型建物で、全体の建物配置は明らかになっていないが、評衙機能が想定されている。下本谷遺跡では、Ⅰ期（7世紀後半）はⅡ期以降のコ字形配置の正殿の位置に6間×2間の東西棟が建ち、ほかに建物2棟が散在しⅠ期施設は評衙と考えられている[85]。

郡庁成立前の長舎や大型建物の機能については、建物配置からは明確にできない。官衙成立期もしくは先行して長舎が単独で配置されている場合、官衙に先行する居宅、儀式的施設、実務的建物、仮設的建物などの機能が想定されるが、その解明にあたっては建物周辺の空間構成、付属施設との関係、次期の施設との関係などから、総合的に検討する必要がある。長舎の位置を踏襲して、同じ場所で政庁正殿が建つような場合、長舎は儀式的な機能も持っていた可能性があろう。

各地で長舎が最初に建設されるのは、ロ字形やコ字形配置の政庁成立前にあたる、7世紀後半代であり、単なる居宅ではなく公的機能も有した施設の中心建物の1つとして採用された場合が多かったとみられる。こうした事実は、『和気氏系図』に「難波朝庭、藤原の長舎を立つ」という注記について、長舎

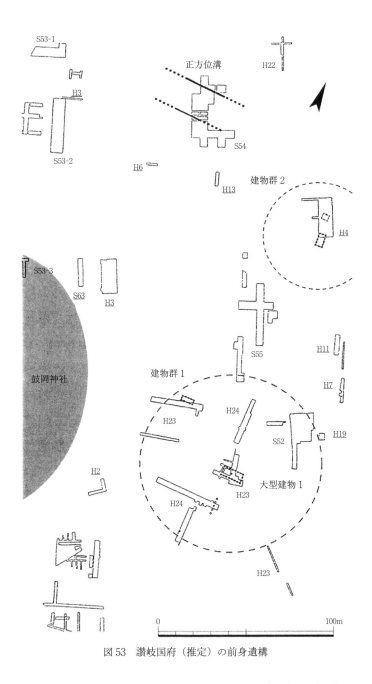

図53 讃岐国府(推定)の前身遺構

第2章 国庁の構造 123

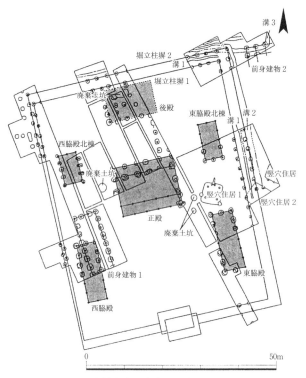

図54 弥勒寺官衙遺跡の郡庁と下層建物

が初期の郡衙の中枢施設に存在していたとみることを示すものであろう[86]。

(2) 政庁建物の構造

　上野邦一は，古代東北城柵の政庁建物について，これまでの案と異なり，「平城宮の大極殿や朝堂院の建築のように，政庁の正殿・脇殿は妻側のみ壁で，平側は開放であった可能性はないのだろうか。開放だとすると，ユカや縁の有無や取り付方に，これまでとは違う考え方もあり得る」と問題提起する[87]。長舎は脇殿に用いられることが多い点から，開放的な構造であったか，検討が必要となる。

　上野が提案する「政庁の正殿・脇殿は妻側のみ壁で，平側は開放であった可能性」について，小笠原好彦も，長舎をロ字形や正殿の左右に配置した郡庁が

回廊に替わっていく例があることから，長舎が果たした機能は回廊によって替えうるもので，「ロ字型，コの字型に長舎を配したものの多くは，長大な殿舎をめぐらす，あるいは配したようにみえるが，建物の大半は回廊と同様に，内庭側は壁のない吹き抜けにする，いわば柱間の広い吹き抜け建物を四方，三方，あるいは左右対称に配したものと推測」する[88]。

　ただし，郡庁と同じように，長舎が脇殿として採用されていることが多い国庁は，山中敏史が指摘するように，元日朝賀の儀式の場として使用されただけでなく政務の場としても機能したと考えられる。

　　多賀城政庁や筑後枝光国庁などで陶硯類が検出され，下野国庁西外側の土坑から多数の木簡が出土していることは，国庁において文書作成を含む政務が執行されていたことを示している。間仕切された脇殿，後殿やその周辺の建物などが曹司の正庁的な機能を果たしていたことも考えられよう[89]。

　こうした考古学的な状況から，国庁では政務も行われたとみられ，すべての殿舎が開放的だったとは考えがたい。郡庁の脇殿の中にも間仕切りの柱穴があり，吹き抜けとみていいのか，建物そのものの検討が必要であろう。鹿島郡庁のように，第Ⅰ期では東西脇殿が梁行1間で北・南辺塀と連結し，第Ⅱ期に郡庁全体を掘立柱式の回廊でつなぐ場合，第Ⅰ期脇殿の梁行1間の長舎が回廊状に内側が開放されていたのか，問題となろう。

　上野は前殿の使い方についても，「政庁の主体者ではなく，客体者が着座する建物」と推察し，「正殿前に建つ前殿は，やはり何らかの儀式に用いられ，主体は正殿に居て，客体が前殿に居た」と考える[90]。

　これまで国庁前殿については，国庁域のほぼ中央に位置し大極殿閣門と対応するとして，閣門に類似した機能を持ち，饗宴に際して国守が着座する場として機能したと考えられてきた[91]。前殿の機能についても，さらに検討が必要であろう。

7　国庁と駅家

駅家は，史料からみると駅門，築地塀などに囲まれた駅館院，倉や厩舎など

の雑舎群からなる[92]。駅館院は山城国山崎駅やそれが転用された河陽宮の史料などから，正殿や後殿，脇殿，楼閣などで構成され，コ字形配置をとると考えられ，山崎駅に「10間屋」という長舎が復元されている。

　山陽道の駅家では，外国使節が通ることから白壁で柱を丹塗りし瓦葺にした，コ字形配置をとる例が兵庫県小犬丸遺跡（播磨国布勢駅），落地八反坪遺跡，落地飯坂遺跡（野磨駅）でみつかっている。

　駅家に関わる長舎としては，広島県前原遺跡（備後国芦田駅）において，7間×4間の総柱建物がみつかっている。また，柱間は不明だが，滋賀県堂ノ上遺跡（近江国瀬田駅）では雨落ち溝から南北 11.5 m，東西 26.1 m 以上の瓦葺の大型建物が推定されている。下岡田遺跡（安芸駅）でも6間×3間であるが，桁行 20.5 m，梁行 8.5 m の大型建物が確認されている。これらは駅館院の中枢建物であり，正殿もしくは脇殿に相当し，瓦葺となり威容を示している。

成立期の駅家

　山陽道の播磨国野磨駅では，礎石建ち瓦葺駅家に先行する掘立柱建物群がみつかっている（図55）。落地八反坪遺跡（第一次野磨駅）では，八脚門を持ち独立した掘立柱塀に区画された中に，掘立柱建物群が左右対称のコ字形配置をと

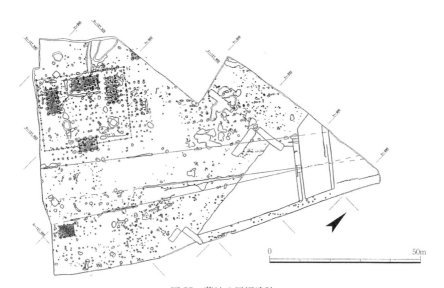

図55　落地八反坪遺跡

126

る。規模は小さいが，正殿前に庭を持ち儀式的な空間を備えている。一方で，施設は正方位をとらず，駅路の方位にあわせて設置される。地方官衙の中で，独立した塀を持つコ字形配置の施設としては，もっとも古い１つである。

野磨駅は８世紀後半に近くの落地飯坂遺跡に移転し，山陽道と方位を変えて正方位をとり，礎石建ちの瓦葺建物となる[93]。布勢駅（小犬丸遺跡）や邑美駅（長坂寺遺跡）でも，掘立柱建物から礎石建ち瓦葺建物に建て替わる。小犬丸遺跡では，瓦葺建物の下層から９棟の掘立柱建物がみつかり，瓦葺になる前の初期駅家とみられている（図56）。建物配置については，よくわかっていないが，その中に片廂付の７間以上×３間の南北棟も含まれており，駅家中枢部においても早い時期に長舎が採用されていた。

国庁と駅家

山陽道の駅家に葺かれた瓦は，国府との関係が深く国府系瓦と評価されている[94]。山陽道諸国では国庁については，建物配置を含めてよくわかっていないために，国庁と駅家との建物配置や構造の検討はされていない。

播磨国府中枢部とみられる本町遺跡では，建物をはじめとする遺構や出土遺物の研究が進み，播磨国内の駅家と類似する点がみられる。制度上，駅家は国司の監督下にあり，国府系瓦からみても国衙が駅家の造営や修繕に深く関わっていた。したがって，駅家の建物配置や構造は国衙施設と関係していた可能性が考えられる。

本町遺跡は政庁そのものでなく，その周囲に設けられた付属官衙と推定されている[95]。建物や溝の方位が８世紀以降，斜め方位から正方位に変わり，それに合せて山陽道も方位を変える（図25・26）。本町遺跡Ⅰ期（７世紀末〜８世紀前半）の建物や掘立柱塀の方位は「飾磨郡主条里の地割と一致」し，大型の柱穴を持つ建物が存在する点から，それが官衙の創建時期とされている。建物は，山陽道を基準にした条里地割と同じ方位で施設が設けられたことを示している（図57）。方位が大きく変わるのはⅡ期の８世紀後半で，建物や溝はほぼ正方位となり，付近に駅家と同じ播磨国府系瓦を葺いた瓦葺建物が建設され，礎石建ちになった可能性が高い。国府の正方位に合せて，付近の地割全体が大きく改変されたと考えられる。

国庁と駅家は，７世紀末〜８世紀初めの同じ時期に建設され，方位は山陽道

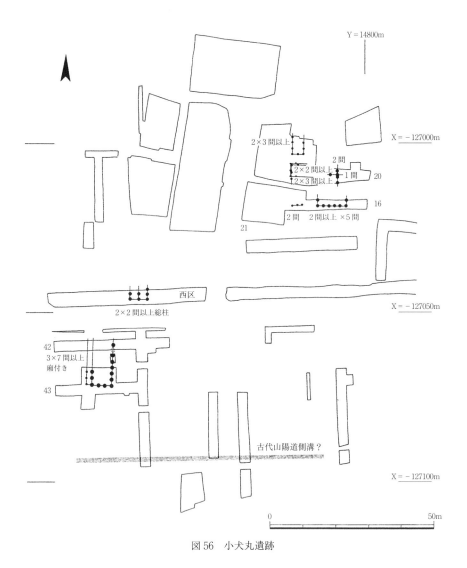

図56 小犬丸遺跡

に沿って掘立柱建物で構成されるという点で共通する。本町遺跡では，建物の一部しかみつかっていないために，長舎が含まれるかどうか不明だが，初期の布勢駅では7間以上の建物が建つ。

　山陽道の駅家は，8世紀後半に駅路と向きを変えて正方位になり礎石建ちの瓦葺建物に建て替わる。同じ時期，本町遺跡も正方位に変わり，礎石建ちの瓦

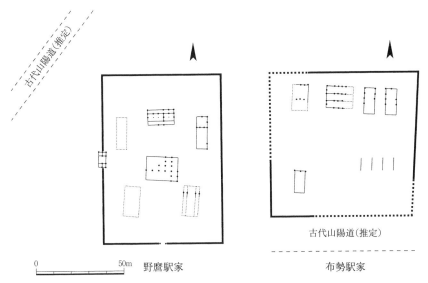

図57　野磨駅家（落地飯坂遺跡）と布勢駅家（小犬丸遺跡）の瓦葺駅館院

葺建物になっていた。こうした官衙建物にみられる類似点は，両者の関係性が強いことを示している。

　問題は，駅家が建設された年代と建物配置である。落地八反坪遺跡（第1次野磨駅）は掘立柱塀で区画され，南北22.6m，東西29.6mと規模は小さいが，左右対称のコ字形配置をとり，八脚門を設け，その建物配置や構造は定型化国庁と類似する（図55）。この時期，都城において曹司はまだ左右対称となっておらず，成立期の駅家のモデルを都城の実務的な官衙施設に求めることは難しい。駅家は政庁そのものではないが，駅家と国府との関係からみて，国庁などの拠点的官衙施設との関わりの中で，コ字形配置の施設として成立した可能性を示唆するものかもしれない。

　山陽道の駅家は7世紀末〜8世紀初めには，左右対称のコ字形配置で成立する例もあり，8世紀中頃以降に礎石建ちの瓦葺建物となり整備されていく（図57）。壬申の乱関係記事（672年）に，隠駅や伊賀駅を焼いたとあり，駅家施設があったと推測でき，この頃までに駅家が置かれたとみられる。しかし，7世紀第3四半期に遡るような駅家はみつかっておらず，国家がもっとも重要視した山陽道においても駅家の手がかりは考古学的にはない。7世紀第3四半期に

第2章　国庁の構造　　129

おける成立期の駅家の実態がどのようなものだったかについては今後の課題である。

　木本雅康は，東山道沿いに確認されているコ字形配置の建物群を持つ長者ケ平官衙遺跡や上神主・茂原官衙遺跡について，駅家と郡衙正倉院という複合的な性格を持つと理解し，コ字形配置建物群を駅館とし，高床倉庫群は正倉別院と考える[96]。

　ほかに，コ字形配置の建物群について，駅館説があるのは久留部官衙遺跡である。久留部官衙遺跡第Ⅰ期は台地上に立地し，7世紀末に正殿と脇殿をコ字形に配置し東正面に八脚門を持つ郡庁とする説[97]に対して，山中章は，南面せず東面する点を重視し郡庁ではなく朝明駅と考える[98]。

　駅家の実態がよくわかっていないため，政庁とされるコ字形配置の建物群の中に，駅家の中枢施設が含まれている可能性を否定することはできない。しかし，山陽道でみつかっている駅家では，大型の高床倉庫からなる大規模な正倉群はみつかっていない。そのため，長舎を含めて殿舎とするコ字形配置建物群について，大規模な高床倉庫群が伴う場合は郡庁とみておきたい。また，山陽道の駅家では，落地飯坂遺跡（第2次野磨駅）のように床を持つ建物も含まれているが，長者ケ平官衙遺跡，上神主・茂原官衙遺跡のコ字形配置建物群では床束がない点も，これらを駅家とするには問題となろう。

ま と め

　地方官衙の政庁は，7世紀後半以降の宮殿との関係が深い。長舎を用いたコ字形，ロ字形，品字形配置の政庁のモデルとしては，左右対称で儀式空間の庭を持つ点から，長舎型国庁と同じく大極殿院・朝堂院などの宮殿を有力な候補と想定した。ただし，長舎を用いた政庁のすべてが都城の直接的な影響を受けたと理解するのではなく，すでに在地の中で設けられていた政庁をモデルにして建設された場合もあった。諸国で7世紀第3四半期以降に設けられる，長舎を多用した官衙施設を考えるうえでは，まず都城の影響を受けて拠点的官衙施設が成立し，それが在地の官衙建物の祖型となって引き継がれ，変形・省略されていく場合もあると考えた。国庁，郡庁，駅家などの官衙施設の造営にあた

っては，在地の技術力を評価する必要があるだろう。

最初に地方で長舎囲い型の政府が建設されるのは7世紀中頃〜第3四半期に
かけてであり，郡山官衙遺跡のような拠点的官衙施設に採用された。国庁・郡
庁に多く用いられた長舎は7世紀後半以降の官衙施設に採用される点から，国
郡制の形成過程と関わる。

評・郡衙が官衙施設として確立するのは7世紀末〜8世紀にかけての時期
で，大きな画期と考える。独立した官衙施設としての国府成立は評・郡衙に遅
れず，国府と評・郡衙の整備は密接な関係がある。考古学的に長舎をみると，
7世紀中頃（第3四半期）〜第4四半期にかけて拠点的官衙施設に採用され，あ
わせて居宅と未分化なかたちで成立した評衙の中心建物の1つとして設けられ
ていく。その後，7世紀末〜8世紀初めに国府が成立し，郡衙の諸施設も整備
されていく中で，国庁・郡庁は定型化して建設されていくのである。

註
1) 山中敏史『古代官衙の造営技術に関する考古学的研究』（平成15年度〜平成18年度
　　科学研究費補助金基盤研究（B）研究成果報告書，2007年）57頁。
2) 山中敏史「国庁の構造と機能」（『古代の官衙遺跡Ⅱ　遺物・遺跡編』奈良文化財研究
　　所，2004年）144〜151頁。
3) 註2「国庁の構造と機能」132頁。
4) 青木敬「宮都と国府の成立」（『古代文化』第63巻第4号，2012年）。
5) 註2「国庁の構造と機能」160頁。
6) 阿部義平『官衙』（ニュー・サイエンス社，1989年）。
7) 藤沢一夫「嶋上郡衙の先蹤」（『古代を考える22　嶋上郡衙跡の検討』古代を考える
　　会，1980年）30頁。
8) 山中敏史『古代地方官衙遺跡の研究』（塙書房，1994年）66〜76頁。
9) 海野聡「古代地方官衙政庁域の空間構成」（『日本建築学会計画系論文集』74，2009
　　年）。
10) 註2「国庁の構造と機能」160頁。
11) 小笠原好彦「発掘された遺構からみた郡衙遺跡」（条里制・古代都市研究会編『日本
　　古代の郡衙遺跡』雄山閣，2009年）43〜44頁。
12) 福岡市教育委員会『有田・小田部33』（福岡市埋蔵文化財調査報告書第649集，
　　2000年），同「コラム　有田遺跡群における古代官衙関連遺構」（『有田・小田部47』福
　　岡市埋蔵文化財調査報告書第1067集，2010年），菅波正人「那津の口の大型建物群に
　　ついて」（『博多研究会誌』第4号，1996年）。

13) 米倉秀紀「福岡市比恵・那珂遺跡，有田遺跡の倉庫群」（『郡衙正倉の成立と変遷』奈良文化財研究所，2000年）6頁。

14) 松山市教育委員会『久米高畑遺跡』（松山市文化財調査報告書第158集，2012年）。

15) 松原弘宣「熟田津と久米官衙遺跡群」（同『古代四国の諸様相』創風社出版，2011年）215頁。

16) 山中敏史「評制の成立課程と領域区分―評衙の構造と評支配域に関する試論―」（『濱田青陵賞受賞者記念論文集Ⅰ　考古学の学際的研究』岸和田市教育委員会，2001年）182頁。

17) 橋本雄一『斉明天皇の石湯行宮か　久米官衙遺跡群』（新泉社，2012年）。

18) 飛鳥地域の王宮は7世紀前半において正方位をとらないとみるのが有力だが，古市晃や相原嘉之は石神遺跡東方に推定する小墾田宮が正方位をしていることから飛鳥岡本宮も正方位をしている可能性を推定する（古市晃「飛鳥の空間構造と都市住民の成立」同『日本古代王権の支配論理』塙書房，2009年，相原嘉之「飛鳥の諸宮とその展開」同『古代飛鳥の都市構造』吉川弘文館，2017年，117頁）。

19) 広島県埋蔵文化財調査センター『大宮遺跡発掘調査報告書　兼代地区Ⅱ』（広島県埋蔵文化財調査センター調査報告書第51集，1985年）。

20) 箱崎和久・飛田恵美子・小谷徳彦・竹内亮「朝堂院東南隅・朝集殿院東北隅の調査」（『奈良文化財研究所紀要2004』2004年）。

21) 小澤毅『日本古代宮都構造の研究』（青木書店，2003年），林部均『古代宮都形成過程の研究』（青木書店，2001年）。

22) 註21『日本古代宮都構造の研究』130頁。

23) 林部均「日本古代における王宮構造の変遷―とくに前期難波宮と飛鳥宮を中心として―」（『国立歴史民俗博物館研究報告』第178集，2013年）。

24) 村田晃一「古代奥羽城柵の囲繞施設」（『宮城考古学』第12号，2010年），進藤秋輝「藤原宮を模した城柵」（同編『東北の古代遺跡―城柵・官衙と寺院―』高志書院，2010年）。

25) 小田裕樹「饗宴施設の構造と長舎」（『第17回古代官衙・集落研究集会研究会報告書　長舎と官衙の建物配置　報告編』奈良文化財研究所研究報告第14冊，2014年）。

26) 岸俊男「朝堂の初歩的考察」（同『日本古代宮都の研究』岩波書店，1988年）。

27) 註9「古代地方官衙政庁域の空間構成」。

28) 註8『古代地方官衙遺跡の研究』。

29) 箕輪健一「常陸国府の成立―国庁前身官衙の造営を中心に―」（『古代文化』第63巻第4号，2011年）。

30) 倉吉市教育委員会『不入岡遺跡群発掘調査報告書』（倉吉市文化財調査報告書第85集，1996年）。

31) 眞田廣幸「伯耆国府の成立」（『古代文化』第63巻第4号，2012年）。

32) 長島榮一「陸奥国府の成立」(『古代文化』第63巻第3号，2011年)。

33) 今泉隆雄「古代国家と郡山遺跡」(仙台市教育委員会『郡山遺跡発掘調査報告書　総括編(1)』仙台市文化財調査報告書第283集，2005年) 285頁。

34) 同上書。

35) 同上，287〜289頁。

36) 同上，289頁。

37) 林部均「古代宮都と郡山遺跡・多賀城―古代宮都からみた地方官衙論序説―」(『国立歴史民俗博物館研究報告』第163集，2011年) 122頁。

38) 植木久「梁間3間四面庇構造と内裏正殿の関係に関する一考察」(『東アジアにおける難波宮と古代難波の国際的性格に関する総合研究』平成18〜21年度科学研究費補助金・基盤研究(B)研究成果報告書，2010年)。

39) 阿部義平「古代城柵政庁の基礎的考察」(芹沢長介先生還暦記念論文集刊行会編『考古学論叢Ⅰ』寧楽社，1986年)，同「国庁の類型について」(『国立歴史民俗博物館研究報告』第10集，1983年)。

40) 村田晃一「日本古代城柵の検討(1)」(『宮城考古学』第13号，2011年)。

41) 進藤秋輝「多賀城発掘」(青木和夫・岡田茂弘編『古代を考える　多賀城と古代東北』吉川弘文館，2006年)。

42) 古川一明「多賀城創建期について」(『第34回古代城柵官衙遺跡検討会資料集』2008年) 139頁。

43) 註24に同じ。

44) 註37「古代宮都と郡山遺跡・多賀城―古代宮都からみた地方官衙論序説―」124頁。

45) 阿部義平「古代城柵の研究(1)―城柵官衙説の批判と展望―」(『国立歴史民俗博物館研究報告』第121集，2005年) 273頁。

46) 註32「陸奥国府の成立」81頁。

47) 同上書。

48) 宮城県多賀城跡調査研究所『宮城県多賀城跡研究所年報2013　多賀城跡第86次調査』(2014年)。

49) 註4「宮都と国府の成立」90・91頁。

50) 村田晃一「日本古代城柵の検討(2)」(『宮城考古学』第16号，2014年) 65・66頁。

51) 宮城県多賀城跡調査研究所『宮城県多賀城跡研究所年報2012　多賀城跡』(2013年)。

52) 註37「古代宮都と郡山遺跡・多賀城―古代宮都からみた地方官衙論序説―」124頁。

53) 註21『日本古代宮都構造の研究』。

54) 家原圭太「多賀城と古代都城」(『宮城考古学』第15号，2013年) 183頁。

55) 大橋泰夫編『古代日本における法倉の研究』(平成21年度〜平成23年度科学研究費補助金・基盤研究(C)研究成果報告書，2012年)。

56) 宮城県教育委員会・宮城県多賀城跡調査研究所『多賀城跡政庁跡　本文編』(1982

年）。

57）　註54「多賀城と古代都城」180頁。

58）　山村信榮「大宰府成立論―政庁Ⅱ期における大宰府の成立―」（『牟田裕二君追悼論集』牟田裕二君追悼論集刊行会，1994年），岩永省三「老司式・鴻臚館式軒瓦出現の背景」（『九州大学総合研究博物館研究報告』第7号，2009年）。

59）　註8『古代地方官衙遺跡の研究』249頁。

60）　同上，134頁。

61）　同上，160〜165頁。

62）　註4「宮都と国府の成立」88頁。

63）　家原圭太「都城と周辺地域の四面廂建物」（『第15回古代官衙・集落研究会報告書　四面廂建物を考える　報告編』奈良文化財研究所研究報告第9冊，2012年）。

64）　註8『古代地方官衙遺跡の研究』164頁。

65）　小澤太郎「西海道における四面廂建物の様相」（註63『第15回古代官衙・集落研究会報告書　四面廂建物を考える　報告編』）106頁。

66）　註33『郡山遺跡発掘調査報告書　総括編(1)』。

67）　南相馬市教育委員会『泉廃寺跡―陸奥国行方郡家の調査報告―』（南相馬市埋蔵文化財調査報告書第6集，2007年）。

68）　栃木県教育委員会『西下谷田遺跡』（栃木県埋蔵文化財調査報告第273・297集，2003年）。

69）　板橋正幸「西下谷田遺跡の一考察」（大金宣亮氏追悼論文集刊行会編『古代東国の考古学』慶友社，2005年），酒寄雅志「律令国家と下毛野国―西下谷田遺跡と上神主・茂原遺跡を中心に―」（『第17回企画展　律令国家の誕生と下野国』栃木県立しもつけ風土記の丘資料館，2003年），田熊清彦「下野国河内郡家と文字資料」（『法政史学』第61号，2004年）。

70）　大橋泰夫・中野正人「古江・花神窯跡採集の古瓦について」（『栃木県考古学会誌』第7集，1982年）。

71）　松江市教育委員会『出雲国庁跡発掘調査概報』（1971年）。

72）　島根県教育委員会『古志本郷Ⅴ遺跡―出雲国神門郡家関連遺跡の調査―』（2003年）。

73）　雲南市教育委員会『郡垣遺跡Ⅲ　旧大原郡家等範囲確認調査報告書1』（雲南市埋蔵文化財調査報告書8，2014年）。

74）　中島広顕「豊島郡衙の発掘とその成果―郡衙発見から30年の足跡―」（『東国における古代遺跡の諸問題』東国古代遺跡研究会第4回研究大会資料，2014年）。

75）　深谷市教育委員会『幡羅遺跡Ⅷ　総括報告書Ⅰ』（埼玉県深谷市埋蔵文化財発掘調査報告書第127集，2012年）。

76）　杉原敏之『遠の朝廷　大宰府』（新泉社，2011年）25頁。

77）　註65「西海道における四面廂建物の様相」104〜106頁。

78) 西都市教育委員会『日向国府跡　平成 28 年度発掘調査概要報告書』（西都市埋蔵文化財発掘調査報告書第 72 集，2017 年），津曲大祐「日向国府跡の調査成果」（『一般社団法人日本考古学協会 2017 年度宮崎大会資料』日本考古学協会 2017 年度宮崎大会実行委員会，2017 年）。

79) 阿部義平「国庁の類型について」（『国立歴史民俗博物館研究報告』第 10 集，1986 年）。

80) 鳥羽政之「東国における郡家形成の過程」（北武蔵古代文化研究会編『幸魂―増田逸朗氏追悼論文集―』2004 年）230 頁。

81) 前橋市教育委員会『山王廃寺―平成 22 年度調査報告―』（山王廃寺範囲内容確認調査報告書 V，2012 年）。

82) 須田勉「山王廃寺と下層遺跡」（前橋市教育委員会『山王廃寺―平成 22 年度調査報告　』山王廃寺範囲内容確認調査報告書 V，2012 年）。

83) 信里芳紀「讃岐国府を考える」（『第 4 回古代山城サミット高松大会開催記念企画展　屋嶋城が築かれた時代』高松市教育委員会，2013 年）。

84) 関市教育委員会『国指定史跡弥勒寺官衙遺跡群　弥勒寺東遺跡 I ―郡庁区域―』（関市文化財調査報告第 30 号，2012 年）。

85) 妹尾周三「郡衙と下本谷遺跡」（『三次市史 I　原始・古代編』三次市，2004 年）302 頁。

86) 註 8『古代地方官衙遺跡の研究』64 頁，森公章「評家」（同編『史跡で読む日本の歴史 3　古代国家の形成』吉川弘文館，2010 年）129 頁。

87) 上野邦一「古代東北城柵の政庁建物について」（『古代学』第 5 号，奈良女子大学古代学学術研究センター，2013 年）30 頁。

88) 註 11「発掘された遺構からみた郡衙遺跡」44 頁。

89) 註 8『古代地方官衙遺跡の研究』134 頁。

90) 註 87「古代東北城柵の政庁建物について」30 頁。

91) 註 8『古代地方官衙遺跡の研究』259 頁。

92) 高橋美久二『古代交通の考古地理』（大明堂，1995 年）。

93) 龍野市教育委員会『布勢駅家 II ―小犬丸遺跡 1992・1993 年度発掘調査概報―』（龍野市文化財調査報告 11，1994 年）。

94) 註 92『古代交通の考古地理』。

95) 山本博利「播磨国府跡」（『姫路市史　資料編考古』姫路市，2010 年）。

96) 木本雅康『遺跡からみた古代の駅家』（山川出版社，2008 年）。

97) 四日市市教育委員会『久留部遺跡 5』（四日市市埋蔵文化財発掘調査報告書 46，2013 年）。

98) 山中章「東海道朝明・榎撫駅小考」（『三重大史学』第 12 号，2012 年）。

第3章　国府事例の検討

　ここでは地方官衙の調査事例が多く研究の蓄積が進む，出雲・常陸・下野国を取り上げて，国府成立が郡衙や官道の設置と深く関わっていたことを示す。とくに出雲国と常陸国については，『出雲国風土記』『常陸国風土記』に国府や郡衙，駅家の位置が記載され，律令国家の統治システムや諸国における地域支配の実態を知るうえでのモデルケースとなる。

1　出雲国府成立と出雲国の形成

（1）　出雲国府と郡衙，官道の整備

「出雲国の形成と国府成立」という視角に基づき，出雲国を中心に国府の成立が在地社会を大きく変革させる契機となった点を官衙や官道の成立と展開の中から考える。

　出雲国府を中心にした意宇平野については，『出雲国風土記』から国府や郡衙（郡家），寺院，官道の様子がうかがえる。八雲立つ風土記の丘展示学習館の意宇平野の復元模型には，都から西に向かう直線的な山陰道（正西道）や丹塗り白壁造で大陸風の出雲国府をはじめとする官衙施設や新造院の建物群が建ち並ぶ様子が復元されている。地方における古代都市の姿である。

　近年の考古学的成果によれば，国府を中心にした古代都市的景観は全国各地で認められるようになってきた。各地の国府から出土する「京」と記された墨書土器から，地方の人々にとって国府は雛の都であった[1]。出雲国では風土記に，国府だけでなく郡衙，駅，烽などの地方官衙や寺院，駅路とそれに接続する道路網の状況までが詳細に記されている。

　一方で，こうした奈良時代における出雲国の姿が，いつどのように形成されたかは十分には明らかになっていない。それは出雲国だけでなく他国においても同様である。国府が全国的に広く成立するのは，国庁を中心にして7世紀末〜8世紀初めに遡る。出雲国において，国府を中心にして官衙や官道が7世紀

末〜8世紀初めにかけて形成された点を示し，これは出雲国だけでなく全国的なあり方だったことを指摘する。

出雲国府の成立

国郡制との関わりの中で，国府は独立した官衙施設として7世紀末〜8世紀初めまでには全国で設置される。これは天武朝後半期に国境が確定し，常駐官として国司が派遣され中央集権的な地方支配を推し進めるためであったと理解している。

出雲国府では所在郡の意宇郡でない「大原評」と記された評制下の木簡が出土し，7世紀末には国衙として機能したことが明らかになっていた[2]。ただし，出雲国府が意宇郡衙と同所に隣接し別の施設として設置されたとみるのではなく，『出雲国風土記』の「国庁意宇郡家」を「国庁たる意宇郡家」と解釈し国府が郡衙と同居したとする説が有力であった[3]。出雲国府の成立過程を考えるうえでは，出雲国府の調査成果と『出雲国風土記』の記述との関係が問題となってきた。

出雲国府の調査では，六所脇地区で正方位の四面廂建物SB20とその下層から振れが異なるSB18・19が確認され，官衙施設は大原評の木簡から評制下に成立し，土器類から7世紀後半代に遡る（図22・23）。四面廂建物SB20が出雲国庁の後殿（もしくは正殿）とされ，その下層のSB18・19は意宇郡衙（評衙）で出雲国庁としても用いられた施設とみられていた。出雲国府から出土した木簡を分析した平石充によれば，意宇評・郡衙が初期出雲国衙と一体とする説について，出雲国衙から出土した木簡は初期出雲国衙に関わり郡に関係するものはないとし，木簡は積極的に意宇郡家の存在を示す史料とならないとする[4]。

これまで六所脇地区で確認された振れが異なるSB18・19で意宇評衙とする見方が有力であった。近年は，常陸・三河・日向国庁下層からも斜めに振れた建物や長舎がみつかっている。こうした国庁下層の建物を郡庁と評価し，後に国庁として利用したとする根拠の1つは美作国府の成果であったが，この点についても見直しが必要である。これまで美作国庁下層のⅠ期長舎を美作分国前の苫田郡庁とし，それを後に国庁に建て替えたと評価されてきた。しかし，美作国庁の年代比定は再考の余地があり，美作国庁下層のⅠ期長舎は当初から美

作国庁として新設された可能性が高く，Ⅰ期長舎は美作国が成立した和銅6年（713）段階の国庁とみることができる（本書第1章）。

他国の調査成果も踏まえると六所脇地区のSB18・19は，評制下の7世紀後半に成立した国衙中枢施設として機能したと理解できる。「大原評」記載の木簡が正方位を向く溝から出土している点から，次期の四面廂建物SB20も溝と同方位で評制下に遡る国衙施設で，国庁正殿の可能性がある。

国はほぼ天武朝が画期となり，天武12〜14年（683〜685）に国境確定事業がなされた[5]。国境確定を経て国司が常駐地方官として派遣され，その国司が常駐するために，諸国で国府が設けられたとみられる。出雲国府では，六所脇地区の斜め方位のSB18・19や正方位の四面廂建物SB20が初期の国衙中枢施設として機能した。

出雲国内の郡衙成立と整備

地方を統治する施設として置かれた国府・郡衙は独立した施設ではあるが，有機的な関係のもとに地方行政を担った。出雲国内の郡衙について検討する。

初期の国衙は正方位から振れた建物SB18・19を中心とし，後に同位置で正方位の四面廂建物SB20に建て替えるが，同じようなあり方が神門郡衙（古志本郷遺跡）でもみられる[6]。郡庁は振れが強い長舎から，正方位の廂付きの建物に建て替えられており，国衙中枢施設（国庁か）と神門郡衙の建物配置や振れの変更は似る。同じように，美濃・下野・常陸国で国庁と郡庁の配置や変遷に共通する点がみられる。その一方で，国庁と郡庁の配置が細部で異なる例もあるが，そうした国においても正殿が南面して，脇殿を持ち，広い前庭を持つという政庁の基本構造は共通しており，郡庁の造営は国庁の新設と関わりが深いと考える。国府と郡衙施設において，政庁にみられる共通性は注目でき出雲国においても認められる。

地方支配を進めるうえで設置された国府・郡衙施設は，7世紀末〜8世紀初めまでに全国的に整備された。出雲国においても同じ頃に国府・郡衙が整備されていたことが，出雲国府，神門郡衙，出雲郡衙（後谷遺跡），意宇郡山代郷正倉の調査成果から明らかになっている。出雲国において，国府成立を契機として官衙施設の整備は進んだ。

大原郡衙の移転

　『出雲国風土記』には黒田駅と大原郡衙が移転したことが記載されている。大原郡衙は『出雲国風土記』によれば，かつて郡衙は現在の場所ではなく，「正西一十里一百一十六歩」離れた場所に位置し，大原という地名にあったために現在も郡名は大原郡となっていると理解できる。

　『出雲国風土記』記載の郡衙は，斐伊郷（雲南市木次町里方）とする点では諸説が一致する。その一方で，旧郡衙の位置については現在の大原郡衙からの里程「一十里一百一十六歩」記載をめぐって議論されている。方位を写本通りに「正西」とみる説と，「東北」に校訂したうえで立論する説に分かれている点に注意が必要である。いずれの写本とも実際には「正西」となっている。「正西」を「東北」に校訂するのは，「正西」では旧大原郡衙の位置が大原郡域ではなく，飯石郡域になってしまうという点から誤写があったことを想定するためである。

　『出雲国風土記』に記載された移転前の旧大原郡衙の位置については，写本の方位を「正西」ではなく「東北」や「正北」とした校訂案に基づき大原郡内の屋裏郷[7)]や屋代郷[8)]とする説と，写本通りに「正西」としたうえで郡境が変更されたとみる内田説，評域が後に分割されたとみる荒井説[9)]などがある。

　平石充は「東北」と校訂し旧郡衙の所在地を雲南市大東町仁和寺とする案が妥当とする一方で，里程が屋裏郷と屋代郷で同じ 10 里 116 歩である点から，東北 10 里 116 歩の屋裏郷でなく正北 10 里 116 歩の屋代郷の可能性もあるとし，屋代郷に正倉が置かれている点から大原郡衙移転後に正倉のみが残された可能性を説く[10)]。

　旧郡衙の位置を「郡家東北一十里一百一十六歩」「郡家正北一十里一百一十六歩」と『出雲国風土記』記載を校訂する屋裏郷あるいは屋代郷とする諸説では，いずれの『出雲国風土記』写本でも方位が「正西」となっている点に問題が残る。

　一方で，内田律雄は「正西」を「東北」に間違える誤写を疑問視し，「正西」とみて地形や熊谷軍団の位置などを参考にして，『出雲国風土記』編纂時においては旧大原郡衙の位置を飯石郡内にあたる三刀屋町から木次町下熊谷付近に想定し，距離については誤写があったと考え「郡家正西一里一百一十六歩」と

第3章　国府事例の検討　　*139*

校訂する[11]。

　荒井秀規は写本通りに「郡家正西一十里一百一十六歩」を採り，『出雲国風土記』に記載された大原郡は評制下には後の飯石郡を含む広い範囲を占め，後に分割されたとみる。荒井が説くように，飯石郡にあたる斐伊川対岸の地域も古くは大原郡（評）に含まれ，斐伊川対岸の飯石郡内に旧大原郡衙が置かれ，後に郡境が変更され大原郡衙が移転した可能性はある。ただし，正西説をとる場合，郡名由来になった旧大原郡衙の「田一十町許平原也」を，どこに求めるのかという課題が残る。

　現在，旧大原郡衙の候補地の一つであった雲南市郡垣遺跡において，大型建物群がみつかっている。郡垣遺跡は，天平5年（733）時点に大原郡衙があった斐伊郷から東北へ5 kmほど離れており，「一十里一百一十六歩」（5.6 km）の大原の地とみてもよい場所にあたる。

　建物群は2時期あり，当初は東側と北側，南側の三方にコ字形に建物を配置し，その西辺に板塀を設けており，郡庁とみられる。郡庁は方形で45 m（150尺）の規模で規格性はきわめて高いが，建物の向きは大きく東に傾く。出土遺物が出土していないために，年代は明確でないが建物が斜め方位を採用する点から移転前の旧大原郡衙の可能性が高まっている。

　郡庁とみられる建物群は，後に礎石建物や高床建物（倉庫か）として建て直される。地方官衙で礎石建物が採用されるのは8世紀中頃以降であり，移転後も役所として機能し総柱建物がみつかっている点から正倉となっていた可能性が高い。郡垣遺跡は，郡庁として機能した後に正倉に建て替わったとみられるので，『出雲国風土記』に「正北一十里一百一十六歩」に正倉があると記載された屋代郷の可能性が高まっている。

　現状では旧大原郡衙の位置は諸説あり，発掘調査によって郡垣遺跡の可能性が高まっているが，まだ年代が確定されていないなどの課題も残る。

　いずれにしても，大原郡衙が移転した要因については，その位置が大原郡域の中心とはほど遠い飯石郡に接するような地点に置かれている点から郡内交通の視点からではなく，出雲国全体の交通体系上から考えるべきであろう[12]。天平5年以前に遡る旧大原郡衙の所在地については未解決であるが，大原郡衙移転は国府を中心にした出雲国内における交通体系と関連しており，国郡制の

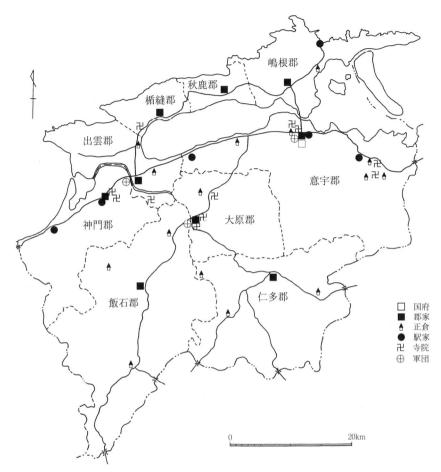

図58 『出雲国風土記』に記された官衙・寺院

整備と深く関わることを示している（図58）。

黒田駅の移転

「黒田駅はもと郡家の西北2里の黒田村にあり，土の色が黒い」ことが村の名前の由来であった。後に，黒田駅は東に移転し郡衙と同じ位置になったが，駅家の名前はそのまま黒田駅としたと『出雲国風土記』に記載された。もとの黒田駅の推定地は松江市大庭町字黒田畦，下黒田とみられている[13]。風土記記載の「黒田駅今郡家属東」については，写本によって違いが認められ，ここでは「今は郡家の東に属けり」(「今郡家属東」万葉緯本)ではなく，もっとも

古い細川家本の「今は東，郡に属けり」（「今東属郡」）をとる。

黒田駅は『出雲国風土記』に，「至国庁，意宇郡家北十字街」「黒田駅，郡家同処」「黒田駅今東属郡」「意宇軍団即属郡家」とあり，移転後の黒田駅の位置については諸説あるが，山陰道と隠岐道の十字街付近に移転し，出雲国庁，意宇郡衙，意宇軍団と近接していた。黒田駅の移転理由としては，国庁北側の十字街付近という隠岐国に向かう駅路に便がよい位置に移転した点から，駅路の再編・整備と密接に関わったとみられる[14]。黒田駅の移転時期については明らかになっていないが，関和彦は出雲国造の本拠と少し離れた東の意宇川の自然堤防上に移された勝部説[15]を評価し，駅制と関わる神亀4年（727）編戸によったとし出雲国造の本拠隣接地から律令制の確立，国司支配に伴う出雲国庁の造営整備の過程で，枉北道も考慮して移転が行われたと考える。

黒田駅の移転時期を考えるうえで，意宇平野における寺院の位置も参考になる。移転前の旧黒田駅から隠岐に向かう古枉北道は，意宇郡北新造院の来美廃寺の近くを通っていたと想定されている[16]。『出雲国風土記』成立時（733年）には枉北道から離れた位置に来美廃寺はあったが，白鳳期の寺院の多くが道路などからの景観を重視して設置されるのは一般的なあり方で，来美廃寺も7世紀末に創建された時点では古枉北道近くにあったと考えられる。一方で，国府のすぐ北側に設けられた意宇郡南新造院の四王寺跡は，山陰道（駅路）からの景観を意識して建立されたとみられている[17]。四王寺跡は出雲国の最有力氏族である飯石郡少領の出雲臣弟山によって，8世紀前葉に創建された寺院である。以上の状況から，南新造院造営の8世紀前葉までに枉北道や正西道（山陰道）が整備された可能性が考えられる。

先行研究も指摘するように，黒田駅の移転は国府や駅路（山陰道・隠岐道）の設置・整備などと関わる政策の一貫とみるべきであろう。その移転時期について，出雲国府の成立や駅路の整備が7世紀後半（末頃）にある点から，この頃に大原郡衙の移転もあわせて行われたものと考える。

意宇郡衙の設置

意宇郡衙は『出雲国風土記』によれば，国庁とともに十字街に近い交通の要衝地に設置されていた。発掘調査で確認されていないが，天平5年には意宇平野中にあったことになる。全国的に評衙は7世紀後半に遡り，居宅と未分化な

あり方が知られている状況を勘案すると，初期の意宇評衙が当初から意宇平野の正西道沿いにあったとみてよいのか疑問が残る。意宇平野周辺では古墳のあり方，旧黒田駅の位置や地形からみて，意宇平野の十字街付近ではなく西側の台地上に有力者の居宅などを想定できるからである。これまでに出雲国内で調査された郡衙遺跡については，いずれも7世紀末を大きく遡らない。

意宇郡衙をはじめとして大原郡衙と黒田駅を除く官衙については『出雲国風土記』に移転記事がないが，大原郡衙と黒田駅の移転記事は地名由来を示すためと理解できる。したがって，出雲国内において天平5年時点までに黒田駅と大原郡衙だけの移転がなされたと理解する必要はない。ほかの官衙施設については『出雲国風土記』に移転記事がないが，出雲国において大原郡衙と黒田駅の移転だけがあったとみる必要はなく，天平5年前に出雲国内全体の官衙再編・整備が同じ頃にあったと考えられる。意宇評・郡衙についても，天平5年時点において，『出雲国風土記』に記載された位置からみて評制施行期には移転された可能性が高いと考える。『出雲国風土記』に記載された官衙施設については国府設置の7世紀末以降に実施された，移転を含めた大規模な官衙施設再編後の姿とみるべきであろう。

7世紀後半に遡る初期の意宇評衙は『出雲国風土記』記載の意宇平野中ではなく，旧黒田駅と同じ台地上に設けられていた可能性が高い。『出雲国風土記』には意宇評衙（郡衙）の移転記事はないが，旧黒田駅と同じく国府設置を契機として意宇郡衙も正西道添いに移転し整備されたと想定する。

『常陸国風土記』茨城郡，鹿島郡条と常陸国府

出雲国における地方官衙の成立や移転記事を考えるうえで，『常陸国風土記』に載る鹿島郡衙，茨城郡衙，河内駅の移転記事は参考になる。移転前の鹿島郡衙（評衙）については実態が明らかになっていないが，移転後の鹿島郡衙（神野向遺跡）の成立時期は8世紀初めである。この時期に常陸国府は成立している[18]。

茨城郡衙は『常陸国風土記』によれば，「所謂茨城郡，今存那珂郡之西，古者，郡家所置，即茨城郡内。風俗諺云水依茨城之国」「従郡西南，近有河間，謂信筑川」とあり，もとの茨城郡衙は現在地ではなく北側の那賀郡内に設けられ，後に信筑川（恋瀬川）の左岸に移転したと理解できる。

旧茨城郡衙の位置は不明だが，移転後の茨城郡衙とされる外城遺跡は常陸国府から1.2km離れて位置し，7世紀後半に創建された茨城廃寺に隣接する点から，寺と同じ頃に移転時期が想定できる。常陸国においては鹿島郡衙，茨城郡衙の移転時期や位置からみて，7世紀末の国府設置に伴い，それを契機として常陸国内においても官衙の移転を含めた整備が進められたものとみられる（本書第3章2節）。

駅家と官道の成立と展開

出雲国内に設けられた駅家とそれを結ぶ官道の設置についてみていく。都と地方を結ぶ交通路として設けられた七道は，幅広く直線的である事実が発掘調査によって各地で明らかにされている。『出雲国風土記』に正西道と記載された出雲国内の山陰道も，発掘調査によって幅9m程度の直線的な道路だったことが知られている[19]。こうした規格性が高い駅路が駅家とともに設けられた時期について，7世紀後半でも早い天智朝説[20]と第4四半期後半～末の天武・持統朝説[21]とに分かれる。

道路設置時期については，駅家の設置と直線的で規格性の高い駅路（官道）の設置時期は分けると理解しやすい。駅家の設置は，『日本書紀』壬申の乱記事や『上野国交替実録帳』庚午年籍から，天智朝の7世紀第3四半期には広く設置されていたとみられる[22]。その一方，考古学的には幅9mを超える大規模な直線道路については，7世紀末頃を大きく遡って全国的に広く設置されたとみることは現状では難しい。

7世紀第3四半期に，駅家は古墳時代以来の畿内と諸国を結ぶ道路添いに設けられ，7世紀末頃までに全国的に直線で幅広い大規模な駅路が設置されたと考えられる。全国的な駅路建設と駅家の設置は天智朝の7世紀第3四半期から構想・施行され，畿内周辺や都と大宰府を結ぶ山陽道などの重要道路はいち早く敷設されたとみられるが，これまでの考古学調査によれば7世紀第3四半期に大規模な直線的な駅路が七道すべてに敷設された状況はない。大規模な直線道路が都を中心に七道として整備されたのは7世紀末まで下るようであり，天智朝以降，段階的に進み天武朝の国境確定とそれに伴う国府設置，評衙の整備などの地域支配強化と連動して達成されたのであろう。

国府をはじめとする官衙設置と大規模な直線道を特徴とする古代道路の関係

については，出雲国府が駅路分岐点の十字街に位置する点から，先に駅路（官道）が整備され後に国府が設置されたとみるのではなく，大規模な官道の設置は前述した黒田駅の移転記事からうかがえるように，7世紀末の出雲国府設置を契機として進められた官衙整備に関わる一連のものと考えられる。

意宇平野の条里施行と国府設置，正西道作道

出雲国府が置かれた意宇平野には条里制が施行されている。米倉二郎は意宇郡の条里の1条は真名井神社参道と考え，条里の東西基準線は小字名の大縄手，縄手添によって平野西端の団原丘陵の中央と，平野の東端，出雲郷の大本部落の丘陵の北端を結ぶ線と想定し，この線が平野の中央を東西に通り『出雲国風土記』道度条にみえる郡家・国庁北の十字街や正西道がこの線にのると想定した。さらに条里地割にのる方8町の正方形または南北6町・東西11町の長方形とする国府域案を示した[23]。後に中村太一によって，条里の東西基準線が条里余剰帯で古代山陰道（正西道）の痕跡を示すことが明らかにされた[24]。正西道は意宇平野を中心に11.8kmにわたって直線道路として作道されている[25]。

中澤四郎も意宇平野の条里制と古代山陰道との関係を認めたうえで，「条里施行計画の立案が，単に条里と道路との相互関係の立場からだけではなく，さらに大きく政府・軍団・駅家などの政府関係諸機関の位置との関係をも配慮した，平野全休の総合開発的な立場からの，より高次なプランニングによって進められた」として，条里制の中で国府諸施設が設定されたと推定した[26]。

意宇平野の条里地割と国府に関わりがあるとする意見に対して，三宅博士は国府地割と条里地割はその原理が異なり，さらに国分寺中軸線と条里地割は5度30分振れが異なるとし，「両者の間には時期的な前後関係かあるいは構想の相違があった」と考えた[27]。三宅は国府よりも条里施行を新しいとみて，「国府地割の理念が放棄される時期，つまり国庁時期区分でいうE期あるいはF期」の平安時代後期以降に条里地割が施行されたとみた。木下良も出雲国府の遺構は条里とは約5度振れており無関係で設定され，出雲国府には条坊的な方格地割も認められないとし，国分寺についても条里とは方位を異にしており無関係に設定されたとした[28]。

藤原哲は意宇平野の地割について条里や発掘で確認された建物遺構の方位な

どから検討し，古代から中世にかけての開発を3段階にまとめる[29]。弥生〜古墳時代を河川や地形などの自然規則に依存したあり方からはじまり，最大の画期が第2段階の「国庁に代表される明確な南北指向の建物群の成立」とみて，それは平野周辺部の山代郷正倉や黒田遺跡の建物にも認められるとした。また意宇平野における条里的な地割の施工は7〜8世紀までに遡る可能性が高いとみるが，実際の条里は部分的なもので平野全体ではなかったと考える。第3段階の9世紀以降は明確な南北方向の建物が減り，意宇平野においては建物や柵列軸が条里地割の方向を示すとみて，現在の意宇平野全体にわたる条里地割は9〜13世紀の間に整備が進められたと理解する。

　意宇平野の条里地割と国府施設の関係については，振れが異なる点からみて直接的に関係するものではない。条里施行時期は正西道が基準線となっている事実から，道路施行と同時かより遅れると推定される。国分寺とその南に延びる道路の方位の違いからみて，意宇平野の条里地割は国分寺に先行して施行されたとみられるが，条里施行の時期を明確にすることは難しい。一方で，駿河国の静清平野では条里の広域施工が律令期当初の7世紀末まで遡るとみられている[30]。こうした他国の例を参考にみると，出雲国府が置かれた意宇平野についても，国府が設置され正西道が設けられた7世紀末には，藤原哲が指摘するように平野全体でないとしても部分的に条里地割は施行されたと考えたい。

　出雲国府と条里や官道との関係をみると，出雲国府の施設は正方位を志向するが，官道の正西道（山陰道）・隠岐道はおよそ4度北で東に振れる。官衙が正方位を志向するのは普遍的なあり方である。意宇平野では正西道が基準線となって条里施行がされているが，正西道は可能な限り直線を志向し，官衙と異なり正方位を原則とするものではない。

　官衙施設と道路の設置計画は異なる点から，出雲国府と規格性の高い直線道路である正西道との時期的な関係は不明である。出雲国衙の建物変遷をみると，当初設けられた建物SB18・19は斜め方位をとり正西道とは逆に北で西に大きく振れ，地形によったと考えられる。国府成立期の施設と官道との振れの違いは大きく，国府成立前に規格性が高い官道が設置されたことを推定するのは難しいと思われる。意宇平野において直線道である官道は，国庁の四面廂建物SB20が正方位となる7世紀末頃に設けられたとみておく。

『出雲国風土記』の記載から明らかなように国の中心にあるのが国庁であり，出雲国においては国府成立が契機となって国の形成が進んだ。その出雲国府の設置は7世紀末に行われており，大原郡衙や黒田駅をはじめとする官衙の移転を含めた整備・設置は国府設置を契機とした出雲国内の交通体系の整備に伴って行われたものであろう。出雲国府が置かれた意宇平野の条里制施行も国府設置と同じ頃に，正西道を基準にして施行されたとみられる。

出雲国府，郡衙遺跡や『出雲国風土記』の記述からみて，出雲国では評制下の7世紀末に黒田駅，大原郡衙だけでなく，国内全域において評衙・駅家をはじめとする官衙，官道が再編・整備されて国の骨格が形成されたのであろう。こうした国の形成は出雲国だけでみられたことではなく，全国的に広く実施されたとみられる。国府の設置を契機として諸国で国の骨格が形成された。

(2) 律令国家の荘厳化政策

古代律令国家は，実用性を超えた荘厳化を都城・地方官衙や道路に求めた。それは，律令国家が天皇を中心とした中央集権国家の威信表示を重要としたためである。平城京の朱雀大路が幅員75mと実用性を超えた道路であったのは，国家統治の威信表示の舞台装置の1つであった。地方においても，官道（駅路）が幅9〜15mと広い点は交通の実用性だけからは説明ができない。官道も国家統治の威信表示の舞台装置である性格を持つのであろう。

古代道路だけでなく，古代の地方官衙の景観を研究することは，当時の律令国家の地方支配を考えるうえで有効な視角である。ここでは律令国家が行った荘厳化政策について，地方官衙建物から検討する。

古代律令国家の成立時期である7世紀末に，藤原宮は宮殿としては初めて荘厳な瓦葺建物として造営される。この時期は地方官衙（国府・郡衙）の整備がなされた時期であり，藤原宮の荘厳化が国府や郡衙の造営，整備に大きな影響を与えた（本書付論2）。藤原宮で採用された礎石建ち瓦葺建物は，平城宮でも引き継がれ壮麗な大極殿が造営された。そこでは元日の朝賀や天皇の即位式，さらに蕃客の謁見などが行われた。平城京では邸宅を丹塗りの瓦葺建物にするようにとの命令が出されており，瓦葺建物が平城京を壮麗にするという視覚的な役割を持っていた。

地方では都に倣い，国府周辺には丹塗り瓦葺建物が官舎や寺院として建てられ，直線的な大規模道路が計画的に設けられ，農村とは異なる都市的景観を形成していた。ここでは，出雲国を中心にして，地方官衙や寺院の高質化（丹塗り瓦葺建物）による可視的な権威誇示が地方支配を行うにあたって重要な役割を果たしていた点をみていく。

地方官衙における瓦葺建物の採用

　瓦葺建物は6世紀末に飛鳥寺で採用されたのが最初で，宮殿や官衙に採用されるのは寺院より遅れ，7世紀末の藤原宮からはじまる。瓦葺建物は平城宮でも引き継がれ壮麗な大極殿として元日朝賀や天皇の即位式，蕃客の謁見などが行われた。藤原京期の地方官衙においても数は少ないが，瓦葺建物が採用される例が認められる（本書付論2）。

　地域支配の拠点であった国府では，中心施設である国庁が8世紀中頃に瓦葺となり高質化する。国府は7世紀末〜8世紀初めに全国で広く設置され，この時期に遡る白鳳様式の瓦を出土する国府として，下野・常陸・美濃国府がある。

　国府では瓦葺建物は国庁正殿を中心に採用されている。正殿は都城の大極殿に相当し，元日朝賀の儀をはじめとする儀式の場として用いられた。国府における瓦葺建物の採用は，対外的な視覚効果を目的とし地方支配を支えるためであった。国府出土の瓦は国庁の正殿に葺かれており，その年代が藤原京期にあたる点からみて，礎石建ち瓦葺建物であった藤原宮の影響があったと理解できる。

　郡衙は国府と同じ7世紀末に官衙施設として独立して設置・整備される。この時期に瓦葺建物を採用した郡衙遺跡として，宮城県名生館官衙遺跡（陸奥国丹取郡衙か・郡庁正殿）・福島県根岸遺跡（陸奥国磐城郡衙・郡庁）・岡山県勝間田遺跡（美作国勝田郡衙・郡庁か）・鳥取県万代寺遺跡（因幡国八上郡衙・郡庁）があり，ほかに地方官衙として群馬県入谷遺跡でも瓦葺建物を採用している。郡衙正倉の中の一部には，この時期に瓦葺とする例が陸奥国で認められる。

　藤原京期に瓦葺建物を採用するのは，寺院のほかでは国府・郡衙で政庁施設に採用される例が少数あり，郡庁正殿が多いとみている。藤原京期に郡衙施設が瓦葺となり高質化した点については，藤原宮や国府成立の影響があったと考える。

出雲国では，島根県小野遺跡が官衙遺跡として瓦葺建物を早い時期に採用した例になる。小野遺跡は『出雲国風土記』に記載された出雲郡衙正倉の後谷遺跡から東に約500m離れる。建物跡はみつかっていないが，古代に遡る幅1.5mの石列と平安時代の畦畔が確認されている。瓦・硯・墨書土器のほかに7世紀後半〜8世紀代の須恵器が出土しているが，仏教的な遺物はなく遺跡の性格は不明とされている[31]。小野遺跡から出土した瓦類は，平瓦・丸瓦の量に対して軒丸瓦の比率が高い点から，建物は総瓦葺でなく甍棟とみられる。

　小野遺跡の出土瓦は葺かれた建物が仏堂か，官衙かが問題となる。『出雲国風土記』出雲郡条によれば，新造院（寺）が郡衙の「南三里一百歩」（約1.8km）の河内郷にあった。小野遺跡西側500mに位置する後谷遺跡が出雲郡衙正倉で，近くに郡庁もあったとみられる。小野遺跡は郡衙からの里程の所在郷から，『出雲国風土記』記載の新造院とは考えがたい。意宇郡条に記載された山代郷新造院の来美廃寺・四王寺跡では，発掘調査によって『出雲国風土記』勘造時の天平5年（733）時点に仏堂が建っていたことが明らかにされている[32]。この点から小野遺跡が瓦葺の仏堂を備えた寺であったとすれば，『出雲国風土記』に記載されていない点から疑問が生じる。仏教に関わる遺物がない点からも積極的に仏堂を想定できない。小野遺跡出土瓦については官衙に葺かれた可能性を考慮する必要がある。郡衙正倉の後谷遺跡から小野遺跡を含めて東西500m程度であり，小野遺跡が郡衙施設の一部でも問題はない。万代寺遺跡（因幡国八上郡衙・郡庁）や根岸遺跡（陸奥国磐城郡衙・郡庁）を参考にすれば，小野遺跡出土瓦は出雲郡衙の郡庁正殿に甍棟として葺かれた可能性がある。今後，小野遺跡の性格については，官衙の可能性を含めて検討が必要であろう。

出雲国府の荘厳化

　出雲国をはじめとして，当時の人々にとっては官衙と寺の丹塗りした瓦葺建物は律令国家の象徴的な施設として目に映った。柱を丹塗りした瓦葺の国府や郡衙建物は，新たな律令国家の象徴としての舞台装置としての役割を果たした。こうした役割を示す考古資料として，出雲国府の調査で国庁北側から鴟尾破片が出土し，国庁建物に鴟尾を載せていた可能性がある[33]。鴟尾は藤原宮や平城宮の宮殿でも用いられており，国府調査の中で鴟尾が出土したのは出雲

国府が初めてであるが，国庁が都の宮殿を模して建てられたことを示している。他国の国庁も都に倣い，鴟尾（金属製か）を大棟に載せていた可能性がある。

藤原京期に瓦葺建物を採用する国府は一部であり，多くの国府での導入時期はほぼ8世紀中頃を前後する国分寺創建前後にあたる。同じ頃，東国の陸奥国とそれに接する下野・常陸国では郡衙正倉でも一部の大型倉庫（法倉）に礎石建ちの瓦葺建物が採用される。国府や郡衙正倉における瓦葺建物の採用時期は8世紀前葉〜中頃にかけてである。

出雲国府で瓦葺建物を採用するのも国分寺創建期であった。出雲国では国分寺創建が契機となり，独特な文様を持つ軒先瓦の生産が，国分寺と尼寺間に設けられた出雲国分寺瓦窯跡群ではじまる。その後，出雲国分寺・尼寺と国府向けに9世紀代まで出雲国分寺瓦窯跡群で集中的な体制で瓦生産を行っていた。主たる供給先が官寺・官衙である点，国府・国分寺の近くに設置され同一場所で集中的な生産体制をとる点，8世紀中頃〜9世紀代までの長期間にわたる継続性，瓦笵の厳格な管理のあり方がうかがえることから，国衙が瓦生産に関与した国衙系瓦屋であった。この国府・国分寺所用瓦を生産した瓦窯は，国分寺創建以降に氏寺である山代郷新造院（四王寺跡・来美廃寺）にも補修瓦を供給しており，この頃に山代郷新造院は准官寺の定額寺として認められたと考えている[34]。

古代寺院が交通路に面して景観を意識して建立されるあり方は，全国各地でみられる。出雲国でも山陰道添いに寺院が設けられる例がみられ，駅路を意識していた[35]。前述したように国府にもっとも近い位置に建立されたのが，『出雲国風土記』に新造院と記載された四王寺跡であり，山陰道や国府からの景観も意識しているとみられる。四王寺跡は『出雲国風土記』によれば，飯石郡少領であった出雲臣弟山が建立した。出雲臣弟山は後に国造になる出雲国の最有力氏族で，四王寺跡は国庁・意宇郡衙にもっとも近い位置に建立された。

『出雲国風土記』によれば，国府所在郡の意宇郡内には教昊寺と新造院3ヵ寺のあわせて4ヵ寺が建っていた。8世紀後半までには教昊寺と山代郷新造院（四王寺・来美廃寺）が定額寺として准官寺となっていたとみられる。国府周辺に造営された氏寺は，後に定額寺となって地域支配の一端を担い国の法会を行

うだけでなく律令国家の象徴的な存在として駅路沿いに建っていた。

神社社殿の成立

神社は自然に発生したものではなく，天武朝に成立する神祇政策である官社制との関わりの中で社殿を構えた神社が造営されたとみる意見が有力視されている[36]。北條勝貴は社殿が必要とされた理由を，7世紀末～8世紀における都城，交通路，寺院などと同じく，施設を視覚的に荘厳し卓越化しようとする礼的な発想に求められた。

神祇政策を律令国家形成の中で検討した菱田哲郎も，律令祭祀具である木製形代・斎串を用いた祭祀の普及過程は孝徳朝の難波宮を原点とし，7世紀後半には各地に広まり，これは神社の造営とも関係すると考える[37]。近年の考古学調査成果からみて支持できよう。

古代における社殿そのものも，調査によって知られるようになってきた。出雲市青木遺跡で調査された掘立柱式建物も8世紀第2四半期とされる[38]。そのほか，出雲国内では杉沢Ⅲ遺跡，三田谷Ⅰ遺跡において8世紀段階に建築物として神社が成立していたとみられる[39]。

考古学的に神社の認定，その設置年代を明らかにすることは難しいが，天平5年時点において，『出雲国風土記』によれば数多くの社があった。出雲国内において青木遺跡でみられる社殿が造営されたのは，律令国家形成過程である天武・持統朝以降の神祇政策の一貫であり，そうした政策の施行は国司が中心に推し進めたものであったと考えられる。

国府などの地方官衙の整備や寺院・神社社殿造営など，可視的な権威誇示が地方支配を行うにあたって重要な役割を果たしていた点をみてきた。こうした官衙や宗教施設は，律令国家の象徴としての舞台装置となり，天皇を中心とする国家の威信を示した。

（3） 小　　結

『出雲国風土記』に示された出雲国の姿は，7世紀末に領域的な国が成立し，それに伴い常駐国司が派遣され国府が成立したことを契機に官衙や官道が一体的に整備された状況を示している。国府の設置・整備は，天武朝から持統朝にかけて律令制の進展とともに整備が行われた都城の藤原京・宮と軌を一に

してのものであった。出雲国を含めて，初期の国庁は建物配置や規模が定型化した国庁と異なる点もあるが，7世紀末頃に国府が独立した施設として成立した点について，単に国府建物が造営されたとみるべきではなく，在地社会が大きく変容する契機となった点にその意義を求めたい。国府という一国内の行政拠点が7世紀末〜8世紀初めまでに成立し，国司が国内の行財政を担い，国郡（評）制に基づく律令制支配を確立した点を重視する。こうした国府成立を契機として国の骨格である官道や官衙が整備されていくあり方は，全国的にみられたと考えている。

7世紀後半に国評制が導入され在地社会は大きく変わり，さらに天武天皇末年に領域区画としての令制国が成立し，それに伴い国司が律令制的な地方支配の政治的主体となり，評司・郡司に体現される人格的支配は国司の支配を通じて実現されていくことになる[40]。

律令国家にとって，地域支配を行ううえで天皇の威信を示す装置が必要であった。そのため都城では官衙・官大寺を丹塗りとし実用性を超える広い道路を設けた。一方，天皇のミコトモチとして地方支配を行った国司にとっても権威を示すうえで可視的な舞台装置が必要とされ，国庁だけでなく郡衙や官寺などの高質化が進められ，新たな時代の到来を在地社会の人々が視覚的にも実感するようになった。

『出雲国風土記』に示された天平5年（733）における出雲国の姿は，国司が国府を拠点として国内を統括していたあり方を示すもので，この契機は7世紀末頃の国府設置であったと理解できる。この時期は古代国家にとってもっとも大きな画期であり，全国で国府成立を契機として国の形成が進んだ。

2　常陸国府と台渡里官衙遺跡群の成立

常陸国は，『常陸国風土記』の建評記事によって国造制から7世紀半ば以降に成立する評の成立を知ることができる。常陸国府の調査が進み，国庁を中心とした国衙中枢部の実態が判明している。ここで扱う水戸市台渡里官衙遺跡群は那賀郡衙であり，正倉や隣接する寺院の実態が解明されつつある。その一画の南前原地区で，7世紀後半に遡る大溝で区画された官衙施設が確認されてい

る。常陸国における7世紀後半以降の地方官衙の展開について，台渡里官衙遺跡群と常陸国府の検討を通して考える。

（1） 常陸国府と郡衙の成立

常陸国府は国庁の建物配置と変遷が明らかになり，国庁に先行する奈良時代の官衙建物がみつかっている。奈良時代以降の国庁は一辺約100mの塀の中に正殿，前殿，脇殿を配置する[41]（本書第1章）。

その国庁下層でロ字形配置の建物群が確認されており，次期の国庁とほぼ同位置に南北49.2m×東西57.9mの規模で東面する。この官衙建物については，次期の国庁が同じ位置に設置され，中心的な建物SB1702が国庁正殿と同じ6間である共通性から，初期の国庁とみることができる。

一方，茨城郡衙は常陸国府から南東に1.2km離れた外城遺跡と推定され，谷を挟み7世紀後半に創建された茨城廃寺が隣接する。茨城郡衙の位置は『常陸国風土記』の記載から，8世紀初めには信筑川（恋瀬川）の左岸にあった。『常陸国風土記』には「所謂茨城郡，今存那珂郡之西，古者，郡家所置，即茨城郡内。風俗諺云水依茨城之国」とあり，もともと茨城郡衙は現在地ではなく，北側の那賀郡内（茨城里・笠間市友部町小原）に設けられた後に移転している。『常陸国風土記』の記載から，郡境の変更を伴う茨城郡衙の移転があったと理解できる。

常陸国内の郡衙成立と整備

地方を統治する施設として置かれた国府・郡衙は独立した施設ではあるが，有機的な関係のもとに地方行政を担った。常陸国内の郡衙についてみておく。那賀郡衙（台渡里官衙遺跡），鹿島郡衙（神野向遺跡），新治郡衙，河内郡衙（金田官衙遺跡群），筑波郡衙（平沢遺跡）の成立は，発掘調査成果によれば7世紀末〜8世紀初めにかけてである。この時期は，地方行政単位が全国的に成立していく画期であった。

『常陸国風土記』の記事によれば，6つの国造の支配する地域から，大化5年（649）に全面的に評が成立し，国造を含む在地の有力者がそれぞれ評造に任命された[42]。しかし，常陸国内のいずれの評においても，7世紀中頃〜後葉の明確な官衙施設は確認されていなかった。その中で台渡里官衙遺跡群の南前

原地区において，7世紀後半に遡る可能性が高い大溝で区画された斜め方位の施設がみつかっている。

　山中敏史は，官衙が全面的に成立する後期評・郡段階とそれ以前の前期評段階では，その支配の内実に大きな差があったとみるべきとする[43]。筆者も，評を前期と後期で大きく分ける考え方を支持しており，那賀郡衙の台渡里官衙遺跡群の形成過程も，こうした前期評段階から後期評段階へのあり方が参考になる。筆者は後期評段階に国府も設置され，それを契機に領域的な国の支配システムを整えるために，郡衙をはじめとする地方官衙や官道が整備されていったと考えており，国府の影響の一端が政庁の建物配置に現れていると考える。

　常陸国庁下層の建物群を初期国庁とみると，東面した正殿を中心にコ字形で脇殿が長舎となり区画施設を兼ねる配置であり，鹿島郡衙のI期郡庁に類似する。同一国内における国庁と郡庁の類似例としては，下野・美濃・出雲国でも認められる。国庁と郡庁の配置や変遷に共通する国がある一方で，国庁と郡庁の配置が細部で異なる例もあるが，そうした国においても正殿が南面して脇殿を持ち広い前庭を持つという政庁の基本構造は共通しており，郡庁の造営は国庁の新設と関わりが深いとみている。地方支配を進めるうえで設置された国衙・郡衙施設は，7世紀末〜8世紀初めに全国的に整備された。常陸国でも同様に国府・郡衙が整備されていたことが，台渡里官衙遺跡をはじめとする官衙遺跡の調査から明らかになっている。

常陸国府設置と郡衙の移転

　『常陸国風土記』に，鹿島郡衙・茨城郡衙・河内駅の移転記事がある。移転前の鹿島郡衙（評衙）については実態が明らかになっていないが，移転後の鹿島郡衙（神野向遺跡）の成立時期は8世紀初めであり，この時期に常陸国庁は設置されている。

　茨城郡衙については前述のように，もとの茨城郡衙は現在地ではなく北側の那賀郡内に設けられ，後に信筑川（恋瀬川）の左岸に移転したと理解でき，石岡市外城遺跡が茨城郡衙の候補とされる。外城遺跡は7世紀後半に創建された茨城廃寺に隣接する点から，寺と同じ頃に郡衙の移転時期が想定できる。

　常陸国においては鹿島郡衙，茨城郡衙の移転時期や位置からみて，7世紀末の国府設置に伴い，それを契機として官衙の移転を含めた整備が進められたも

のとみられる。

　同じような郡衙の移転は，前述のように出雲国でもあった。大原郡衙は『出雲国風土記』によれば，かつての郡衙（郡家）は現在の場所から，「一十里一百一十六歩」ほど離れていた。ただし，移転前の旧大原郡衙の位置には諸説あり，未確定である。大原郡衙が移転した要因について，その位置が大原郡域の中心とはほど遠い飯石郡に接する地点に置かれている点から郡内交通の視点からではなく，出雲国全体の交通体系上から理解できる。大原郡衙移転は国府を中心にした出雲国内における交通体系と関連し，国郡制の整備やそれに伴う国府の設置と深く関わる。なお，雲南市郡垣遺跡で大型建物群からなる官衙遺跡がみつかり，移転前の旧大原郡衙の可能性が推定されている建物群は正方位ではなく斜めを向く。

　したがって，『出雲国風土記』や『常陸国風土記』記事にみられる郡衙の移転は，単に郡衙が移転したというだけでなく，国府が設置され行政の新しい支配システムに対応するために，交通体系の整備とともに郡衙をはじめとする官衙施設が設置されたことを示すと評価できる。

　『常陸国風土記』の記事によれば，那賀郡と茨城郡の間には郡境の変更や，それに伴う茨城郡衙の移転が行われており，これは常陸国府の設置とそれに関わる行政区画や統治システムの変更の結果であったと推定できる。

（2）　駅家と官道の成立と展開

　常陸国内に設けられた駅家とそれを結ぶ官道の設置についてみていく。都と地方を結ぶ交通路として設けられた七道は，幅広く直線的である事実が発掘調査によって各地で明らかにされている。常陸国内の東海道も，発掘調査によって大規模だったことが知られている。こうした規格性が高い駅路が設けられた設置時期については，駅家の設置と直線的で規格性の高い駅路（官道）が全国的に整備される時期とを分けて理解している。まず，7世紀第3四半期に駅家は古墳時代以来の畿内と諸国を結ぶ道路添いに設けられ，7世紀末に全国的に直線で幅広い大規模な駅路（官道）が設置されたと考えている。全国的な駅路建設と駅家の設置は天智朝の7世紀第3四半期から構想・施行され，段階的に進み天武朝の国境確定とそれに伴う国府設置，評衙の整備などの地域支配強化

第3章　国府事例の検討　　*155*

と連動して達成されたのであろう。

台渡里官衙遺跡群と官道

台渡里官衙遺跡群（那賀郡衙）では郡庁はみつかっていないが，正倉が確認されており，その東方の南前原地区で7世紀後半に遡る大溝で区画された官衙施設が調査されている。内部は未調査のために明らかになっていないが，斜め方位の遺構群は大溝と掘立柱塀で区画されている（図59）。南前原地区で発見された，斜め方位の大溝で区画された区画施設のすぐ東側を東海道が通っている可能性が高い[44]。

7世紀後半以降の国郡制と常陸国内の官衙の成立・整備状況を踏まえて，南

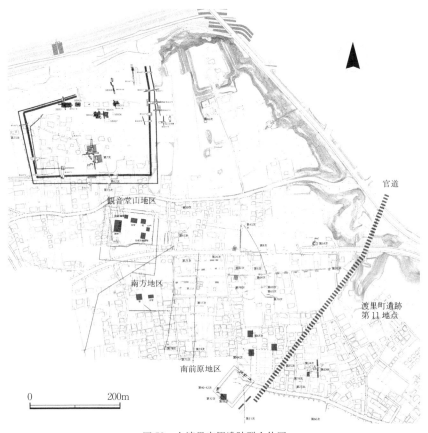

図59　台渡里官衙遺跡群全体図

前原地区でみつかった斜め方位の遺構群について検討する。南前原地区の施設は7世紀末頃に廃絶しており，7世紀後半に機能していた。斜め方位の区画施設は那賀郡衙正倉（長者山地区）から南東約600m離れており，周辺の調査で8世紀以降に正方位を採用する掘立柱建物や礎石建物4棟，区画溝が確認され，炭化米や官衙施設を示唆する「備所」と記された墨書土器が出土している[45]。南前原地区の官衙施設は，これまで正倉院（長者山地区）より遅れて8世紀後半に設置されたと考えられてきたが，それに先行する7世紀後半代の斜め方位の施設が確認され，その廃絶時期と正方位をとる官衙施設との関係が問題となっている。

ここは那珂川の渡河点であり，官衙施設は交通の要衝地に寺院とともに設置されていた。付近を東海道が通り那珂川対岸においても官衙施設の田谷遺跡，白石遺跡がみつかり，河内駅に関わる施設とみる説がある[46]。対岸付近に8世紀前葉に河内駅があったと考えられているが，それに先行する7世紀後半，斜め方位の南前原地区の台渡里官衙遺跡付近にも交通機能も想定できる。

南前原地区でみつかった施設は，内部の大部分が未調査のために明らかになっていないが，斜め方位の施設は大溝と掘立柱塀で区画されており，柱穴は長方形を呈し等間（2.1m前後）で規格性が高い。同時期の官衙施設の埼玉県熊野遺跡でも全体を区画しないが，大溝や掘立柱塀が設けられている。南前原地区の区画溝は，大規模である点から防御的な機能も読み取れ軍事的な機能をみることができるかもしれない。

南前原地区の施設は正方位ではなく，真北に対して斜めに大きく傾く。こうした特徴は7世紀代の地方官衙でよくみられる（本書付論1）。千葉県嶋戸東遺跡（下総国武射郡衙），東京都御殿前遺跡（武蔵国豊島郡衙），神奈川県千年伊勢山台遺跡（武蔵国橘樹郡衙），島根県古志本郷遺跡（出雲国神門郡衙），福岡県小郡官衙遺跡（筑後国御原郡衙）では，7世紀後半の官衙成立期に真北から大きく振れた方位をとり，8世紀以降に正方位に変わる。台渡里官衙遺跡でも7世紀後半の大溝の区画施設は斜め方位に対して，7世紀末以降に成立する長者山地区の正倉群は真北を志向しており，他地域の官衙施設の変遷と共通する（本書付論1）。

都城において官衙が正方位を採用するのは，7世紀中頃の飛鳥宮Ⅱ期遺構

（飛鳥板蓋宮）からである[47]。これ以降，都城の中枢施設は正方位をとり，地方官衙にも影響を与えている。官衙が正方位を採用するのは，儀式的な機能が重視されたためである。国府，郡衙ともに正方位を採用するのは7世紀末〜8

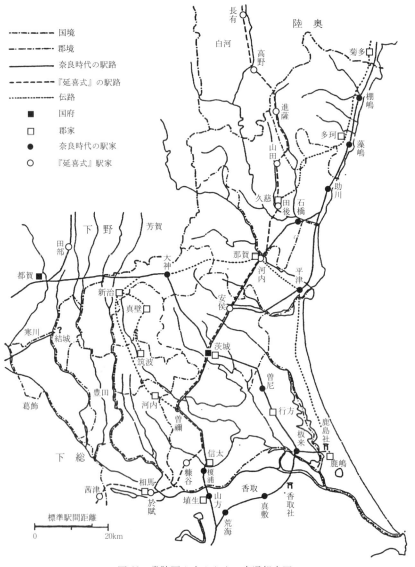

図60　常陸国を中心とする交通想定図

世紀にかけての例が多く，地方官衙の正方位採用にも藤原宮の影響がみられる。常陸国府も7世紀末から正方位を採用しており，那賀郡衙をはじめとする郡衙施設も国府に倣って正方位を志向したと考えられる。台渡里官衙遺跡群でみられる，7世紀後半〜8世紀にかけての遺構の構造や変遷には，各地の前期評衙から後期評衙へのあり方と共通する点が認められる。

　茨城郡衙，河内駅の移転も常陸国府の設置と国郡制の整備による，国内の官衙・官道の再編に関わると推定している。荒井秀規によれば，那賀国造や那賀郡の名称と『常陸国風土記』に記載された「常道」との関連から，ナカという呼称はあるエリアの中心であることを示すとみて，その呼称がヤマト王権に命名ないし認知されていたことは，常陸の「くに」というエリアが孝徳朝以前に地域呼称としてある程度の領域概念をもってヤマト王権に認識されていたとみる[48]。那賀評は，茨城評に国府が設置される前は常陸国の中心軸の一つであったとみられる。

　また，下総国から常陸国府へ向かう東海道とは別に，『常陸国風土記』に記載された大神駅から下野国府，常陸国府や那賀郡衙に向かうルートが推定されている[49]（図60）。木本雅康は，常陸国が東海道に所属する前に東山道に所属していたという説を受けて，「下野国府から大神駅へ向う駅路を来て，小栗付近で南に折れて，先述した伝路を進めば，常陸国府へ向う最短ルートとなるので，これが常陸国が東山道に所属していた時期の駅路で，伝路をも兼ねていたと見ることができるのはないだろうか」とする[50]。

　那賀郡衙は下野国からまっすぐ東のルート上にあり，常陸国では7世紀末に国府が茨城評に設置され，その国府を中心とする交通網が整備されたが，引き続き那賀郡衙は陸奥に向かう交通の要衝であった。

（3）　小　　　結

『常陸国風土記』に記載された8世紀における常陸国の中心軸は，水陸の交通体系や官衙の配置をみれば，茨城郡に設置された国府にあったとみることができ，国府を中心とする支配システムを示している。それ以前の7世紀後半に成立した那賀評の官衙施設として，台渡里官衙遺跡群の南前原地区が位置付けられる。その後，7世紀末に国府が設置され常陸国内の郡衙や駅路の整備も進

む中で，那賀郡衙（台渡里官衙遺跡群）も整備されていったと理解できる。

3　下野国府成立と下野国の形成

　下野国府は，国庁を中心に国司館や曹司などの諸施設が確認されている。古代の国府や郡衙といった地方官衙の研究を進めるうえでは，『出雲国風土記』に記載された内容が手がかりとなってきた。発掘調査によって，下野国においては国府とともに郡衙や東山道などの道路網が整備されていった実態が明らかになりつつある。ここでは，『出雲国風土記』によって推定されてきた国府や郡衙のあり方を通して，下野国内の官衙遺跡の実態をみていく。とくに，下野国は陸奥国との出入口にあたっているために，中央政府が7世紀中頃以降に東北地方を支配下に置く政策を進めるうえで重要視され，軍事動員に伴う人的な負担や軍糧の用意など，多くの負担が強いられた。そうした対東北政策の一端が，国府や郡衙などの官衙に，どのように現れているかもみていく。

（1）　下野国府の成立と郡衙

　下野国府は，調査によって国庁や国司館，実務的な施設が明らかになっている[51]。国庁は塀で区画され，Ⅰ～Ⅳ期に変遷する。基本的な建物配置は前殿を中央に置き，その東と西の両側に向かい合う長大な脇殿を置いたコ字形配置である。Ⅰ期の年代を検討する資料は，瓦塼である。Ⅰ期瓦は下野国府121・122型式の八葉蓮華文軒丸瓦と三重弧文軒平瓦で，古江花神窯で焼かれた。この瓦は国庁周辺から出土し，下野薬師寺の創建瓦の川原寺式軒瓦に系譜がたどれる。国庁から出土する塼は佐野市八幡6号窯で須恵器と一緒に焼かれており，川原寺式軒瓦と同じく7世紀末～8世紀初めに位置付けられる。この時期に成立した下野国庁は左右対称のコ字形配置をとり，瓦葺建物であった（本書第1章）。藤原京が造営された頃に，下野国では国司が国府に常駐して地方の統治にあたっていた。

下野国内の郡衙の実態
　国府・郡衙はそれぞれ独立した施設だが，有機的な関係をもって地方行政を担った。下野国府と国内諸郡の郡衙についても，国府設置の7世紀末～8世紀

にかけて整備が進んだ点が那須官衙遺跡や多功遺跡，上神主・茂原官衙遺跡などの発掘調査で明らかになっている。国庁と郡庁の建物構造（配置，方位など）は共通し，これは国府が国内の官衙施設の整備と深く関わることを示す（本書第2章5節）。

『出雲国風土記』からみた郡衙の姿：1郡内における複数官衙

『出雲国風土記』によれば，出雲国の意宇・島根・出雲・飯石・仁多・大原郡では郡衙とは別に正倉が設置されていた。別に正倉を配置した理由について，多くが郡衙から10里（5.4km）以上離れて位置する点から，「百姓の「納貢」の労」を考慮して周辺の租税を収納するために郡内に分散して正倉が設置されたと考えられている。また，距離・地形上の阻害要因のほかに，部内諸豪族の勢力関係が関わるともみられている。

下野国では郡衙の調査によって，『出雲国風土記』に記されたように，1つの郡内に2ヵ所，もしくは3ヵ所との複数の官衙施設がみつかっている郡がある。特徴は，いずれも大規模な倉庫群が確認され，その中に丹塗りし屋根に瓦を葺いた超大型の倉庫が建っている点である。

（2） 河内郡の複数官衙施設

河内郡では，西下谷田遺跡，上神主・茂原官衙遺跡，多功遺跡の3ヵ所で官衙遺跡が近接してみつかっている（図61）。これらは7世紀末～8世紀前半にかけて併存している。西下谷田遺跡の南門と上神主・茂原官衙遺跡の西門が直線的に結ばれ，浅い谷を挟み約750mと近接している。一方，多功遺跡は西下谷田遺跡から南に3km離れた同じ台地上にあり，その南2kmに郡領の居宅とみられる多功南原遺跡，さらに南2kmには下野薬師寺が位置し一帯は河内郡の中枢地域となっている。河内郡内を通過する東山道ルートも明らかとなり，下野国府から下野薬師寺を経て北上し，多功遺跡付近から上神主・茂原官衙遺跡の前面を通り北に直進している。延喜式に記載された田部駅も周辺に推定されている。

西下谷田遺跡

西下谷田遺跡は河内郡内で最初に設置された官衙で，角材を用いた掘立柱塀で南北約150m・東西約108mを長方形に囲み，内部に複数の掘立柱式建物や

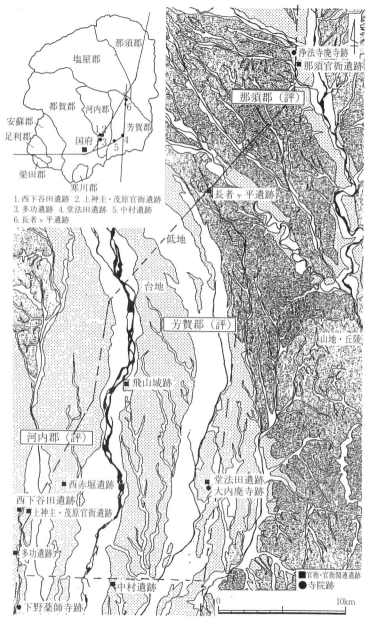

図61 下野国河内郡・芳賀郡の官衙遺跡位置

大型竪穴建物を配し南門を持つ。南門を持つ塀が機能していたⅠ・Ⅱ期と塀廃絶後のⅢ期に分かれ，Ⅰ・Ⅱ期の塀で区画した中心施設は7世紀第3四半期後半にはじまり，8世紀第1四半期に終焉を迎える[52]。

Ⅰ期は掘立柱塀で区画して棟門を設け，中央部をあけた建物配置をとる点から，居宅を内包した，下野国に最初に設置された拠点的評衙であったとされる。下野国に最初に設置された官衙施設であり，全国的にみて正方位をとり，門や塀を設けた長方形の評衙は7世紀第3四半期に例がない点から，評衙だけの機能ではなく軍事・交通などの機能を持った国家的な拠点施設の可能性がある。

Ⅱ期の7世紀第4四半期には施設全体を大きく改修し，南門を棟門から八脚門に建て替え，南東部の大型竪穴建物を塀で区画し整備する。区画施設外の東側には，官衙に関連した集落や管理棟・倉庫とみられる竪穴住居と掘立柱建物群が展開する。Ⅱ期になって，河内郡衙の多功遺跡と上神主・茂原官衙遺跡がそれぞれ南3km，東方700mの位置に造営される。こうした状況から7世紀第4四半期に河内評衙としての機能が西下谷田遺跡から上神主・茂原官衙遺跡に移り，西下谷田遺跡は下野国に派遣された国宰が常駐する国宰所として機能していた可能性が指摘されている[53]。西下谷田遺跡からは新羅土器8点が出土する。新羅土器は河内郡内の遺跡から集中して出土しており，新羅人を下野国に移配した『日本書紀』の記事（687・689・690年）を裏付ける。

瓦からみると，西下谷田遺跡と下野国庁は関わりが認められる。下野国庁から出土するもっとも古い7世紀末～8世紀初めに位置付けられる瓦と同じ笵でつくられた軒丸瓦が出土している。この瓦は郡を異にする，河内郡の下野薬師寺からも出土し，西下谷田遺跡では瓦葺建物はみつかっていないが，区画施設内の官衙建物もしくは仏堂に葺かれていた。下野薬師寺は8世紀以降に官寺となっていた寺院で，西下谷田遺跡も官衙的な機能を持っていた一端が瓦からもうかがえる。

西下谷田遺跡は下野国内でもっとも古い官衙施設であり，官衙機能がなくなる頃に下野国府が設置されていく。全国的にみて，都と同じように7世紀第3四半期に建物群が正方位をとる官衙としては，もっとも古い例の1つである。まだ，定型化した国府や郡衙が設置されていない時期である。西下谷田遺跡

第3章　国府事例の検討　　*163*

は，中心施設の建物配置が不明だが，単なる評衙ではなく7世紀後半代におけ
る国家的な拠点施設であったとみられる。

上神主・茂原官衙遺跡

上神主・茂原官衙遺跡は7世紀第4四半期に西下谷田遺跡に遅れて成立し，
9世紀前半には廃絶する。溝で東西約250m・南北約390mに区画し，北側に
掘立柱建物と竪穴建物群，中央に政庁，南側と西側に正倉群を整然と配置す
る[54]（図62）。

正倉内に大型で瓦葺の倉が，8世紀中頃に造営される。東西14間，南北4
間（31.5m×9m）の長大な丹塗り建物で郡衙正倉の中で最大規模を誇る。河内
郡内の戸主層とみられる人名がヘラ書された約1200点の瓦が出土している。
もっとも目立つ建物は丹塗りした瓦葺の倉（法倉）であった。

多功遺跡

多功遺跡は河内郡衙正倉院である[55]。西下谷田遺跡の南約3kmの台地上に
位置し，上神主・茂原官衙遺跡が発見されるまで河内郡衙とされ，周辺に郡庁
が推定されている。東辺と西辺を画す溝があり，範囲は東西150m，南北
250mと広く，総柱式の高床倉庫を主体とし掘立柱建物13棟以上，礎石建物
10棟が整然と4群に配置され，その中に大型の9間×3間（約24m×6.9m）
の総柱式の瓦葺建物がある。瓦葺建物は法倉とみられる。官衙の存続期間は，
7世紀末〜10世紀代で西下谷田遺跡や上神主・茂原官衙遺跡より長い。

3 遺跡の変遷と評価

まず西下谷田遺跡が7世紀第3四半期後半に官衙施設として成立する。この
時期に区画施設を持つ官衙施設としては，仙台市郡山遺跡Ⅰ期官衙，松山市久
米官衙遺跡群が知られているだけである。一般的には7世紀末になって，地方
では官衙施設が建てられる。西下谷田遺跡Ⅰ期は，単なる評衙だけでなく国家
的な施設の可能性がある。その後，7世紀末に上神主・茂原官衙遺跡に河内郡
衙として政庁と正倉が設けられ，同じ時期に多功遺跡も成立する。河内郡内で
は，7世紀末に西下谷田遺跡，上神主・茂原官衙遺跡，多功遺跡の3つの官衙
が同時に存在して地方統治にあたっていた。その頃，西下谷田遺跡は国宰が常
駐する施設としても機能していた可能性が指摘されている。その後，西下谷田
遺跡は官衙としての機能を8世紀初めに失い，上神主・茂原官衙遺跡に郡衙機

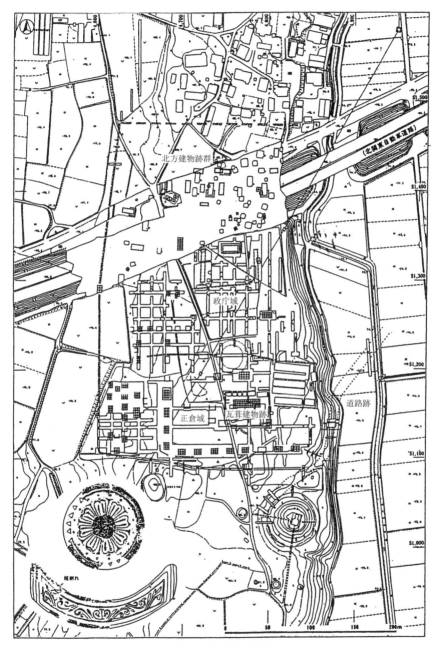

図62 上神主・茂原官衙遺跡と出土瓦

能が集約される。この頃，下野国府が設置される。8世紀後半以降に上神主・茂原官衙遺跡で政庁が消滅することから，この時期に多功遺跡への政庁移転が想定されている。この案では，河内郡衙本院としての機能が，西下谷田遺跡から上神主・茂原官衙遺跡を経て多功遺跡へ移ることになる。

　しかし，官衙として多功遺跡が上神主・茂原官衙遺跡より長く継続性が認められる点，正倉域の面積も広い点から，上神主・茂原官衙遺跡を経て，多功遺跡へ郡衙機能が集約される変遷案には問題がある。

　上神主・茂原官衙遺跡と多功遺跡は約3kmしか離れておらず，同一郡内に大規模な正倉が複数の遺跡で確認された中で，これほど近接した例はない。当初から多功遺跡が河内評衙本院として設けられ，上神主・茂原官衙遺跡は別院（支所）として設けられたとも考えられる。まだみつかっていないが，多功遺跡でも当初から政庁が設けられていた可能性がある。筆者は，7世紀末から多功遺跡が河内評衙の本院として設置され，上神主・茂原官衙遺跡は別院として政庁を伴って造営されたとみている。

　上神主・茂原官衙遺跡が9世紀前葉までに倉庫としての機能を失うことは，対東北政策が反映した結果とみられる。上神主・茂原官衙遺跡は郡衙別院というだけでなく，対東北政策を睨んで設置された官衙施設の可能性がある。下野国における正倉の大規模化は，対東北政策に関わる地域的な特殊性と考える。

（3）　芳賀郡の複数官衙施設

　下野国芳賀郡でも，郡内に3ヵ所の官衙施設が確認されている[56]（図61）。堂法田遺跡，中村遺跡，長者ヶ平官衙遺跡である。河内郡と異なるのは，広い郡域に分散して官衙が配置されている点である。芳賀郡は『倭名類聚抄』によると，14郷からなる下野国最大の郡である。

堂法田遺跡

　堂法田遺跡は，正倉群とみられる礎石建物跡38基が，東西約180m，南北約300mの範囲に整然として確認されている（図63）。近くに7世紀末に創建された大内廃寺，西方に古墳時代後期の京泉シトミ原古墳群があり，歴史的に芳賀郡の中心地域であり，郡庁はまだみつかっていないが，この一画にあるとみられる。存続期間は，7世紀末に設置され10世紀前半まで機能している。

中村遺跡

中村遺跡は芳賀郡の南部，堂法田遺跡から南西 10 km 離れた，鬼怒川東側の段丘端に立地する。範囲はきわめて広く，外郭を大溝で南北 800 m（推定），東西 360～380 m に区画し，その内に南北 220 m 以上，東西 297 m の内郭を設けている（図 64）。内郭は溝で東西 2 郭に区画され，東郭に側柱式建物が建ち，西郭内に礎石建物跡 6 棟，掘立柱建物跡 17 棟以上が確認され，炭化米も出土している。中村遺跡は芳賀郡南部に別置された正倉院である。郡内の位置や大内廃寺跡との関係から，堂法田遺跡が芳賀郡衙の本院で中村遺跡は芳賀郡南部に別置された正倉別院と考える。

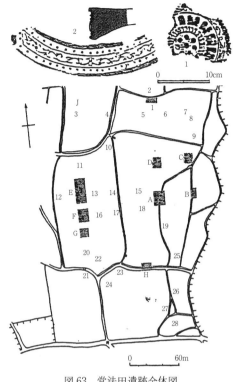

図 63　堂法田遺跡全体図

長者ヶ平官衙遺跡

長者ヶ平官衙遺跡は，堂法田遺跡（郡衙本院）から約 21 km 離れた郡域の最北に位置する。堂法田遺跡に向かう古代道と東山道が十字に交差した交通の要衝地にあたる見晴らしがよい丘陵上に位置し，新田駅説もあった。政庁と正倉が整然と配置され，官衙域は南北 220 m 以上，東西 310 m 以上と広い（図65）。正倉は掘立柱建物から礎石建物に建て替えられた後に焼け，炭化米だけでなく，雑穀（アワもしくはヒエ）も出土している。官衙域が広く政庁と正倉群があり，アワを収納した義倉もあり，郡衙の典型例である。加えて，稲穀が焼けて籾殻が剥離した可能性もあるが，籾殻がついていない炭化穀が一定量出土し，糒の可能性もある。糒であれば軍糧も収納されていたことになる。

芳賀郡に置かれた新田駅を駅間距離や地名から，長者ヶ平官衙遺跡周辺と

第 3 章　国府事例の検討　　167

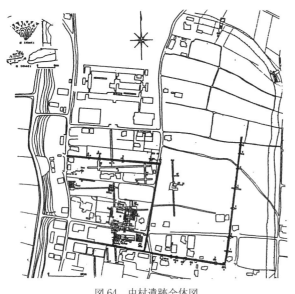

し、政庁を駅館とみる説がある。駅館説については正倉群の規模が駅家としては大規模すぎるという難点があり、政庁とした建物群が駅館になる可能性は低い。長者ヶ平官衙遺跡は郡衙別院とみるべきで、郡衙としてだけでなく近くに新田駅が設けられたのであろう。

芳賀郡でも堂法田遺跡、中村遺跡、長者ヶ

図64　中村遺跡全体図

平官衙遺跡の3ヵ所で官衙が確認されている。芳賀郡の広い郡域を分割統治するため3ヵ所に官衙施設が設けられた。これまで郡庁は1つの郡内に1つだけとみられてきたが、長者ヶ平官衙遺跡で政庁がみつかったことから、芳賀郡では堂法田遺跡と合わせて、2ヵ所に郡庁があった可能性がある。その点では長者ヶ平官衙遺跡付近に新田駅があったと推定される点が注目できる。

複合的な官衙施設群と対東北政策

『出雲国風土記』から、意宇郡衙は山陰道と隠岐道の十字街付近で、黒田駅に接し国府や軍団と近い位置にあったこと、狭結駅が神門郡衙と接して設置されていたなど、郡衙と駅家や軍団が交通の要衝地にまとまっている例が知られていたが、その実態が下野国の河内郡や芳賀郡で明らかになった。長者ヶ平官衙遺跡には芳賀郡衙別院としての機能があるが、加えて東北に向かう交通の要衝に設置され、大規模な正倉を備えている点から河内郡衙の上神主・茂原官衙遺跡と同じく対東北政策を含めた機能についても考慮すべきである。

郡庁か駅館か

古代の律令国家は、地方支配のために都と地方を結ぶ駅路沿いに30里ごとに駅家を置いた。下野国内に7駅あったが、駅家と判明した遺跡はない。山陽

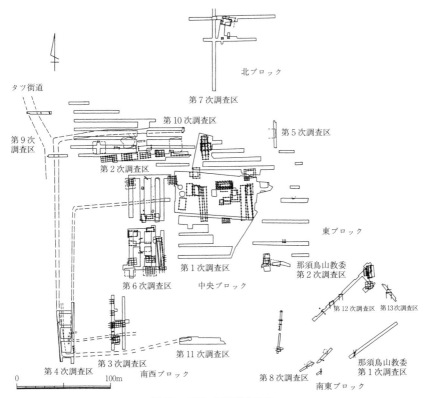

図65　長者ヶ平遺跡全体図

道の駅家は外国の使者が通過するために，瓦葺にしていたこともあり発掘調査によって明らかになっているが，ほかでは実態がよくわかっていない。木本雅康は東山道沿いに確認されているコ字形配置の建物群を持つ長者ヶ平官衙遺跡や上神主・茂原官衙遺跡について，駅家と郡衙正倉が複合していると理解し，コ字形配置の建物群を駅館，高床倉庫群は郡の正倉別院と考える[57]。

　駅家は山陽道以外では実態がよくわかっていないため，政庁とされるコ字形配置建物群の中に，駅家の中枢施設が含まれている可能性を否定することはできない。しかし，山陽道でみつかった駅館の中には床を持つ建物も含まれるが，長者ヶ平官衙遺跡や上神主・茂原官衙遺跡のコ字形配置の建物群は床束がなく土間の可能性が高い。山陽道の駅家では，大規模な正倉群はみつかっていないため，コ字形配置の建物群については，大規模な高床倉庫群が伴う場合は

第 3 章　国府事例の検討　　169

郡庁とみておきたい。

(4) 東山道駅路の建設

　都と地方を結ぶ交通路として設けられた七道は，幅広く直線的であった。下野国内の東山道も大規模であった。下野国内を通る東山道については，長者ヶ平官衙遺跡近くの馬屋久保遺跡をはじめとして，県内各地でみつかり幅が9mもしくはそれ以上で直線的な道路であったことが明らかになっている[58]。

　発掘調査でみつかっている道路跡からみると，大規模な直線道路が都を中心に全国的に整備されたのは7世紀末まで下るようであり，天武朝の国境確定（683〜685年）と常駐国司の派遣，それに伴う国府設置，評衙の整備などの地域支配強化と連動して作道されたとみられる。

　天平5年（733）以前，出雲国の黒田駅は意宇郡衙から西北2里（約1km）の黒田村にあった。後に黒田駅は東に移転し，郡衙と同じ位置になったと『出雲国風土記』に記載された。黒田駅は天平5年までに山陰道と隠岐道の十字街付近に移転し，出雲国庁，意宇郡衙，意宇軍団と近接していた。黒田駅の移転理由は，国庁北側の十字街付近という隠岐国に向かう駅路に便がよい位置に移転した点から，駅路や国府の再編・整備と密接に関わっていた。その移転時期について，出雲国府の成立が7世紀末である点から，国府や駅路の整備とともに行われたものだろう。

　木下良は，駅路を幹線とする官道網が基準線としての役割を果し，国府はその分岐点の「十字街」を基準点に設置され，駅家も同所に置かれたと考える[59]。

　下野国府の南を東西に走る東山道（推定）は，国庁から真南に延びる朱雀路と十字街をなし，その場合，木下良が推定するように，まず東山道があって，その後で国府が設置されたと理解することもできる。その一方で，筆者は発掘調査によってみつかっている大規模な東山道の年代が国府成立と同じ頃である点から，国府設置を契機として東山道も整備された可能性を考えている。

　全国的な駅路建設と駅家の設置は天智朝の7世紀第3四半期から構想・施行され，畿内周辺や都と大宰府を結ぶ山陽道などの重要道路はいち早く敷設されたとみる。しかし，これまでの発掘調査によれば，7世紀後半に大規模で直線

的な駅路が七道すべてに敷設された状況はうかがえない。大規模な直線道路が都を中心に七道として整備されたのは7世紀末以降となり，天武朝の国境確定とそれに伴う国府設置，郡衙の整備などの地域支配強化と連動して達成されたとみられる。国府の設置を契機として，諸国で国の骨格が形成されたと理解している。

　下野国府と東山道との関係についても，出雲国庁の北側が十字街になっていたように，下野国府が駅路分岐点の十字街（推定）に位置する点から，大規模な東山道の整備は下野国府設置を契機として進められた一連の政策と考える。下野国内における国府，郡衙，東山道とみられる道路跡の発掘成果も，こうした状況を示していると理解できる。

（5）　下野国府の荘厳化

　古代律令国家は，実用性を超えた荘厳化を都城・地方官衙や道路に求めた。それは律令国家が天皇を中心とした中央集権国家の威信表示を重要と考えたためである。古代律令国家の成立時期に，藤原宮は宮殿としては初めて荘厳な瓦葺建物として造営される。この時期は地方官衙（国府・郡衙）の整備が本格的になされた時期であり，藤原宮や平城宮の荘厳化が国府や郡衙の造営，整備に大きな影響を与えた。

　地方においては都に倣い，国府には丹塗り瓦葺建物が官舎や寺院として建てられ，かつ大規模な直線道路が計画的に設けられ，農村とは異なる都市的景観を形成した。下野国でも国府を中心にして，地方官衙や寺院による可視的な権威誇示が地方支配を行うにあたって重要な役割を果たした。

下野国府成立期の瓦葺建物

　国府の瓦葺建物は，国庁正殿を中心に採用されている。正殿は都城の大極殿に相当し，元日朝賀の儀をはじめとする儀式の場ともなった。国府における瓦葺建物の採用は都城の影響であり，その採用は7世紀末の藤原京期にはじまり，平城宮の整備，平城京内の邸宅，山陽道の駅家と同じく，8世紀前葉〜中頃に進められた。こうした政策は対外的な視覚効果を目的とした荘厳化政策の1つで，天皇を中心にした中央集権国家の威信を示すものであり，下野国でも律令国家を示すものとして採用された。

第3章　国府事例の検討　　*171*

下野国府の発掘調査では，国庁付近から7世紀末〜8世紀初めの瓦が出土し中心建物（正殿か）が瓦葺となって国家の威信を示していた。こうした瓦については国府の官衙建物に葺かれたものではなく，近くの未明の寺院に葺かれた瓦と考えたこともあった。しかし，同時期とみられる塼とともに，7世紀末〜8世紀初めの瓦が国庁付近からまとまって出土する点からみれば，成立期の国庁建物に葺かれたとみるべきである。

　かつては瓦が出土すれば屋根全体が瓦で葺かれた総瓦葺と考えられたが，大棟だけを瓦葺にする甍棟も多い。官衙成立期の掘立柱式の建物を瓦葺とする例が，宮城県名生館官衙遺跡（丹取郡庁）の正殿や岡山県勝間田遺跡（勝田郡庁）などでみつかっているが，瓦の分析から総瓦葺ではなく甍棟だった（本書付論2）。下野国庁I期の建物も掘立柱式であり，瓦の量が少なく甍棟の可能性がある。

瓦葺の国司館

　下野国庁の南方に位置する，国司館地区（25〜27次調査区）からも瓦が出土し，中心の掘立柱建物SB-055・066が瓦葺と推定されている[60]。近江国府や出雲国府の国司館も瓦葺である。

　下野国府の国司館地区から出土した瓦について検討した。その結果，軒丸瓦1点，軒平瓦6点，平瓦238点（隅数44），丸瓦68点（広端5，狭端11）となっていた。国庁II期（8世紀前葉）の桶巻作りが大半であり，それ以降の一枚作りの平瓦はきわめて少ない。量が少ないために国司館に瓦葺建物があったと断定することはできないが，同じII期の瓦が主体でまとまりがよい点から，国庁などの瓦が2次的に持ち込まれたとみるより，国司館で葺かれた可能性が高いと判断した。平瓦が丸瓦よりもかなり多い点から，総瓦葺でなく甍棟であろう。

足利郡衙，足利駅と寺院

　東山道が上野国から，最初に入るのが足利郡で，足利駅も設置され，次の三鴨駅を経て下野国府に向かった。足利駅はみつかっていないが，足利郡衙（正倉院）がJR足利駅近くの国府野遺跡でみつかっており，その南方を東山道が走り，付近に足利駅も推定されている（図66）。

　東山道ルートを大澤伸啓説でみておく[61]。太田市内の発掘調査によって確認された，幅約12mの東山道は下野国足利郡に入ると，まっすぐ東に延びて

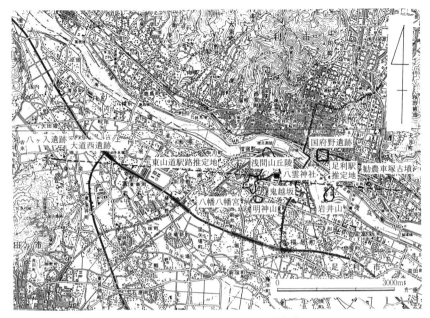

図 66　東山道駅路推定地と関連遺跡

八幡宮裏山の浅間山丘陵に向かう。そのルートは，足利城古絵図による中世の道「東海道（あずまかいどう）」とほぼ同じで東山道の可能性が高いとされる。東山道は八幡山の裏を通り，鬼越坂を抜け，そのまま岩井山の北付近に向かって東西方向に延び，足利郡衙（国府野遺跡）の南方を東西に通過する。足利駅は国府野遺跡の南方で，東西方向の東山道と接する付近に想定されている。

　寺院は郡衙周辺に位置し，郡衙と一体となって地域支配の役割を担っていた。下野国内では芳賀郡の堂法田遺跡と大内廃寺，那須郡の那須官衙遺跡と浄法寺廃寺で認められる。山陽道の播磨国では，駅家の近くに寺院が存在することが指摘されている[62]。

　足利駅や足利郡衙の近くに古代寺院はみつかっていなかったが，資料調査によって古代寺院の可能性が高い遺跡を確認した。国府野遺跡の南西約 1.2 km のところに八雲神社（足利市田中町）があり，丘陵上の平坦地である境内とその周辺から瓦が採集されている。これまでは，『近代足利市史』に記されているように，「焼土をもつ境内の斜面一帯は，当時の瓦窯址とみられる」とし

第 3 章　国府事例の検討　　173

て，古代の瓦窯跡と推定された[63]。その後も，栃木県教育委員会による生産遺跡の調査で，「田中瓦窯　現状は神社及び公園になっており，削平のため旧状をとどめていない。そのため遺跡，遺物等は確認できない。下野国分寺跡出土の宇瓦（軒丸瓦）の１種類と同大同文様のものが出土したと言われ，「田」字の陰刻のある瓦も昭和21年の秋に採集されたと言われている」と報告された[64]。

　近くの八雲神社に保管されている瓦を調査した結果，採集された平瓦は複数の瓦窯で焼かれたと判断でき，八雲神社境内付近の遺跡は瓦窯でなく瓦葺の寺（もしくは官衙）の可能性が高い。

　八雲神社には付近から採集された平瓦５点が保管されている（図67）。１が八雲神社境内北側の隣接地にあった浅間神社境内の本殿跡地採集品で，ほかは八雲神社境内採集品である。

　１は足利市岡窯産の桶巻作り平瓦で８世紀前葉に位置付けられ，国府野遺跡（足利郡衙正倉院）からも出土している。国府野遺跡では同じ型押文（同一叩き）の丹線を持つ軒平瓦にあり，丹塗りした高床倉庫に葺かれていた。２～４は国府野遺跡では出土していない平瓦で，岡窯でもみつかっていない。生産地は不明だが，胎土から安蘇郡の佐野市三毳山麓瓦窯跡群産の可能性がある。一枚作りで８世紀中頃以降となる。５は三毳山麓窯跡群の鶴舞瓦窯跡（構築材）から出土した平瓦と同じで，９世紀前半に三毳山麓窯跡群で焼かれた。下野国分尼寺からも出土しており，官寺にも供給されている点から下野国府が瓦生産に関与した可能性が高い。

　八雲神社境内付近の遺跡は，瓦窯ではなく寺院もしくは官衙とみられ，まず８世紀前葉までに創建され，その後，郡を越えて安蘇郡の三毳山麓窯跡群から瓦が供給される。郡衙周辺には奈良時代前半までに寺院が建立されることが一般的であり，国府野遺跡からも近い点から寺院を推定する。東山道は八雲神社境内のすぐ南側を通っている可能性が高く，付近は足利駅を推定できる要衝地である。八雲神社境内は丘陵麓にあり，東山道から目立つ場所であった。寺院の南側を東山道が通り，付近には足利駅があったとみられる。

　木本雅康は，武蔵国府から北に延びる東山道武蔵路と東山道本道との接点に，足利駅が存在した可能性が指摘しており，大澤説より少し足利駅を西側に

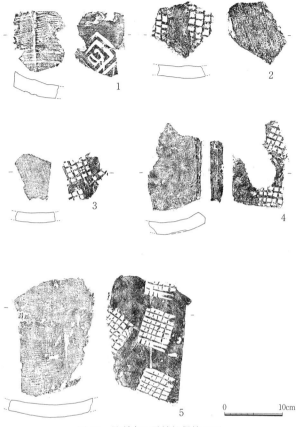

図 67 足利市八雲神社保管の瓦

推定している[65]。この場合，武蔵路と本道は八雲神社境内のすぐ東側で接続し十字街となり，そのまま北に延びて足利郡衙に達する。木下良が諸国の国府に十字街を推定するように[66]，足利郡衙近くでも官道が十字に交差していたとする。

　足利郡衙付近の景観を復元すると，東山道を通って上野国を抜け下野国に入り，最初に目にするのは官道が十字街となる付近に建つ瓦葺の寺院であった。近くに足利駅が置かれ北側には足利郡衙の庁舎や丹塗り瓦葺の高床倉庫が威容を示していた。

（6）　小　　　結

　発掘調査によって明らかになった，下野国府や郡衙，それをつなぐ東山道の姿は，下野国でも7世紀末頃に領域的な国が成立し，それに伴い常駐国司が派遣され，国府が成立したことを契機に官衙や官道が一体的に整備された状況を示している。出雲・常陸国とともに下野国の検討したことによって，特定の地域においてだけではなく全国ほぼ一斉に，藤原京期に国府成立が契機となり，国の骨格が形成された点が明らかになった。それに加えて，下野国では陸奥国との出入口にあたり，対東北政策の一端が郡衙正倉の大規模化や丹塗り瓦葺建物に現れている地域的な特徴も示すことができた。

　註
1)　山路直充「京と寺―東国の京，そして倭京・藤原京―」（吉村武彦・山路直充編『都城　古代日本のシンボリズム』青木書店，2007年）。
2)　松江市教育委員会『出雲国庁跡発掘調査概報』（1971年），島根県教育委員会『史跡出雲国府跡8』（風土記の丘地内遺跡発掘調査報告書21，2013年）。
3)　青木和夫『古代豪族』（小学館，1974年），山中敏史『古代地方官衙遺跡の研究』（塙書房，1994年）。
4)　平石充「出雲国庁跡出土木簡について」（『古代文化研究』第3号，1995年）。
5)　早川庄八「律令制の形成」（『岩波講座日本歴史　古代2』岩波書店，1975年），鐘江宏之「「国」制の成立―令制国・七道の形成過程―」（笹山晴生先生還暦記念会編『日本律令制論集　上巻』吉川弘文館，1993年）。
6)　島根県教育委員会『古志本郷V遺跡―出雲国神門郡家関連遺跡の調査―』（2003年）。
7)　秋本吉郎校註『風土記』（岩波書店，1958年），関和彦「出雲国大原郡に見る古代の地域像―雲南古代史研究への視点―」（『出雲古代史研究』第9号，1999年）。
8)　朝山晧「出雲国風土記に於ける郡家中心里程考」（『歴史地理』第66巻第4号，1935年）。
9)　荒井秀規「領域区画としての国・評（郡）・里（郷）の成立」（『古代地方行政単位の成立と在地社会』奈良文化財研究所，2009年）。
10)　平石充「出雲国の社・神社と郡・郷・里・村」（『出雲国風土記の研究III　神門水海北辺の研究　論考編』島根県古代文化センター調査研究報告38，2007年）。
11)　内田律夫「『出雲国風土記』と大原郡の再検討(1)」（『出雲古代史研究』第5号，1995年）。
12)　註7「出雲国大原郡に見る古代の地域像―雲南古代史研究への視点―」，門井直哉「律令時代の郡家立地に関する一考察」（『史林』第83巻第1号，2000年）。

13) 勝部昭「正西道の検討―松江市大庭地内の古道をめぐって―」(『出雲古代史研究』第 3 号, 1993 年)。

14) 関和彦『出雲国風土記註論』(明石書店, 2006 年)。

15) 勝部昭「出雲国府と駅路」(上田正昭編『古代を考える 出雲』吉川弘文館, 1993 年)。

16) 丹羽野裕「その他の道路の復元」(『出雲国府周辺の復元研究』島根県古代文化センター調査研究報告書 43, 2009 年)。

17) 註 15「出雲国府と駅路」。

18) 石岡市教育委員会『常陸国衙跡―国庁・曹司の調査―』(2009 年)。

19) 内田律雄「出雲国」(古代交通研究会編『日本古代道路辞典』八木書店, 2004 年), 出雲市教育委員会『出雲国古代山陰道跡発掘調査報告書―出雲市三井Ⅱ・杉沢・長原遺跡の調査―』(出雲市の文化財報告 33, 2017 年)。

20) 木下良「古代の交通体系」(『岩波講座日本通史 古代 4』岩波書店, 1995 年), 木本雅康『古代の道路事情』(吉川弘文館, 2000 年), 中村太一『日本古代国家と計画道路』(吉川弘文館, 1996 年)。

21) 近江俊秀『古代国家と道路―考古学からの検証―』(青木書店, 2006 年), 坂爪久純「「開削凹地型直線駅路」の提案」(『考古学の窓―巾隆之氏定年退職記念特集号―』2008 年), 館野和己「日本古代の都鄙間交通」(同『日本古代の交通と社会』塙書房, 1998 年), 森公章「評制と交通制度」(『東洋大学文学部紀要』第 60 集, 2006 年)。

22) 木本雅康『遺跡からみた古代の駅家』(山川出版社, 2008 年)。

23) 米倉二郎・吉田英夫・成瀬俊郎「意宇平野における条里制の施行」(註 2『出雲国庁跡発掘調査概報』)。

24) 中村太一『日本古代国家と計画道路』(吉川弘文館, 1996 年)。

25) 木本雅康「出雲国西部の古代駅路」(『出雲古代史研究』第 11 号, 2001 年)。

26) 中澤四郎「条里遺構」(島根県教育委員会『八雲立つ風土記の丘周辺の文化財』1975 年)。

27) 三宅博士「『出雲国風土記』記載の「意宇社」の再検討」(『島根考古学会誌』第 1 集, 1984 年)。

28) 木下良「国分寺と条里」(『古代』第 110 号, 2001 年)。

29) 藤原哲「出雲意宇平野の開発と地割」(『出雲古代史研究』第 3 号, 2003 年)。

30) 矢田勝「静清平野の条里遺構調査からの問題提起」(桑原公徳編『歴史地理学と地籍図』ナカニシヤ出版, 1999 年)。

31) 斐川町教育委員会『小野遺跡』(斐川町文化財調査報告第 31 集, 2005 年)。

32) 島根県教育委員会『山代郷北新造院跡』(2007 年)。

33) 間野大丞「瓦」(島根県教育委員会『出雲国府跡 6』風土記の丘地内遺跡発掘調査報告書 19, 2009 年)。

34)　大橋泰夫「考古学からみた『出雲国風土記』の新造院と定額寺」（『国士舘考古』第5号，2009年）。

35)　註15「出雲国府と駅路」。

36)　丸山茂『神社建築史論―古代王権と祭祀―』（中央公論美術出版，2001年），有富純也「神社社殿の成立と律令国家」，北條勝貴「古代日本の神仏信仰」（『国立歴史民俗博物館研究報告』第148集，2008年）。

37)　菱田哲郎『古代日本国家形成の考古学』（京都大学学術出版会，2007年）。

38)　平石充・松尾充「青木遺跡と地域社会」（『国史学』第194号，2008年）。

39)　内田律雄「古代祭祀と仏教」（『在地社会と仏教』独立行政法人文化財研究所奈良文化財研究所，2006年）。

40)　大町健「律令制下の国司支配と国例」（吉村武彦編『律令制国家と古代社会』塙書房，2005年）。

41)　石岡市教育委員会『常陸国衙跡―国庁・曹司の調査―』（2009年）。

42)　鎌田元一『律令公民制の研究』（塙書房，2001年）。

43)　山中敏史「常陸国における国郡制の成立過程」（『古代常陸国シンポジウム』古代常陸国シンポジウム実行委員会・明治大学古代学研究所，2006年）。

44)　木下良「常総の古代交通路に関する二・三の問題」（『常総の歴史』第16号，1995年）。

45)　水戸市教育委員会『台渡里遺跡』（水戸市埋蔵文化財調査報告第5集，2006年）。

46)　黒澤彰哉「常陸国那賀郡における寺と官衙について」（『茨城県立歴史館報』第25号，1998年）。

47)　林部均『飛鳥の宮と藤原京―よみがえる古代王宮―』（吉川弘文館，2008年）。

48)　註9「領域区画としての国・評（郡）・里（郷）の成立」。

49)　註44「常総の古代交通路に関する二・三の問題」。

50)　木本雅康「古代伝路の復元と問題点」（『古代交通研究』第7号，1997年）。

51)　栃木県教育委員会『下野国府跡Ⅰ～Ⅸ』（栃木県埋蔵文化財調査報告第30・35・42・50・54・63・74・90・100集，1979～90年）。

52)　栃木県教育委員会『西下谷田遺跡』（宇都宮市埋蔵文化財調査報告第273集，2003年）。

53)　板橋正幸「西下谷田遺跡の一考察」（大金宣亮氏追悼論文集刊行会編『古代東国の考古学』慶友社，2005年），酒寄雅志「律令国家と下毛野国―西下谷田遺跡と上神主・茂原遺跡を中心に―」（『第17回企画展　律令国家の誕生と下野国』栃木県立しもつけ風土記の丘資料館，2003年），田熊清彦「下野国河内郡家と文字資料」（『法政史学』第61号，2004年）。

54)　上三川町教育委員会・宇都宮市教育委員会『上神主・茂原官衙遺跡』（上三川町埋蔵文化財調査報告書第27集・宇都宮市埋蔵文化財調査報告書第47集，2003年）。

55) 上三川町教育委員会『多功遺跡Ⅲ』（上三川町埋蔵文化財調査報告第 16 集，1997年）。

56) 大金宣亮「大内廃寺跡」「堂法田遺跡」「中村遺跡」（『真岡市史　第 1 巻　考古資料編』真岡市，1984 年），栃木県教育委員会『長者ヶ平遺跡重要遺跡範囲確認調査』（栃木県埋蔵文化財調査報告第 300 集，2007 年）。

57) 註 22『遺跡からみた古代の駅家』。

58) 中山晋「付録　鴻野山地区推定東山道確認調査概要」（『栃木県埋蔵文化財保護行政年報』1988 年），中山晋・藤田直也「下野国」（註 19『日本古代道路事典』）。

59) 木下良「国府の「十字街」について」（『歴史地理学紀要』第 19 巻，1977 年）。

60) 栃木県教育委員会『下野国府跡Ⅵ』（栃木県埋蔵文化財調査報告第 63 集，1985 年）。

61) 大澤伸啓「国府野遺跡」（註 53『古代東国の考古学』）。

62) 岸本道昭「駅長の系譜―播磨国古代山陽道の事例から―」（古代吉備研究会委員会編『環瀬戸内海の考古学』古代吉備研究会，2002 年）。

63) 『近代足利市史　第 1 巻　通史編』（足利市，1977 年）。

64) 栃木県教育委員会文化課『栃木県生産遺跡分布調査報告書』（栃木県埋蔵文化財調査報告第 89 集，1988 年）。

65) 木本雅康『古代官道の歴史地理』（同成社，2011 年）51 頁。

66) 註 59「国府の「十字街」について」。

第4章　国府成立の総括的検討

　第1章〜3章で，各地の国府について，国庁や国衙が確認されている国を中心に検討した。そうした成果を踏まえて諸国で国庁を中心とした国衙がいつ成立し，整備されたかを考察していく。

1　国庁・国衙の成立と存続期間

　諸国の国府について，遺構と遺物から判断して国庁・国衙の成立時期と存続期間をまとめた（表2・3）。国府の成立は7世紀末〜8世紀初めに大きな画期がある。

　常陸・美濃・下野・陸奥・伯耆・出雲・筑後・日向国においては，この頃に国庁を中心に国衙が設置されており，特定の地域・国だけではなく全国的に建設されていた。初期国庁の構造は，塀で区画した中に正殿と両脇殿をコ字形配置にした定型化国庁は少なく，長舎を多用し塀を欠く例が多い。国庁がみつかっていない下総・武蔵・備前・備後・周防国においても，7世紀末〜8世紀初めにかけて官衙施設や官衙に関わる遺物が出土し，その頃に国衙が設置されていたとみている。

　次いで，8世紀前葉以降に国庁を中心として国衙の施設が確認される国府もある。伊勢・近江・伊賀国があげられ，これらは移転説が有力視されている場合が多い。実際に，陸奥・伯耆・筑後国では8世紀前葉〜中頃にかけて国衙機能を果たした施設の移転が認められている。

　以上の点から，国府成立の大きな画期は7世紀末〜8世紀初めにあり，全国的に設置されていた。調査が進んだ武蔵・出雲国府からみて，当初から国府は国衙として政務・儀式・饗宴施設の国庁を中心に曹司や国司館を備えていた。

　これまで筑後国のように7世紀末〜8世紀初めに，国庁を備えた国衙の成立が推定できる一方，そうした国衙は移転するために8世紀前葉以降とは質的な大きな違いがあるとも考えられてきた。実際には，各地の国府をみると7世紀

表2 国衙の変遷

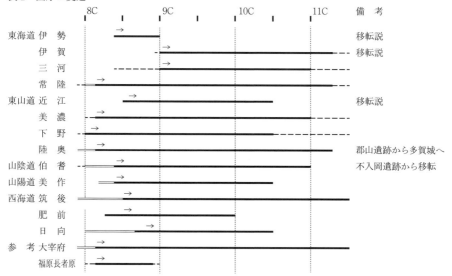

長舎囲い型→定型化国庁を示す

末～8世紀初めに国衙が設置された後，8世紀前葉以降も同じ場所を踏襲している国が多い（表3）。常陸・美濃・武蔵・下野・出雲・播磨・美作・阿波・筑後・日向国府である。備前・備後・讃岐国府などもそうした可能性が高い。国衙は7世紀後半以降に設置され8・9世紀以降も同じ場所を拠点として国内統治を行っていたのが一般的である。8世紀第2四半期以降とされた国府の成立は，国庁を含めた国衙の整備とみることができる。陸奥・常陸・美作・筑後・日向国府でみるように，8世紀以降に長舎を主体とした初期国庁が定型化国庁として建て直される。武蔵国府では国衙中枢施設が設置される。

こうしたあり方は大宰府でも認められ，定型化したⅡ期政庁の下層からみつかる，Ⅰ期の大型建物群にも政務・儀式の機能が推定されている。大宰府政庁では，7世紀後半～8世紀初めのⅠ期の掘立柱建物群が，Ⅱ期礎石建物の下層に2時期（古段階，新段階）に分けて存在する。Ⅰ期古段階は7世紀後半で南北棟の掘立柱建物が数棟あり，この中に7間×3間の大型建物（長舎）が含まれる。Ⅰ期新段階は7世紀末で，南廂を持つ長舎とその前面に大型の四面廂建物（南北棟）が配置されている。Ⅰ期新段階でも大型建物はコ字形配置をとっ

第4章 国府成立の総括的検討　181

表3 国衙の存続時期

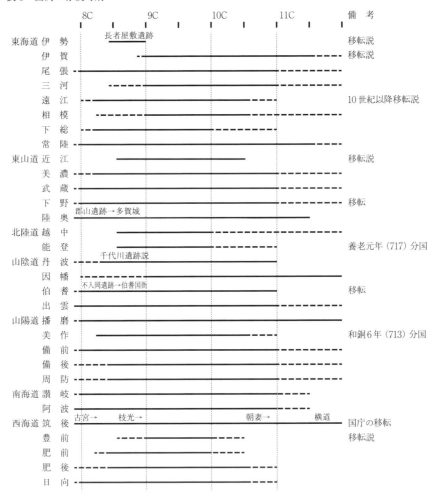

ておらず，部分的な調査で正殿をどのように理解するか不明な点が多いが，大型の四面廂建物を含み長舎が塀と一体となった官衙中枢施設であり，儀式空間の政庁と理解されている。大宰府ではⅡ期の8世紀になって，ようやく大宰府型と呼ばれる南向きの定型化した政庁が設置されるのであり，大宰府においても政庁は7世紀後半以降に整備された[1]。

　大宰府政庁Ⅰ期新段階の7世紀末には，西海道の筑後・日向国など各地で長

舎型の政庁が国庁や郡庁で建設されている。8世紀前葉に定型化した大宰府型政庁が成立する前においても，西海道の国庁・郡庁で儀式空間が成立していた。大宰府と同じく，西海道諸国の国府も同じ場所を踏襲して国庁を中心とする国衙が建設されていた。西海道だけでなく，定型化国庁の下層で先行して長舎を用いた政庁がみつかる例が常陸・出雲・日向国府で確認される。こうした場合，国庁ではなく評・郡衙の政庁と理解する意見があるが，国庁下層の政庁も初期国庁として考える。

定型化国庁と国府設置

定型化国庁を採用した時期は国ごとに違いがある。早い例では下野・美濃国の7世紀末～8世紀初めをはじめとして，常陸・陸奥国の8世紀第1四半期，次いで伯耆・美作国の8世紀第2四半期～中頃，筑後・日向国の8世紀第3四半期となっている。以上のように，定型化国庁の成立は国ごとに異なることが明らかである。この点から定型化国庁をもって国衙機能の成立そのものを論じることは難しいと考える。

国衙成立史料

国庁をはじめとする国衙施設そのものの成立時期を明確に示す史料はない。山中敏史は『日本書紀』天武13年（684）10月壬辰条に記された地震の被害記事に国衙が入っていない点から，この時点では国衙の設置が本格的ではなかったと推定する。

> 天武紀13年10月壬辰条にみえる大地震の記事では，破壊された施設として，諸国の郡官舎及び百姓倉屋，寺塔，神社があげられているが，諸国の官舎の記載はない。このことは，この段階には国衙の官舎がまだ本格的には設けられていなかったことを傍証するものであろう[2]。

各地の国府において，7世紀末～8世紀初めに国庁を含めた国衙の建設が本格的にはじまることと矛盾しない。

存続期間

国府の成立時期と同様，国府がいつ頃まで存続して機能していたかを明らかにすることは難しい。国庁でみた場合，筑後国では移転しながら11世紀後半まで機能していたことが明らかにされていたが，特殊事例とみられていた。近年，陸奥国府の多賀城政庁が，再検討の結果，11世紀前半まで機能していた

ことが明らかにされた[3]。

これまで国庁の廃絶については,『朝野群載』や『時範記』に国庁の記載は
あるが,国務が国司館で執られるようになるのに伴い10世紀以降廃絶に向か
い,実態として国司館が中心となって国務執行機関となっていたと考えられて
いる[4]。

その一方で,考古学的には大宰府,多賀城の政庁は11世紀代まで機能した
点が明らかにされている。国府については,筑後国府では国庁が移転しⅢ期
(朝妻国府)の10世紀になって建設され,11世紀後半まで機能した特異な事例
とされてきた。多賀城や筑後国府は特殊事例とみていいのであろうか。伊賀・
常陸国府でも11世紀前半まで国庁が機能していたとされている。諸国の国府
調査によれば,11世紀以降の土器類もまとまって出土している例も多い(表
3)。8・9世紀代に礎石建ちとして建設された国庁とその周辺の国衙の廃絶時
期についても,さらに考古学的検討が必要である。11世紀まで国庁・国衙が
機能していた国は少なくなかったように憶測する。各地の国庁の廃絶時期につ
いても明確になっている例は少なく,今後は国庁の廃絶時期についても検討が
必要である。

2 郡衙代用説・国司館代用説の検討

(1) 郡衙代用説

国郡制の整った奈良時代以降,国司は国府を拠点として国内の統治を行っ
た。国府との関係で問題になるのは,国司は7世紀後半以降から諸国に常駐し
ていた可能性があるが,長い間,独立した官舎を持たず奈良時代前半において
も郡衙と未分化な形であったとみられていた点である。諸国に派遣された国司
は7世紀末までには常駐していたと推定される中で,国府の成立を遅らす理由
は,8世紀第2四半期頃まで国司は郡衙を仮の庁舎としたり郡衙を巡回したり
するような形であったとみられていたためである。

これまでの研究において,どのようにして国司が郡衙を代用して政務や儀式
を行ったという理解が形成されたかをみておく。

近江国府の発掘調査

国庁がコ字形配置をとり，平城宮の朝堂院と同様な形状をしていることが初めて明らかにされたのが，1963〜65年にかけて行われた近江国庁の調査で，報告書は1977年に刊行された[5]。近江国庁の調査は，国府成立や国庁の構造を考えるうえで大きな影響を与えた。

丸山竜平は報告にあたり国司が8世紀初めの文献史料にみえ派遣されていたはずにもかかわらず，近江国庁成立が8世紀中頃に降る点に対して3通りのケースが想定されるとし，その中で北方の南大萱地区に初期の国府を想定した。

> 国司制度の成立と国衙成立年次の相違が考えられる場合，まず，3とおりのケースが想定される。1つは，初期近江国庁あるいは国府が，現在我々の問題としている三大寺遺跡以外の他の地域において営なまれ，8世紀中葉に至り，現在地に移動してきた場合である。2つには，そもそも初期国衙，国府と呼びうるものは存在せず，国司は派遣されながらも，政治機構を栗太郡の郡衙ないしは，大化前代からの地方統轄機関とも呼びえる屯倉あるいは私邸において果していた場合である。さらに3つに，現国衙地域の下，すなわち下層に初期国衙がいまだ埋没しており，今回の調査が上にとどまったとして，新しい遺構のみ検出されたとみる場合である[6]。

丸山が想定した案の1は移転説，2は郡衙などの代用説，3は下層説で，現在も国府研究で問題になっている論点である。当時は国府の発掘調査例も少なく十分な検討ができなかったが，現在どのように近江国府の成立が考えられているか，みておく。

近江国府と栗田郡衙

近江国12郡のうち，栗太郡は琵琶湖の南東側に位置する。郡内には東山道と東海道の2つの官道が通過し，勢多唐橋を越えて栗太郡内を北東方向に直線的に延び，東海道と東山道は郡内で分岐していた。栗太郡の南西端にあたる瀬田丘陵上で国庁がみつかっている。国庁を中心に駅路沿いに，官衙施設の堂ノ上遺跡（勢多駅か），青江遺跡（国司館），惣山遺跡（倉庫群）や瀬田廃寺が丘陵上に瓦葺建物として威容を示した。

一方，国府所在郡の栗太郡衙は栗東町岡遺跡でみつかっている[7]。正殿を長舎で囲んだ郡庁を中心に，正倉院・館もしくは厨家と推定される施設からなり

7世紀末〜9世紀末に機能した。岡遺跡の北東約2kmに位置する手原遺跡も大型建物や白鳳寺院からなる官衙遺跡群で、岡遺跡に後続する栗田郡衙とみられている。

近江国府は栗太郡衙（岡遺跡）と離れた位置にあたる、瀬田丘陵で国庁を中心とした施設がみつかっている。国庁は8世紀中頃に設置され、それ以前に遡る国衙施設がどこに設置されたかは不明となっている。

近江国府について、丸山竜平は移転が妥当とし、現在明らかになっている国庁に先行して北方の南大萱地区に初期の国府を想定した。発掘された国庁の年代が8世紀中頃まで下がる点から、それに先行して国司が政務を執った国衙が別に独立して設置されていたと考えた。

近年、栗太郡ではなく都により近い滋賀郡からの移転説[8]や、現在みつかっている国庁下層に初期の国衙を想定する説[9]も出されている。

他国の状況からみて、近江国についても8世紀中頃まで独立した国衙施設がなかったとは考えがたい。初期の国衙については北方の南大萱地区や他郡（滋賀郡）や下層にあったか不明だが、後に瀬田丘陵に設置されたものであろう。なお、国府所在郡の栗太郡衙である岡遺跡に国衙機能をみる意見はない。筆者も岡遺跡でみつかった政庁や周辺の官衙建物に、国衙の機能があったとする根拠はないと考える。

出雲国府と『出雲国風土記』の検討

これまで国府の成立過程を考えるうえで、出雲国府跡の発掘調査成果と『出雲国風土記』の記述との関係が問題となってきた。争点の1つが調査成果と『出雲国風土記』記載の「至国庁意宇郡家」の関係である。所在郡の意宇郡でない「大原評」と記された評制下の木簡が出土し、7世紀末には出雲国府が機能したことが明らかになった。ただし、出雲国府が意宇郡衙と同所に隣接し別の施設として設置されたとみるのではなく、『出雲国風土記』の「国庁意宇郡家」を「国庁たる意宇郡家」と解釈し国府が郡家と同居したとする説がある。こうした説については、当初から意宇郡衙ではなく国衙として機能していたとみる意見が有力となっていく。郡衙を国の庁舎として利用したとみる郡衙代用説である。

出雲国府の発掘調査は1967〜70年に行われ、報告書は1971年に刊行され

た。その中で六所脇地区の正方位を向いた四面廂建物 SB20 は国庁の後殿として位置付けられた[10]。この時点では，国庁は意宇郡衙とは別の施設と理解されていた。この背景には，『出雲国風土記』に記された「国庁意宇郡家」について「国庁と意宇郡家」と訓まれたことがあった。

その後，青木和夫は 1974 年に，出雲国府の調査で国庁が六所脇地区でみつかった成果について，『出雲国風土記』の記載から天平 5 年（733）時点において意宇郡家に国庁が同居していると考えた。少し長くなるが，これ以降の国府研究に大きな影響を与えた意見であるのでみておきたい。

初期の国庁説　出雲国庁の所在は，こうして確認はできたが，意宇郡家のほうはどうか。『風土記』によれば，ほぼ同じところにあるはずだ。ところがこれまでの発掘では，それと確認できる遺構がないらしい。もっとも全面的に発掘したわけではないし，付近の地下にまだ眠っているのかもしれぬ。しかし，である。発掘にたずさわったわけでもなく，考古学にもしろうとの私がこんなことをいうのは，まったく見当はずれといわれてもしかたがないが，「宮ノ後」地区の遺構はじつは郡家そのものだったとは考えられないだろうか。郡家にも文書事務を担当する役人はいるし，「厨」もあって給食もするのである。ことに意宇郡司は出雲国全 9 郡の郡司総代として，のちのちまで国造をつとめていた特殊な存在である。国庁が建設されるまでは，国司は意宇郡家にいて，出雲国を押えていたと解釈しえないだろうか。（中略）

こう考えてくると，さきほど引用した『出雲国風土記』のなかの「国庁意宇郡家」も，ふつう訓まれているように「国庁と意宇郡家」ではなく，「国庁たる意宇郡家」と解釈する余地が生まれてくる。つまり『風土記』が進上された天平 6 年（734）という時点では，国庁が郡家と，まだ同居していたとみるのである。

六所脇地区から検出された 5 間 4 面の大きな掘立柱の遺構は，町田氏の推定によると，近江国庁などの後殿に相当するそうであるが，その建設の時期は 8 世紀のなかごろらしい。8 世紀のはじめから 7 世紀末にさかのぼると，これほど堂々たる建物はなかったということになる。そのころは日本中にも，「国府」はもちろん，独立した「国庁」がまだなかったのでは

第 4 章　国府成立の総括的検討　　*187*

ないか？

　私は文献と対照することのできる，歴史時代の考古学には昔から関心がある。たまたま手にはいるかぎりの発掘調査報告のたぐいはいっしょうけんめいに読む。だがそこはしろうとの悲しさ。報告の背後のふくみを的確にとらえることができない。したがってこれまでの国庁跡関係の発掘調査報告のなかに，7世紀後半にさかのぼらせることのできる政庁庁舎の遺構はないと主張する自信もないし，あるいは今後，はっきりと7世紀後半と断定できるものが出てくるかもしれないが，ともかく天武・持統朝のころの全国各地の官庁遺構が今後さらに明らかになることを願っている[11]。

　昭和40年代当時，国庁の調査例は少なく，出雲国府でみつかった7世紀代に遡る建物の評価は難しかった。後に，国府成立が8世紀第2四半期以降とする説を打ち出す山中敏史も1979年には，政庁とされる六所脇地区でみつかった建物について藤原宮期に成立した国衙政庁として理解している。

　出雲国の調査で注目されるのは，遺構の上限，即ち国衙の成立時期を推測し得る資料が提供された点である。遺物の時期や建物の方位等からみて，官衙地区の成立は7世紀末の藤原宮期であり，政庁地区では，7世紀後半に国衙の前身とも考えられる建物は存在するものの，国衙政庁として成立したのは，やはり藤原宮期と考えられるようである。この国衙の成立時期は，律令国家成立時期をめぐる問題と密接な関連をもっており，これからの考古学的調査研究が，そうした問題の解明に重要な役割を果たしうることを示すものである[12]。

1980年代以降

　山中敏史は地方官衙研究を進める中で，1984年以降，青木説を支持し出雲国では8世紀前葉まで独立した国衙を持たず，国司は意宇郡衙に駐在するかたちで政務を執っていたという鉄案をだす[13]。

　出雲国衙と意宇郡衙との関係から推測できる。『出雲国風土記』にみえる「国庁意宇郡家」という記載が，従来，国衙と郡衙とが同じところに接近して営まれていると解されてきたのに対し，青木和夫は，「国庁たる意宇郡家」と解釈し，8世紀初め以前には独立した国衙がなく，郡衙に併置されていたことを想定している。この出雲国衙跡の地は意宇川北岸の自然堤

防上にあり，その北側は旧河道の低地となっている。したがって，官衙を営むに適した敷地は狭く，ここに方2町以上の一般的規模をもつ郡衙と，方1町弱の国衙政庁や曹司群が並存していたとすることは困難である。この点は，青木説の妥当性を示すものと考えられる。おそらく，8世紀前葉までは，郡衙施設が国衙の機能を兼ねていたのであろう。また出雲国衙跡の政庁推定地区の調査成果によると，中心殿舎の一部とみられる四面廂建物には建て替えが1回認められるだけである。また，その前面には，中軸線がずれて別の掘立柱建物が建てられていた時期があったらしい。こうした中枢施設のありかたは，前述した国衙政庁の建物配置の連続性という一般的な特徴と異なるので，ここが国衙政庁でなく郡庁にあたる可能性も考慮する必要がある。こうした点からも，国司は初期には，意宇郡衙に駐在する形で政務をとっていたと考えたい[14]。

　出雲国府と『出雲国風土記』の検討によって，出雲国では8世紀前葉まで国衙が独立した官衙として成立しておらず，国司は意宇郡衙に駐在するかたちで政務を執っていたと考えた。全国の国府・郡衙の検討を通して，国衙が郡衙より遅れて成立したとして，それまでの地方支配は郡衙が実質的拠点であり，国司は拠点的な郡衙に駐在したり，あるいは各郡衙を巡回したりすることによって，郡司の政務報告の統括や調庸物などの検校，郡司に対する律令法等の伝達などの任務を果たしていたと考えた。

　さらに国府成立について，「国府は2つの画期を経て成立した」とし，第1の画期を7世紀第4四半期頃～8世紀初め頃にかけての時期とされ，初期国府の端緒的成立とする。第2の画期は8世紀前半（第2四半期が中心）～中頃にかけての時期とされる。これ以降，国庁や曹司が設置され，9世紀代～10世紀初め頃にかけて受け継がれていく国府の基本構造が成立するとされた[15]。構造の違いや所在地において断絶を示す例（筑後国古宮II期官衙，仙台市郡山遺跡II期官衙）がある点から，8世紀前半以降の国府との間に質的な大きな違いを想定している。

　こうして国庁を伴う国府が全国的に成立するのは，郡衙より遅れて8世紀第2四半期とし，それまで国司は独立した庁舎を持たず，拠点的な評・郡衙を仮の庁舎として駐在したり，諸評・郡衙を巡回したりするかたちで任務を遂行し

たとする説が通説となっていく。

木下良も意宇郡衙が国庁を兼ねていたか，少なくともほとんど同地に併置されていたことを示すと考えた。

各地の発掘調査によって検出された郡庁（衙）遺跡が，規格的な官衙型式をもって最も整備が進んだのは，7世紀末から8世紀前半とされるのに対して，国庁跡の遺構は8世紀に入ってから，それも多くは8世紀後半に整備されているということにも対応するものである。そこで，整備される以前の国府・国庁はどこにあったかということが問題になるが，国府所在郡の郡家に併置されていたのではないかとする見解が有力である。天平5年（733）に編述された『出雲国風土記』には，「国庁意宇郡家」とつづけて書いており，意宇郡家が国庁を兼ねていたか，少なくともほとんど同地に併置されていたことを示すものである[16]。

8世紀前半には独立した国衙はなく，郡衙を代用していたと考える説が有力となる。

藤原京期成立説の提唱

研究状況が大きく変わるのは1990年代以降である。各地で国府の調査が進み，7世紀後半〜8世紀前半の遺構や遺物が知られるようになっていく。考古学的な成果として，国府の成立は郡衙より遅れ8世紀第2四半期以降とみるのが定説となっていたが，常陸・日向・美濃国府などでそれよりも古い国庁とみられる施設がみつかり，武蔵国府の調査でも7世紀末〜8世紀初めには国衙が形成されていた点が明らかになる。

筆者は，新たな国府の発掘資料が増えるという研究状況の中で国府の成立年代を再検討し，国府と郡衙の成立時期は大きく変わらず両者は全国的に一体となって設置されていくことを論じた[17]。

平石充は，木簡の再検討や『出雲国風土記』の研究進展によって，「国庁」と「意宇郡家」は里程から別施設で天平5年時点では出雲国庁北方に意宇郡衙は独立した施設としてあったことを明らかにした[18]。このことから，『出雲国風土記』の「国庁意宇郡家」は，「国庁と意宇郡家」と理解できる。

筆者が国府は藤原京期に全国的に成立したと考えるようになったのは，1990年代以降，各地で国府の発掘調査が行われ，青木和夫がみつかることを願っ

た，「天武・持統朝のころの官庁遺構」が確認されるようになったことが大きい。出雲国府を検討すると，郡衙が国衙を兼ねていたとみる根拠は乏しく，国庁は独立して存在したと考えた。『出雲国風土記』の記載を根拠として，郡衙を国衙に利用・転用したということは成り立たず，天平5年時点において，出雲国府において国衙と郡衙施設はそれぞれ独立した官衙として存在していた。

美作国府と郡衙代用説

これまで郡衙を国衙として利用したとする考古学的根拠の1つが美作国府の発掘調査成果であった。

美作国府の政庁はI・II期に区分される。I期は座標北から約8度東偏した長舎囲い型の政庁で，7世紀後葉〜8世紀前葉に位置付けられ，美作国が分立する和銅6年（713）以前にあたることから苫田郡衙（評衙）の郡庁とされた。前述したように，I期遺構は和銅6年以降の可能性が高く，当初から美作国庁として成立していた（本書第1章）。美作国府のI期遺構を初期国庁とすると，和銅6年段階ではまだ国庁が大規模でなく，定型化していない姿をしていたと理解すればよい。この点は，常陸国庁や日向国庁でみつかっている下層の初期国庁と共通する。美作国府を根拠にして，8世紀前葉まで郡衙が国衙を兼ねていたとみることは難しい。

山中敏史が古代官衙・集落研究会でコメント[19]として，常陸国府でみつかった長舎囲い型の政庁を初期国庁として認めたように，諸国において国司は藤原京期には独立した国庁を含めた官舎を持ち常駐していたとみるべきである。

現在も，国庁を含めた国衙を8世紀前葉以降に成立するとみる研究者の多くは，国司がそれまでは評・郡衙を仮の官舎として利用したと主張する。しかし，考古学や文献史料から具体的に説明したものはない。かつて出雲国府や美作国府について，評・郡衙が国府機能を兼ね，後に独立した国府となったとも考えられたが，実際には評・郡衙は国衙機能を兼ねておらず独立した国衙として機能していた。国司は諸国に常駐するようになった7世紀末以降，独立した国府を拠点としていた。

（2） 国司館代用説

序章の研究史整理で紹介したように，武蔵国府の調査成果を基にして国府成

立について新しい説が，中村順昭によって提案されている[20]。国府そのもの
の成立を遅らせて，8世紀第2四半期頃まで国司は拠点的な郡衙を代用したり
巡回しながら政務を行ったとは考えない。国府の成立は7世紀末に遡るとした
うえで，国庁は遅れて段階的に国衙が形成されたと考える。まず国司館が設置
され，それが国庁も兼ねた儀式施設となり，独立した国庁は8世紀前葉以降の
730年代頃に成立したとみる。これを「国司館代用説」と呼ぶ。

　国司館代用説の問題は，「国庁の成立が8世紀前葉まで遡らない」という前
提を基にして，みつかっている初期の国司館が国庁としての機能を兼ね備えて
いたとみる点である。武蔵国府では国庁そのものがみつかっていない以上，御
殿地地区の施設が国庁の機能を有していたのか，別に国庁が存在していたかは
明確ではない。すでにいくつかの国では藤原京期に遡る儀式空間を持つ，初期
国庁が成立していた。一方で，武蔵国府においては，独立した政務・儀式の国
庁は国司が居を構えてから四半世紀以上も設置されずに，国司館がその機能を
代用していたことになる。

　各地の国府で7世紀末〜8世紀初めには初期国庁が曹司・国司館とともに設
置され国ごとに時期差はあるが，8世紀後半代までに定型化国庁に建て替わっ
ていく。国によって特殊な事例を除いて，定型化の時期は異なるが，儀式空間
の国庁そのものの設置時期が大きく異なっていたと理解するのは難しい。

　同時に郡衙でも郡庁が同じ時期に長舎囲い型として，初期国庁に倣って独立
した政務・儀式施設として設けられていた例が認められる。地方官衙の国庁・
郡庁が整備される時期は藤原京期にあたる。

　武蔵国府では他国よりも国庁建設が遅れた可能性もあるが，武蔵国だけに特
殊な事情を想定するのは難しく，独立した政務・儀式の国庁建設が遅れたとは
考えがたい。武蔵国内の豊島・都筑郡では，すでに7世紀末には郡庁と正倉な
どが設置されていた。武蔵国府が7世紀末に成立し，国司館・曹司が設置され
ていたことが判明したことは大きな成果であるが，国司館がおよそ30年にわ
たって国庁を代用していたとする説は問題が多い。武蔵国庁の場所は不明であ
り，今後の調査によってその構造や成立時期が解明されることを待ちたい。

192

3 国庁の成立

第2章で明らかにしたように、国府成立期に建設された長舎囲い型の初期国庁が、後に定型化した構造をとるように変わることが多い。

地方官衙が7世紀後半以降に設置されていく中で、政務・儀式・饗宴施設である前庭を持った政庁が建設されていく。長舎が国衙・郡衙の政庁に7世紀後半〜8世紀前葉にかけて採用され、8世紀前葉以降に定型化したコ字形配置の政庁に転換していくことが、各地の国庁・郡庁で認められる。長舎囲い型から定型化した政庁への変遷過程は、7世紀後半の国評制・国郡制による律令国家の統治システムの整備と深く関わる。

地方官衙の政庁は、長舎囲い型の政庁（ロ字形・コ字形・品字形）と塀で区画された中にコ字形配置をとった定型化した政庁にまとめることができる。

長舎囲い型の政庁は、長舎を多用し独立した塀を持たず建物そのものが儀式空間の庭を囲む例が多い。長舎を多用した政庁は7世紀末から郡庁に採用されるとみられてきたが、定型化国庁に先行して陸奥・常陸・日向・伯耆国府で初期国庁に採用されている例が明らかになってきた。こうした政庁について郡庁とみる意見もあるが、ここでは初期国庁と考える。

一方、定型化国庁は塀で囲繞された一院の中に、正殿・脇殿が塀と分離して左右対称の整然としたコ字形配置をとり南面する。長大な脇殿が正殿左右まで延びる長舎型政庁、正殿前面左右に二棟ずつの脇殿がある大宰府型政庁、正殿・脇殿が品字状をとる城柵型政庁の3類型にまとめられる[21]。これまでは、定型化国庁の成立が8世紀第2四半期以降とされる点から、国府の成立時期もその頃以降と考えられてきた。

7世紀末〜8世紀初めに成立する定型化前の国庁と郡庁については、建物配置から明確に分けることは難しい。定型化国庁に先行する初期国庁は、長舎囲い型の政庁（ロ字形・コ字形・品字形）を採用している場合が多く郡庁と構造的には類似点が多い。定型化国庁の成立にあたっては、先行する長舎囲い型の政庁が祖型となっている場合もある。

第4章 国府成立の総括的検討

定型化国庁の成立

　定型化国庁の３類型のうち，大宰府型政庁は藤原宮や平城宮の中央区もしく
は東区朝堂院に直接的な系譜が求められる[22]。一方，城柵型政庁は郡山遺跡
Ⅱ期官衙のロ字形配置の政庁が藤原宮朝堂院をモデルに成立し，定型化国庁で
ある城柵型政庁の祖型になったと考えた。常陸国庁でも，初期国庁のロ字形配
置の建物配置が次期のコ字形配置の定型化国庁に継承された。また，伯耆国庁
にみられるように先行する長舎を主体とする政庁と建物配置についても共通す
る点が認められる。

　定型化国庁の成立にあたっては，大宰府型政庁のように都城の朝堂院を直接
的なモデルに成立する場合もある一方で，すでに地方で採用されていた長舎囲
い型の初期国庁が定型化国庁につながっていくこともあった。政庁の建物配置
や建築技術が，すべて都城の直接的な影響下にあるのではなく，在地の拠点的
官衙施設に求められる場合もあった。

　伯耆国庁や下野国庁のような長大な脇殿が正殿左右まで延びる長舎型政庁の
祖型について，山中敏史は前殿が国庁の中心部に位置するのは藤原宮・平城宮
の大極殿閤門と共通し，「長舎型国庁は，中央の曹司に対応するものではな
く，朝堂院の左右対称の建物配置を基本形としながら，それに国庁の機能にみ
あうような省略・変形が加わり，さらにまた，内裏内郭や平城宮中央朝堂院
（後の豊楽院）などの宮城中枢施設の要素や中央官衙曹司の要素などが加味さ
れ，国家の出先機関としての国庁の代表的な構造として成立したのではなかろ
うか」とする[23]。８世紀前葉以降，国庁構造の定型化にみるように全国的に共
通する点が多い。

　画一的な国庁のあり方については，山中敏史によって８世紀前葉以降，郡庁
に比べて国庁が定型化した建物構造をとることが明らかされたように，「国庁
がそれぞれの国情に即した行政実務にふさわしい施設として造営されたという
よりも，宮城中枢施設に似た儀式・饗宴空間としての画一的な利用に対応する
施設として設けられたことを示す」ものであり[24]，元日朝賀の儀式にうかが
うことができるように国守が国家権力の威信を誇示するものであった。

　長舎型政庁は藤原宮がモデルになった場合もあった。また，伯耆・陸奥国で
みられるように，すでに採用されていた長舎囲い型（ロ字形，コ字形）の政庁

が定型化国庁の祖型となっていた場合も認められる。

定型化国庁の成立についても，全国で一斉に同じ時期でない点も明らかになっている。陸奥・下野・常陸国のように8世紀前葉までに定型化するような国もあれば，筑後・日向国のように8世紀後半以降に降る例もある。肥前国庁も定型的なコ字形配置の大宰府型を採用するのは8世紀後半になってからである。中央政府の施策によって，一斉に国庁が定型化したわけではない点にも注意しておく必要がある。

国庁の郡庁への影響

国庁と郡庁との構造は密接な関係がある。郡庁では建物配置から朝堂院や国庁と同じように，政務・儀式・饗宴が実施されていたとみられる。初期の国庁と郡庁の初現時期はほぼ同じで，初期国庁が郡庁の成立に影響を与えた場合もあった。

各地の郡庁が長舎を主体として類似した建物配置を採用する状況からみて，中央政府との関係を持ち都城の施設がモデルになったとみている。ただし，各地の郡庁の建設にあたっては建物配置を含めて都城の直接的な影響だけでなく，在地の中で国庁などの拠点的な官衙施設との関わりがあって郡庁は造営されている場合が多かったのであろう。

地方官衙の政庁に採用される，長舎を用いたコ字形・ロ字形・品字形配置のモデルは左右対称で儀式空間の庭を持つ点から，長舎型国庁と同じく大極殿院・朝堂院などの宮殿を有力な候補と想定する。山中敏史が推定したように，初期の政庁は都城の政庁である朝堂院を手本とし，長舎や回廊が多用された7世紀代の宮殿・官衙スタイルの要素が加わって創出されたと考える[25]。地方官衙の政庁は，儀式の機能が重視され都城の朝庭を持つ朝堂をモデルとし，7世紀末以降も藤原宮・平城宮の政庁である朝堂院に倣った。

7世紀後半以降，まず都城の影響を受けて拠点的官衙施設の政庁が成立し，それが在地の官衙建物の祖型となって引き継がれ，変形・省略されていく場合もあった。

4 瓦葺建物からみた国府の整備

　国庁を中心に瓦葺建物が採用される点から，葺かれた建物が特定できない場合でも出土瓦から国庁の成立や整備状況を推定できることが多い。これまで国府や郡衙から国分寺と同范の軒瓦が出土する場合，国分寺造営が契機となって国府や郡衙の瓦葺，礎石化などの高質化が進んだとみることが多かった。実際には，地方官衙における瓦葺建物の採用は国分寺創建前に行われている例も多い。国分寺造営を契機として，国府をはじめとする地方官衙の高質化が普遍的に進んだとみるのは正しくない。国分寺創建前に地方官衙の整備がなされていた国もあり，郡衙正倉の瓦葺や礎石式の採用などの高質化も国分寺に先行する例も知られる。8世紀前葉～中頃にかけて地方官衙の整備が進み，地域支配の舞台装置として柱を丹塗りした瓦葺建物は造営された（本書付論2）。

　国府出土瓦からみると，8世紀以降，国庁を中心に瓦葺建物が建設されたことがわかる（表4）。

7世紀末～8世紀初め：端緒的な瓦葺建物の採用

　下野国府や常陸国府の国庁にみるように，7世紀末～8世紀初めにいち早く瓦葺建物を採用する例がある。美濃国庁や出雲国庁でも8世紀初め～前葉に遡る瓦が出土し，瓦葺建物が採用されていた。この時期に瓦葺を採用した地方官衙としては国庁だけでなく，例は少ないが郡衙では郡庁などにも採用されている。名生館官衙遺跡（陸奥国丹取郡衙・郡庁正殿）・勝間田遺跡（美作国勝田郡衙・郡庁）・万代寺遺跡（因幡国八上郡衙）・小野遺跡（出雲国出雲郡衙か）・入谷遺跡（上野国新田郡衙関連遺跡か）がある。藤原宮で瓦葺建物が採用されており，その影響が地方官衙にも及んだと理解できる。

　そのほか，陸奥国では郡庁ではなく角田郡山遺跡（陸奥国伊具郡衙）・大畑遺跡（陸奥国苅田郡衙）・南小林遺跡（陸奥国富田郡衙もしくは城柵），関和久遺跡（陸奥国白河郡衙）の高床倉庫（正倉）にも，この時期に瓦葺建物が採用されている。

　成立期の国庁や郡庁の瓦葺建物については，その後の建て替えなどで建物そのものを特定することが難しいが，その多くは正殿を中心に葺かれていたとみ

表4 国衙の瓦葺建物の採用・存続時期

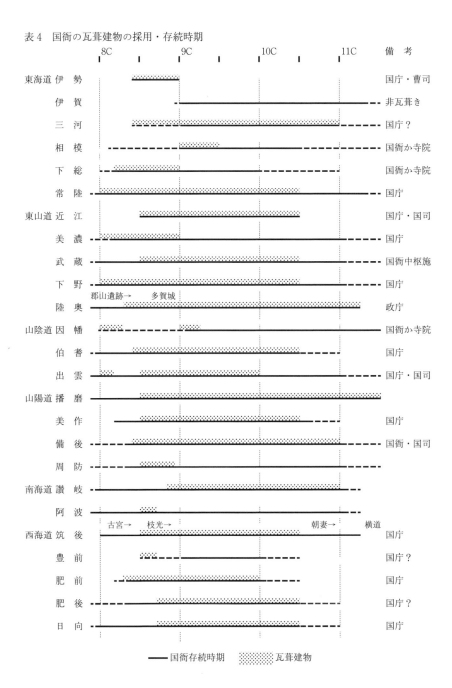

第4章 国府成立の総括的検討　197

ている。この時期の国庁・郡庁の瓦葺建物は掘立柱式であり，多くは総瓦葺ではなく甍棟であった。

8世紀前半：瓦葺掘立柱建物の普及

国衙で一般的に瓦葺建物が採用されるようになるのは，国分寺創建前後にあたる8世紀第2四半期〜中頃にかけてである。伊勢・三河・常陸・美濃・下野・陸奥・伯耆・美作・備後・肥前国では国分寺に先行して国府に瓦葺建物を採用し，後の国分寺創建に際して国府と同笵あるいは同文の軒瓦が葺かれる場合が多い。こうした瓦の多くは国庁から出土しており，正殿や脇殿，南門などを中心に使用されたとみられる。国衙の瓦葺は国庁からはじまった。国府で8世紀前半の瓦が出土している場合，その多くは国庁の建物に葺かれていた。伊勢国庁では礎石建ちの瓦葺建物が採用されたが，常陸・美濃・下野・陸奥・伯耆・美作国庁の瓦葺建物は掘立柱式であった。正殿は廂を持った格式が高い構造をとるが，瓦葺掘立柱建物の多くは甍棟だったとみている。下野国庁では隅切瓦が出土しており，一部には総瓦葺の掘立柱建物もあった。また，この時期に地方官衙では大宰府に次いで，多賀城政庁第Ⅱ期の殿舎が瓦葺礎石建物となっている[26]。

8世紀後半：瓦葺礎石建物の採用・普及

国分寺創建期の8世紀中頃〜後葉に，近江・武蔵・出雲・周防・肥後・日向国府では国庁を中心に瓦葺建物となる。日向国庁のように8世紀後葉は瓦葺の掘立柱建物で，礎石建ちとなるのは9世紀以降と遅れる国もある。国分寺創建期に軒瓦に新たな文様が採用され，平瓦・丸瓦類も製作技術が変わる例が多く，この時期に瓦葺建物を導入する国府もあり国分寺創建が在地の瓦生産にとって大きな画期となった。国府・国分寺瓦の生産にあたって，国衙が深く関与していた。先んじて瓦葺となっていた下野・常陸国府においても，この時期に補修や建て替えなどに際して国分寺の同笵軒瓦が供給され国庁建物の礎石化が進む。

これ以降，国庁だけでなく曹司や国司館などの国衙諸施設にも瓦葺建物が採用されていくことが，伊勢・近江・下野・出雲・備後国府で確認されている。

9世紀以降

9世紀以降も各地の国庁は瓦葺建物となって威容を示した。国ごとに国庁の

建物は，移転や老朽化，焼失などの要因によって建て替えや補修時期は異なっているが，多くの国で10世紀まで存続していた。

小　結

7世紀末〜8世紀初めに，いち早く成立期の国庁に瓦葺建物を採用する例がある。藤原宮で宮殿として初めて瓦葺建物が造営される時期で，藤原宮の建設は国府や郡衙の造営・整備に大きな影響を与えた。

ただし，常陸・下野国府では藤原京期に遡る瓦の量が少なく，特定の建物に葺かれ甍棟とみられる。本格的な総瓦葺建物が建てられるのは，8世紀前葉〜中頃にかけてであり，多くの国において国庁を中心に採用される。この時期，平城京では邸宅を丹塗りの瓦葺建物にする命令が出される（『続日本紀』神亀元年〈724〉11月条）。丹塗りの瓦葺建物は都を壮麗にするという視覚的な効果を果たした。山陽道でも外国使節が往来する播磨・備後国などで，道に面した駅家を瓦葺粉壁にする政策がとられる。中央政府は，対外的な視覚効果を目的として平城京の邸宅や山陽道の駅家の瓦葺を奨励した。地方官衙の国府・郡衙の整備は，こうした荘厳化政策とも関連した。

国府では，瓦葺建物は国庁を中心に採用される。下野・常陸国庁のように成立期から瓦葺となっている場合もあるが，こうした例は稀である。陸奥・伯耆・美作・筑後・日向国でみられるように，まず成立期の国庁が非瓦葺の掘立柱建物として建設された後，定型化国庁となる8世紀前葉〜後葉にかけて瓦葺化が進む場合が多い（表4）。ただし，瓦葺と礎石化は寺院と異なり，国庁ではまず瓦葺の掘立柱建物として建設され，後に瓦葺の礎石建物となり，より高質化していくことが多い。

5　国府成立と前身官衙

国府の成立が7世紀末〜8世紀初めに認められる場合，それ以前に前身官衙が存在し同じ場所を踏襲する例と，新たに官衙施設として設置される例がある。いずれも国府設置場所の選定にあたっては，地域支配のうえで交通の点から説明される場合が多い。

荒井健治は，武蔵国府の成立を7世紀中頃からの沖積微高地開発に端緒を求

め，中央政府にとって東山道と東海道という幹線道路の結節点としての重要性に求める[27]。1,700ヵ所を超える調査で郡衙正倉がみつからない点から，評・郡衙は別の場所にあったと想定する。江口桂も武蔵国府をはじめとする東国の国府設置にあたっては，交通の重要性を指摘し，そのうえで国府造営にあたって在地勢力の利用を想定する[28]。

　武蔵国府と同じく，下野・常陸国府でも7世紀後半に遡る前身官衙はみつかっておらず，交通の要衝地に新たに国衙施設が建設された。

　国府成立前に前身官衙施設が認められる例に，陸奥・筑後国府がある。郡山遺跡II期官衙が陸奥国府（第1次）であり，先行する郡山遺跡I期官衙は7世紀中頃に遡る官衙施設である。構造・規模からみて，国家的な官衙（城柵）と理解できる。陸奥国府のII期官衙は，この官衙施設を取り壊して同じ場所に正方位で建設される。筑後国府も7世紀後半に遡る官衙施設からはじまり，7世紀末に同じ位置を踏襲して国庁・曹司からなる国衙が建設される。前身官衙施設は国家的な性格を持つ拠点的官衙と考えられる。陸奥・筑後国府のほかに日向国府でも，国庁近くで7世紀後半に遡る6間以上×2間の片廂建物などが確認され，国府成立前の前身官衙が推定できる。

　山陽道・南海道沿いの国府については，国府設置前の古代山城との関係が推定される。吉備の諸国では古代山城と近接し，両者には関係があったとみられる。備前国府と大廻小廻山城，備中国府と鬼ノ城はそれぞれ近くに推定され，備後国では北方の亀ヶ岳山頂周辺に古代山城「常城」があったと考えられている。谷重も備後国府について，古代山城「常城」や終末期古墳との関わりを想定する[29]。讃岐国においても，古代山城の城山近くに置かれた讃岐国府の調査が進み，7世紀後半以降に国府に関わるとみられる官衙建物がみつかっている。

　国府設置にあたって，7世紀後半に遡る前身官衙や在地勢力との関わりが想定できる場合が多い。

6　文献・出土文字資料と国府成立

文献史学で国，国司，国府の成立がどのように考えられてきたかをみてお

200

く。国司に関して国宰の職務・権限から，早川庄八は①壬申の乱以前，②天武・持統朝および浄御原令施行期，③大宝令制の 3 期に分け，それぞれを初期国宰，国宰，国司と称して区別する[30]。本章で示した藤原京期の 7 世紀末～8世紀初めに造営された国府は，評制下の国宰段階にあたる。

　国は天武朝が画期となり，天武 12～14 年（683～685）に国境確定事業がなされた[31]。この頃，国司が常駐地方官として派遣され国府が設けられたとみている。石神遺跡出土の天智朝段階における「国」表記の木簡が注目され，国宰との関わりのあり方が問われている[32]。

　市大樹は国司職分田制との関連から浄御原令期から大宝令制定時にかけて，大税や軍団制が成立，国府も建設され国司職分田制も成立し，国司制成立の最大の画期とみる[33]。また，史料として『続日本紀』文武 2 年（698）3 月庚午条に「諸国郡司を任ず」があり，この時期の国司や国衙設置を考えるうえで重要と考えられる[34]。

　現在は，大宝律令を画期として地方行政組織が完成するとみる意見が有力視されている[35]。文献史学の成果からみると，国司が各国で常駐するようになったのは天武朝後半以降と理解している。国衙施設そのものが記されている奈良時代前半の史料は少ない。『万葉集』に大伴家持が越中国に国守（746～751年）として赴任し，そこで部下や郡司らと儀式や宴の際に詠んだ歌があり，国庁や国司館が存在したことが知られる。また，天平 5 年（733）の『出雲国風土記』に「国庁」記載があるが，7 世紀後半～8 世紀前半代に国庁をはじめとする国衙諸施設を具体的に示す史料はなく，主に制度と考古学的成果から国司と国衙・国府について検討されてきた。

大宝令と元日朝賀

　大隅清陽は，国庁整備が 8 世紀前葉以降で，それに先行して 7 世紀の評段階に郡衙の整備がなされたという考古学的成果も踏まえ，元日国司条に規定された国司朝拝について検討する[36]。国庁整備以前の郡庁には後の国庁の機能を持つものがあり，8 世紀を通じて行われた国庁の本格的整備に伴って，そうした機能が国庁に移される一方，郡庁の機能は郡独自のものに純化していったと考え，「少なくとも 8 世紀前半までの郡庁遺構のなかには，郡家としての機能だけでなく，国レベルの行政や儀式の場としての機能を持つものがある可能性

を示唆しており，こうした観点から，遺構・遺物の再検討を進める必要もあるのではないだろうか」とする。そのうえで，国司朝拝の成立について，都城の朝賀との関わりの中において，その初見が孝徳朝の大化2年（646）で，天武・持統朝では「拝朝」「拝朝庭」と標記され，国司条にみえる地方での下馬礼については天智9年（670）正月紀に「朝庭の礼儀と行路の相避けることとを宣う」とあり天智朝に整備されはじめた可能性を指摘する。考古学の成果からは，国庁の成立が8世紀以降に降る点から，「国庁における国司朝拝は，大宝令の編纂時に初めて構想された可能性が高い。また，国司朝拝とその後の宴との関係については，両者が大宝令の時点で同時に成立したか，宴のみが先行して行われていたかのいずれかであろう」と考える。

国府をはじめとする地方官衙の発掘調査成果からみると，大宝令前の7世紀後半に各地で前庭を持つ政庁が出現している。大宝令で「国庁における国司朝拝」が制度化されたとしても，それ以前に政務・儀式・饗宴空間である政庁は建設されていた。吉田晶も大宝令前にクニノミコトモチ（初期国宰）が政務を司る儀式的空間の政庁があったと推定する[37]。

国庁が大宝令を画期として一斉に成立したとみるのは難しいが，8世紀以降に国庁が定型化し規模が拡大していく背景には，大宝令によって国庁における国司朝拝が制度化されていったことや郡司告朔などの儀式・政務の確立などが関わるのであろう。

十川陽一も天平年間の正税帳にみえる，元日朝賀の参加者が少ない点や全国的な国庁の成立や整備が8世紀第2四半期頃からという考古学的意見を踏まえ，「大規模な元日儀式に対応する国庁が未成立であった可能性も排除できない」とする[38]。例にあげた越前国・薩摩国の史料は，それぞれ天平5年・天平8年である。両国の国庁については明らかになっていないが，この時期の日向国庁からみると薩摩国庁も定型化していなかった可能性はある。ただし，すでに各地の国府で天平期には整然としたコ字形配置をとる定型化国庁が設けられていた。天平期の正税帳から元日朝賀に参集数が少ない点から，それ以降に大規模な国庁が成立したとみることはできない。正税帳からは建物構造は不明だが，天平年間には元日朝賀の儀式が国庁で行われていた点が重要とみる。

出土文字資料

　近年，7世紀後半〜8世紀初めに遡る木簡に，国衙との関わりが深いものがみつかっている。出土文字資料から，初期の国府をみておきたい。

　屋代遺跡群から国符木簡が出土し，7世紀末に国衙機能がみられることが注目される[39]。付近には寺院も存在したが，官衙建物そのものの実態は不明となっている。

　阿波国府では，観音寺遺跡の自然流路から7〜8世紀の木簡が出土し，その内容から付近に評制下には国府が置かれていたことが推察されている[40]。周辺で掘立柱建物群もみつかっているが，国衙中枢施設はわかっていない。

　大宰府市国分松本遺跡は，後に建てられる筑前国分寺と尼寺の間に位置し，筑紫大宰や筑前国府との関わりが推定できる木簡が溝から出土している[41]。飛鳥浄御原令（689年制定）の戸籍・計帳制度に関わる木簡があり，付近に筑前国を統治する役所などがあったとみられている[42]。筑前国は大宰府が兼帯した時期もあるが，国衙は大宰府の施設群とは別になって，「大宰府政庁から余り遠くない位置に，別の「郭」的な形で存在したとみる方がはるかになじみ易い」とみる意見もあり[43]，その一端が木簡に示されている可能性がある。出雲国府でも国庁北側にあたる宮の後地区（曹司）で，評制下に遡る木簡が出土している。木簡は国衙機能に関わるものであり，曹司は側柱式の掘立柱建物群からなり，そこで7世紀末から文書作成などの実務が行われていた。

　各地の国府から出土する木簡から，実務的な機能を持った曹司が評制下に設置されていたことが知られる。武蔵国府ではこの時期に相当する官衙施設が複数確認されていたが，出土文字資料からも国衙が評制下に機能していた実態が少しずつ明らかになりつつある。

小　結

　大宝令によって制度上，国郡制が完成し，それ以降に国庁をはじめとする国衙施設が設置されたとみる意見がある。実際には，大宝令前に諸国で政務・儀式・饗宴施設の国庁，国司館や実務施設の曹司も設置され，国衙として機能していた。大宝令によって律令に基づく制度が整っていく中で8世紀以降，国庁や曹司の整備・拡充が進む。

註

1)　杉原敏之『遠の朝廷　大宰府』（新泉社，2011 年）25 頁。

2)　山中敏史「南海道諸国の官衙遺跡　特輯号に寄せて」（『古代文化』第 52 巻第 6 号，2000 年）。

3)　宮城県教育委員会・宮城県多賀城跡調査研究所『多賀城跡―政庁跡　補遺編―』（2010 年）。

4)　佐藤信監修・朝野群載研究会編『朝野群載　巻 22　校訂と註釈』（吉川弘文館，2015 年）262 頁。

5)　滋賀県教育委員会『史跡近江国衙跡発掘調査報告』（滋賀県文化財調査報告書第 6 冊，1977 年）。

6)　丸山竜平「近江国衙跡の問題点」（滋賀県教育委員会『史跡近江国衙跡発掘調査報告』滋賀県文化財調査報告書第 6 冊，1977 年）36 頁。

7)　滋賀県教育委員会『栗東町岡遺跡発掘調査報告書―推定古代栗本郡衙跡の調査―』（1996 年）。

8)　平井美典『藤原仲麻呂がつくった壮麗な国庁　近江国庁』（新泉社，2010 年）。

9)　須崎雪博「近江国庁成立時期に関する一試案」（『淡海文化財論叢』第 4 輯，2012 年）。

10)　松江市教育委員会『出雲国庁跡発掘調査概報』（1971 年）。

11)　青木和夫『古代豪族』（小学館，1974 年）108～110 頁。

12)　山中敏史「国府・郡衙跡調査の歴史」（『仏教芸術』124 号，1979 年）19 頁。

13)　山中敏史「国府・郡衙の構造と変遷」（『講座日本歴史　古代 2』東京大学出版会，1984 年），同「「古代都市」国府を探る」（『古代日本を発掘する 5　古代の役所』岩波書店，1985 年），同「律令国家の成立」（『岩波講座日本考古学 6　変化と画期』岩波書店，1986 年），同『古代地方官衙遺跡の研究』（塙書房，1994 年）。

14)　註 13「律令国家の成立」286 頁。

15)　註 13『古代地方官衙遺跡の研究』。

16)　木下良『国府―その変遷を中心として―』（教育社，1988 年）15・16 頁。

17)　大橋泰夫「国府成立の一考察」（大金宣亮氏追悼論文集刊行会編『古代東国の考古学』慶友社，2005 年）。

18)　平石充「出雲国風土記と国府の成立」（『古代文化』第 63 巻第 4 号，2012 年）。

19)　山中敏史「討議コメント」（『第 17 回古代官衙・集落研究集会研究会報告書　長舎と官衙の建物配置　報告編』奈良文化財研究所研究報告第 14 冊，2014 年）240 頁。

20)　中村順昭「国司制と国府の成立」（『古代文化』第 63 巻第 4 号，2012 年）。

21)　山中敏史「国庁の構造と機能」（『古代の官衙遺跡 II　遺物・遺跡編』奈良文化財研究所，2004 年）132 頁。

22)　山村信榮「大宰府成立論―政庁 II 期における大宰府の成立―」（『牟田裕二君追悼論集』牟田裕二君追悼論集刊行会，1994 年），岩永省三「老司式・鴻臚館式軒瓦出現の背

景」(『九州大学総合研究博物館研究報告』第 7 号，2009 年)。

23) 註 13『古代地方官衙遺跡の研究』249 頁。

24) 註 21「国庁の構造と機能」134 頁。

25) 註 13『古代地方官衙遺跡の研究』66〜76 頁。

26) これまで多賀城碑から多賀城政庁第 II 期は，「天平宝字 6 年（762 年）の藤原朝獦による修造」とされたが，瓦類の検討から天平年間の積極的な奥羽政策の中で瓦葺礎石建物となったと考える（大橋泰夫「瓦葺掘立柱建物からみた多賀城政庁」須田勉編『日本古代考古学論集』同成社，2016 年)。

27) 荒井健治「武蔵国府の成立と展開」(須田勉・阿久津久編『古代東国の考古学 1　東国の古代官衙』高志書院，2013 年)。

28) 江口桂『古代武蔵国府の成立と展開』(同成社，2014 年)。

29) 谷重豊季「備後国府について―国府空間をイメージする作業―」(『島根大学法文学部地域社会教室論集』5，1990 年)。

30) 早川庄八「律令制の形成」(『岩波講座日本歴史　古代 2』岩波書店，1975 年)。

31) 鐘江宏之「「国」制の成立―令制国・七道の形成過程―」(笹山晴生先生還暦記念会編『日本律令制論集　上巻』吉川弘文館，1993 年)。

32) 森公章「国宰，国司制の成立をめぐる問題」(『歴史評論』第 643 号，2003 年)。

33) 市大樹「国司制の成立と伝馬制―国司職分田制との関連から―」(『続日本紀研究』第 301 号，1996 年)。

34) 山中敏史氏のご教示。

35) 仁藤敦史「広域行政区画としての大宰総領制」(『国史学』第 214 号，2015 年)。

36) 大隅清陽「儀式空間としての国庁・郡庁―儀制令 18 元日国司条の周辺―」(『帝京大学山梨文化財研究所研究報告』第 13 集，2009 年)。

37) 吉田晶「地方官衙とその周辺―国制制の成立をめぐって―」(『庄内考古学』19 号，1985 年)。

38) 十川陽一「大宝令制下の外散位について」(『ヒストリア』234 号，2012 年)。

39) 長野県教育委員会『長野県屋代遺跡群出土木簡』(長野県埋蔵文化財センター発掘調査報告書 21，1996 年)。

40) 徳島県教育委員会・財団法人徳島県埋蔵文化財センター『観音寺遺跡 IV』(徳島県埋蔵文化財センター調査報告書第 71 集，2008 年)。

41) 高橋学「国分松本遺跡出土の木簡」(『都府楼』44 号，2012 年)。

42) 坂上康俊「嶋評戸口変動記録木簡をめぐる諸問題」(『木簡研究』第 35 号，2013 年)。

43) 金田章裕「大宰府条坊プランについて」(『人文地理』第 41 巻 5 号，1989 年）433 頁。

付論1　地方官衙と方位

は じ め に

　地方官衙の国府や郡衙は地方を支配する律令国家の意志を示して造営されており，古代国家の形成過程や制度は地方官衙の構造に反映されている。したがって，地方官衙遺跡のあり方や変遷の解明は，律令国家の地方支配の実態や在地の対応を知る手がかりとなる。7世紀後半以降に律令国家が成立していく中で，どこに画期を置くかが課題となってきた。筆者は7世紀末〜8世紀初めの藤原京期に諸国で国府が設置され，連動して郡衙や官道などの整備が進むと理解してきた。

　藤原京期に全国的に国府が成立したとみる説にたって，地方官衙の方位をみると新たな視点が生まれてくる。郡衙がどうして正方位を8世紀以降に採用するのか，十分な理由は示されていなかったが，郡衙が国府の強い影響下に整備されてくるという私案にたてば，国府と一体となって地方行政を進めるうえで，都城に倣って官衙施設は正方位を採用したと理解できる。

　従来の古代都城・都市研究の方法は，考古学的に地方官衙遺跡の建物規模や構造，配置や出土遺物の総合的な検討を通して，それが律令国家による地方支配との関係で，どのような歴史的事実を反映したものかという方向で研究を行ってきた。ここでは官衙の方位についても，同じく律令国家による地方支配のあり方を検討する材料の一つとして取り上げた。国府や郡衙の正方位の採用が国郡制の形成を考えるうえで重要な手がかりとなる点を指摘する。

1　官衙の方位

（1）　都城の正方位採用

都城では，官衙よりも先に588年にはじまる飛鳥寺の造営にあたって正方位

の技術は導入される。飛鳥寺の造営にあたっては，百済をはじめとする朝鮮半島の技術が導入されており，正方位の採用もそれに関わる。寺院をのぞくと，飛鳥では7世紀前半では地形などに沿って施設は造営された。飛鳥寺からはじまる正方位の土地利用が同じ推古朝の小墾宮にも適用されたという意見[1]もあるが，確実に官衙が正方位を採用するのは寺院建築より遅れ，飛鳥では7世紀中頃の飛鳥宮II期遺構（飛鳥板蓋宮）からで，周辺の飛鳥・藤原地域では天武朝頃から官衙施設や都城の中枢施設が正方位をとる[2]。白雉3年（652）に完成した難波長柄豊碕宮も正方位を採用し，大津の穴太廃寺では7世紀第3四半期に北陸道を基準にして北より東に35度振れ創建された後，大津宮の遷都と関わり正方位となる。都城の正方位採用と地方官衙との関わりについて，林部均は「地方官衙にみられる正方位による建て替えも，基本的には飛鳥とその周辺地域でみられた王宮・王都の特別な空間への飛躍とその視覚的な表現，象徴的な空間の出現と同じ現象なのである。王宮・王都の特別な空間としての視覚的な表現がその出先である地方官衙に及んだ」としている[3]。賛同できる見解であり，本論では地方官衙において，どのように正方位の採用が行われたかについて，地方官衙遺跡の検討を通してみていく。

（2）　地方官衙の正方位採用

地方官衙遺跡の年代や変遷を考えるうえでは，斜め方位から正方位への変化が重要な手がかりになることが多い。地方官衙の多くが正方位を採用するのは8世紀以降であるが，肥前国府のように国庁も約6度振れ正方位ではなく，官衙ブロックごとに方位を異にする場合も稀にある。

大宰府では，8世紀第1四半期の第II期政庁で朝堂院形式をとるが，大野城や水城とともに7世紀後半の政庁I期古段階からすでに正方位を採用する[4]。官衙で正方位が採用された初期の例の1つである。このほか，地方では7世紀後葉の官衙施設として，宮城県郡山遺跡I期官衙，福岡県小郡官衙遺跡I期，埼玉県熊野遺跡などで点的に認められるが，この段階では斜め方位を採用するのが一般的である。その一方で，早い時期から愛媛県久米官衙遺跡群，福岡県筑後国府（前身官衙），栃木県西下谷田遺跡のように正方位を採用する官衙遺跡もあり，松村一良は久米官衙遺跡群や筑後国府（前身官衙）を国家的な施設

表5　方位を変えた地方官衙遺跡

国府

遺跡名	方位の変化	斜め方位の年代	正方位採用の年代
郡山官衙遺跡	N50〜60°W → N0〜5°E	7世紀第中頃（Ⅰ期）	7世紀末〜（Ⅱ期）
播磨国府（本町遺跡）	N21°E → N1〜1°50′W	7世紀末〜	8世紀前半
美作国府	N8°E → N2°E	8世紀初頭	8世紀前半
出雲国府	N6°W →正方位	7世紀後半	7世紀末〜8世紀初頭
肥後国府（二本木遺跡）	N約18°E →正方位	7世紀後半〜	8世紀以降
日向国府（寺崎遺跡）	N45°W → N2°E	7世紀後半？（前Ⅰ期の前身遺構）	8世紀以降

郡衙

遺跡名	方位の変化	斜め方位の年代	正方位採用の年代
南小林遺跡	N25〜77°E → N2°W	7世紀後半〜末	7世紀末〜8世紀初頭
赤井遺跡	N8〜15°W →正方位	7世紀後半	7世紀末
泉官衙遺跡	N16°E →ほぼ正方位	7世紀末〜8世紀初頭	8世紀前半
栄町遺跡	N22°WW → N2°50′W	7世紀後半（Ⅰ・Ⅱ期）	8世紀以降（Ⅲ期）
清水台遺跡	N28〜38°E →正方位	7世紀後半〜7世紀末	8世紀半ばから10世紀前半
台渡里官衙遺跡群	N40°E →正方位	7世紀後半（評衙もしくは居宅）	8世紀初頭〜
御殿前遺跡	N10〜20°E →正方位	7世紀後半	8世紀以降
千年伊勢山台遺跡	N27〜29°W →正方位	7世紀後半から8世紀初頭	8世紀前半〜9世紀前半代
嶋戸東遺跡	N33°50′→正方位	7世紀後半から8世紀前半	8世紀中〜
日秀西遺跡	N32〜35°W →正方位	7世紀後半	8世紀第2四半期〜10世紀
古志本郷遺跡	N33°W →正方位	7世紀末〜8世紀前葉	8世紀前葉〜
小郡官衙遺跡	N15°W → N37°E →正方位	7世紀後半（Ⅰ・Ⅱ期）	8世紀中頃以降（Ⅲ期）

駅家

遺跡名	方位の変化	斜め方位の年代	正方位採用の年代
野磨駅家	N33°E → N1°W	7世紀末頃（落地八反坪地区）	8世紀前半（落地飯坂遺跡）

＊座標北と真北が1度を超えて大きく変わらない点から，座標北と遺構との振れがほぼ同じものを

とみる[5]。西下谷田遺跡Ⅰ期もほぼ正方位をとり，掘立柱塀で区画して棟門を設置し，区画の中央部をあけて空閑地を意識した建物配置をとる点などから，家政的性格を持つ機関（居宅）を内包した拠点的官衙とされる[6]。こうした早い時期に正方位をとる例もあるが，7世紀後半において地方では官衙に正方位を採用するのは一般的ではなかった。

国府と正方位

　地方官衙の成立・整備過程から官衙建物の方位をみると，全国的に7世紀末〜8世紀初め以降に大きな変化が認められる（表5）。この時期に国府が成立し，評・郡衙が整備される。地方官衙からみた場合，7世紀後半の評衙とされる遺跡の多くは正方位を採用せず，埼玉県熊野遺跡でみられるように規格性が

備考
Ⅰ期：城柵→Ⅱ期：陸奥国府。藤原宮との類似
国庁：713年に美作国分立 国庁
国庁

陸奥国黒川以北10郡の1つか
陸奥国牡鹿郡衙か
陸奥国行方郡衙：郡庁・正倉
陸奥国磐瀬郡衙：郡庁
陸奥国安積郡衙
常陸国那珂郡衙：正倉
武蔵国豊島郡衙：郡庁・正倉
武蔵国橘樹郡衙：正倉
下総国武射郡衙：郡庁・正倉
下総国相馬郡衙・正倉
出雲国神門郡衙：郡庁
Ⅰ期：国家的な官衙か。 Ⅱ・Ⅲ期：御原郡衙か

正方位としている。

乏しく居宅と未分化である点が特徴である。そうした中で，8世紀以降には地方官衙の多くが正方位を採用する。この要因として，国府が正方位を採用したことを受け，それぞれの国内の郡衙施設に大きな影響を与えて，政庁を中心に正方位を採用することにつながったと考えている。典型的な例として，陸奥国と出雲国をみておく。

陸奥国の地方官衙と方位

陸奥国に最初に設置された官衙施設である，宮城県郡山遺跡Ⅰ期官衙は7世紀中頃〜末に機能した城柵であり，Ⅱ期官衙は7世紀末ないし8世紀初めからはじまり，多賀城に先行する陸奥国府である。Ⅱ期に，郡山官衙遺跡は斜め方位から正方位に大きく変わる（図68）。藤原宮との関係については，陸奥国府の郡山遺跡Ⅱ期官衙では正方形の平面形と中枢部の位置，外郭の構造が共通する点から，藤原宮をモデルとしている[7]。方位も藤原宮の設計原理によって斜め方位から正方位に変わる。

陸奥国内では，郡山遺跡が正方位に変わった後，泉官衙遺跡（行方郡衙），赤井遺跡（牡鹿郡衙），栄町遺跡（磐瀬郡衙）でみられるように，斜め方位であった官衙も8世紀以降に正方位に変わる（図69）。陸奥国内では名生館官衙遺跡（丹取郡衙）や東山官衙遺跡（賀美郡衙）などの8世紀以降に新設される官衙施設では，中枢施設の政庁は基本的に正方位を志向して設けられる。

福島県泉官衙遺跡では，郡庁院・正倉院・館院が確認されている[8]。郡庁院は16度30分東に振れるⅠ期（7世紀後半〜8世紀初め）から，Ⅱ期（8世紀前葉）に正方位をとり，その方位はⅢ期（8世紀後半〜9世紀）にも踏襲される。正倉院も郡庁院の変遷に対応し，斜め方位から正方位に変わりⅡ期からはじまる館院は正方位を採用する。

付論1　地方官衙と方位　　209

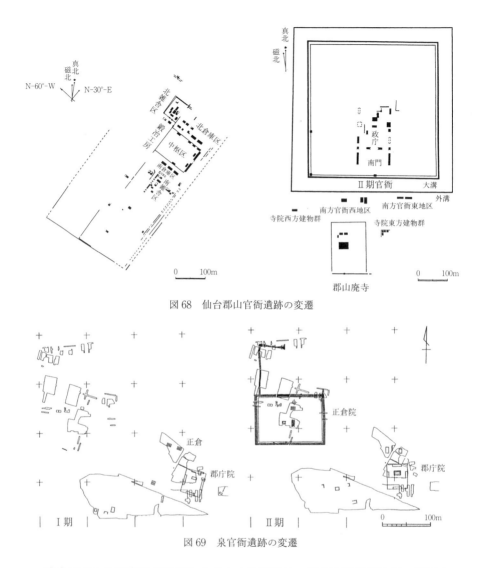

図68 仙台郡山官衙遺跡の変遷

図69 泉官衙遺跡の変遷

　陸奥国内の地方官衙が正方位を志向する契機は，郡山遺跡Ⅱ期官衙が藤原宮の影響を受けて正方位になったことに由来し，陸奥国内の諸官衙は国府である郡山遺跡Ⅱ期官衙に倣ったのであろう。

出雲国府と郡衙

　出雲国府では，六所脇地区で正方位の四面廂建物SB20とその下層から振れ

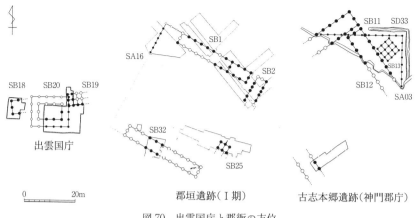

図70　出雲国庁と郡衙の方位

が異なるSB18・19が確認されている（図70）。官衙施設は大原評の木簡から評制下に成立し，土器類からも7世紀後半に遡る[9]。下層のSB18・19とその上層の正方位の四面廂建物SB20については，7世紀後半（末頃）～8世紀初めにおける国衙の中心建物の1つとみている。大原評の木簡が北側の宮の後地区の正方位を向く溝から出土している点から，同じ正方位の四面廂建物SB20は評制下に位置付けることができる。各地の官衙建物の振れがいつ正方位に変わったかについて年代的な根拠が少ない中で，出雲国庁では評制下の木簡から年代が判明する点で重要である。

出雲国府の国衙施設は，まず斜め方位の長舎建物SB18・19を中心として成立し，後に正方位の四面廂建物SB20を正殿とした国庁に建て替わるが，同じようなあり方が神門郡衙の古志本郷遺跡でもみられる[10]。郡庁は振れが強い長舎建物から正方位の廂付建物になり，出雲国庁と神門郡衙の建物配置や振れの変更は共通する（図70）。

また，出雲国府が位置する意宇平野では条里が広がり，その地割について発掘調査で確認された建物方位から，古代から中世にかけての開発が3段階にまとめられている[11]。弥生～古墳時代を河川や地形などの自然規則に依存したあり方からはじまり，最大の画期が第2段階の「国庁に代表される明確な南北指向の建物群の成立」とされ，平野周辺部の山代郷正倉の官衙建物にも認められている。出雲国府と条里や官道との関係をみると，出雲国府の施設は正方位

となるが，官道の山陰道（正西道）や条里はおよそ4度北で東に振れており，意宇平野の条里と国府施設は振れが異なり，直接的に関係するものではない。その一方，出雲国府の諸施設が正方位を採用する8世紀以降，周辺の意宇郡の山代郷正倉も国府と同じ正方位となって造営されていく。

美濃・下野・常陸国でも国庁と郡庁の配置や変遷は共通する。その一方で，国庁と郡庁の配置が細部で異なる例もあるが，そうした国においても正殿が正方位を採用して，脇殿と広い前庭を持つという政庁の基本構造は共通しており，郡庁の造営は国庁の新設と関わりが深い。国府と郡衙施設において，政庁にみられる共通性は注目でき，その一端が方位に認められる。

郡衙正倉の変遷と方位

郡庁だけでなく，各地の郡衙正倉の方位をみると成立期に斜め方位だったものが8世紀以降に正方位を採用する傾向が認められ，正倉は整然とした配置をとり大型化し，その中で特定の倉が威容を示すように建設されていく。ただし，郡衙正倉は国庁ほど厳密な正方位ではなく，茨城県平沢官衙遺跡（常陸国筑波郡衙）にみるように，丘陵の地形に沿って正倉を設置する例もある[12]。

筑後国御原郡衙の小郡官衙遺跡II期（7世紀末〜8世紀前半）では，建物は斜め方位をとり，超大型の正倉は設けられていない。その後，御原郡衙は8世紀中頃までに下高橋官衙遺跡へ移転し，ここで建物は正方位を採用し大型で瓦葺礎石建ちの正倉が造営される[13]。

泉官衙遺跡（陸奥国行方郡衙）でも郡庁だけでなく正倉もI期（7世紀後半〜8世紀初め）は斜め方位をとり，桁行3間×梁行3間の総柱式建物3棟からなる。正方位を採用するII期（8世紀前半以降）では，倉は数を増やし大型化し法倉に相当する超大型の礎石建物SB1803（床面積 $136.8\,\mathrm{m}^2$）も造営され，建物は特定できないが，8世紀前葉に瓦葺の倉も建設される。

このほか，千葉県日秀西遺跡（下総国相馬郡衙）や神奈川県橘樹官衙遺跡（武蔵国橘樹郡衙），東京都御殿前遺跡（武蔵国豊島郡衙）の正倉群でも，成立期は斜め方位ではじまり8世紀以降に正方位に変わる。郡衙正倉は7世紀後半代には地形や交通路などの方位に合い，正方位を採用するのは8世紀以降が一般的であった。

郡衙正倉の形成は田祖・出挙制に伴う稲穀収取制度の一環として捉えられ，

7世紀後半に成立し8世紀以降に大規模化していく中で，国庁や郡庁と同じく正方位を採用していく。加えて，特定の倉が大型化し礎石建物となり，北関東から陸奥国にかけては瓦葺となっていく。高質化した倉は史料上で法倉と呼ばれ，高年者らへの賑給に伴うもので，天皇制イデオロギーの恩勅に関わり地方支配を進めるうえで天皇の有徳思想に関わる施設として設置された。正倉が正方位を採用し，特定の倉が高質化することは8世紀の早い時期からはじまっており，古代国家が国郡制に基づく地域支配を進める中で，倉が国家権力の誇示を含めて建設されたことを示している[14]。

国府と駅家

山陽道の野磨駅は，8世紀以降に正方位を採用する。7世紀末に造営された落地八反坪遺跡（初期の野磨駅）は，山陽道に面してコ字形に建物を配置し，南北に走る山陽道に面して東向きに建つ。その後，野磨駅は8世紀前半に北方の落地飯坂遺跡において瓦葺建物として建て替えられる。落地飯坂遺跡は落地八反坪遺跡と異なり，山陽道に面した西門を瓦葺の八脚門として立派に造作する一方で，建物は山陽道の走行方向とは無関係に南面して正方位を採用する。

駅家は国と深く関わり，野磨駅は播磨国の管轄下にあった。播磨国府の施設とされる兵庫県本町遺跡では方位が8世紀前半以降，斜め方位から正方位になり，山陽道も方位を変えたとみられている。I期の国府方位は，北より東に21度振れており，飾磨郡主条里の地割と一致し真北から大きく振れており，これは山陽道を基準に条里と同じ方位で設けられたことを示し，II期には国府の正方位に合せて山陽道を含めて付近の地割全体が大きく改変される[15]。播磨国では，播磨国府とその管轄下であった駅家の一つである野磨駅が8世紀前半以降，正方位に変わる。駅家が正方位を採用するのは，国府が正方位を採用したことと関わる。

山陽道の駅家は通過する蕃客の使者に対して国家の威信をみせるために，柱を丹塗りした瓦葺礎石建物として立派に造営された[16]。山陽道では，瓦葺の駅家が正方位をとって国家の威信を表示するために機能した。

付論1　地方官衙と方位　213

2 国郡制と官衙の方位

(1) 正方位の技術

　古代の官衙や寺院の方位を決定するうえで，どのような天文観測に基づいた測量技術が用いられたのか，具体的には不明な点が多い。「周牌算経」によれば，古代中国では天体観測によって方位を求めた[17]。北極星を基にした測量技術によって，精度が高い測量ができること，太陽観測によっても正方位観測が可能なことが指摘されている[18]。古代において注意が必要な点は，北極星が歳差運動（約26,000年周期の地軸の首振り運動）により，時代によって真の北極から数度以上離れている点である。現代は半径1度以下であるが，7世紀後半〜8世紀代には半径6〜7度も真の北極から離れていたので，ある時刻に北極星の位置を測ると大きな誤差が出てしまう。

　正方位（真北）に官衙や寺院を造営するうえでは，精度が高い測量技術が必要であった。都城や国府では正方位に基づいて施設が造営されたが，郡衙では真北を志向しながらも真の北極から数度以上，振れた方位を採用する例が多いのは測量技術によるところもあったのであろう。

(2) 国郡制の成立と方位

　古代律令国家の領域的な支配は，孝徳朝の立評，天武朝の国境確定，飛鳥浄御原令（689年）・大宝律令（701年）の制定を受け，律令国司の派遣がなされ確立していく。こうした中で古代国家は，中国に倣い中央集権的支配の徹底を図り，宮都や地方官衙はその舞台装置となるとともに，支配の手段としての役割を果たした。

　具体的に評・郡衙の成立と展開をみていくと，7世紀第3四半期〜第4四半期にかけて大規模な正倉群や郡庁を伴う定型化した評衙に先行する遺跡として，埼玉県熊野遺跡，栃木県西下谷田遺跡，福島県根岸遺跡などで官衙施設が確認されている。大型建物や長舎建物，門から構成され，畿内産土師器や新羅系土器，硯などが出土し，一般集落のあり方とは大きく異なる。その一方で，後の定型化した郡衙と異なり建物配置に規格性が乏しく，中心施設に竪穴住居

や井戸を含むなど居宅と未分化な状況が明らかにされている[19]。この時期には，まだ施設の方位は正方位をとらず，地形や交通路などに沿って設けられる。

評・郡衙が官衙施設として確立するのは，7世紀第末〜8世紀にかけてであり，この時期に国府は独立した官衙として設置され，その国府成立が評・郡衙施設の整備に大きく影響を与えている。そうした中で，国府・郡衙などの官衙施設は正方位を採用していく。

おわりに

地方官衙において，斜め方位から正方位に変わる例をみると，年代を決定するうえでは遺物が少なく難しい場合が多いが，現状では7世紀末〜8世紀初め以降に正方位を採用していく傾向がうかがえる。正方位を採用する地方官衙の中には，これに先行して7世紀後半に遡る例が，久米官衙遺跡群などで少数認められるが，単なる評衙ではなく国家的な官衙の可能性も想定されている。都城では7世紀中頃以降に正方位を採用するが，地方では7世紀後半に正方位をとるのは例外的であり，7世紀末〜8世紀初め以降が一般的である。

地方官衙の正方位採用は都城に倣ったものであり，藤原京の成立が契機の1つとなっていたと憶測する。地方では7世紀後葉の官衙施設の多くは正方位を採用していなかったが，国府が7世紀末〜8世紀初め頃に正方位を採用した結果，郡衙もそれに倣ったとみている。

都城において宮が都城の北に置かれる理由は，古代中国において万物の根源を意味する太極が北極（北辰）を意味し，その太極を地上に現出させた大極殿のある宮城を都城の北辺中央に設けたためである[20]。日本においても天皇の宮殿は都城の北側に設けられ，天子南面して大極殿をはじめとする殿舎は南を向いて造営された。官衙施設が正方位を採用する意義は，律令国家が地方支配にあたって官衙を舞台装置として重要視していた現れであり，元日朝賀の儀に示されるように，天皇を中心とする中央集権国家にとって必要なことであった。地方官衙が正方位を採用する点については，単に計測技法といった観点からだけではなく，古代の地方官衙の役割として，律令国家が行政的機能とともに儀礼的な機能が重視された支配装置としてみる必要がある。

付論1　地方官衙と方位　　215

地方官衙である国府・郡衙が正方位を採用するようになった背景として，都城の影響を想定している。これまで国郡制の成立を考えるうえで，7世紀末〜8世紀初め頃に全国的に国府が成立した点が重要であることを主張してきた。ここでは，その一端が地方官衙の方位に示されていると考える。国郡制の成立を国府と評・郡衙の成立過程からみると，7世紀後半に段階を経て整い，7世紀末〜8世紀初め頃が大きな画期であり，全国的に国府が成立した点を重視している。地方官衙を方位からみると，国郡制の成立の中で地方官衙も正方位を採用していく。国府をはじめとする施設は地方支配の舞台装置としての重要な役割を持っており，都城に倣って官衙建物を南面させた。

　註

1)　古市晃「飛鳥の空間構造と都市住民の成立」(同『日本古代王権の支配論理』塙書房，2009年)，相原嘉之「飛鳥の諸宮とその展開」(同『古代飛鳥の都市構造』吉川弘文館，2017年)。

2)　林部均『飛鳥の宮と藤原京―よみがえる古代王宮―』(吉川弘文館，2008年)。

3)　同上。

4)　杉原敏之「大宰府政庁のⅠ期について」(『九州歴史資料館研究論集』32，2007年)。

5)　松村一良「西海道　筑後」(条里制・古代都市研究会編『古代の都市と条里』吉川弘文館，2015年)。

6)　板橋正幸「西下谷田遺跡の一考察」(大金宣亮氏追悼論文集刊行会編『古代東国の考古学』慶友社，2005年)。

7)　今泉隆雄「古代国家と郡山遺跡」(仙台市教育委員会『郡山遺跡発掘調査報告書　総括編(1)』仙台市文化財調査報告書第283集，2005年)。

8)　南相馬市教育委員会『泉廃寺跡―陸奥国行方郡家の調査報告―』(南相馬市埋蔵文化財調査報告書第6集，2007年)。

9)　松江市教育委員会『出雲国庁跡発掘調査概報』(1971年)。

10)　島根県教育委員会『古志本郷Ⅴ遺跡―出雲国神門郡家関連遺跡の調査―』(2003年)。

11)　藤原哲「出雲意宇平野の開発と地割」(『出雲古代史研究』第3号，2003年)。

12)　山本賢一郎「常陸国筑波郡衙の正倉遺構」(『古代の稲倉と村落郷里の支配』奈良国立文化財研究所，1998年)。

13)　赤川正秀「筑後国御原郡衙の正倉―小郡官衙遺跡・下高橋遺跡―」(『郡衙正倉の成立と変遷』奈良国立文化財研究所，2000年)。

14)　大橋泰夫編『古代日本における法倉の研究』(平成21年度〜平成23年度科学研究費補助金・基盤研究(C)研究成果報告書，2012年)。

15)　山本博利「播磨国府跡」(『姫路市史　資料編考古』姫路市，2010年)。

16) 高橋美久二『古代交通の考古地理』（大明堂，1995 年）。

17) 橋本敬造訳「周牌算経」（藪内清編集『中国天文学・数学集』朝日出版社，1980 年）。

18) 宇野隆夫・宮原健吾・臼井正「古代」（宇野隆夫編『ユーラシア古代都市・集落の歴史空間を読む』勉誠出版，2010 年）。

19) 鳥羽政之「東国における郡家形成の過程」（北武蔵古代文化研究会編『幸魂―増田逸朗氏追悼論文集―』2004 年），いわき市教育文化事業団『根岸遺跡―磐城郡衙跡の調査―』（いわき市埋蔵文化財調査報告第 72 冊，2000 年）。

20) 岸俊男『日本古代宮都の研究』（岩波書店，1988 年）。

付論2　地方官衙成立期の瓦葺建物

はじめに

　日本の古代国家は，7世紀半頃以降に中国に倣い国造制や部民制を通した地方支配から，領域を持った中央集権的な律令国家へ転換する。律令国家は国郡里制を設けて個別人身支配を確立し，地方へ国司を派遣した。国司は国府を中心に地方の統治にあたり，その下で在地の有力者が郡領として活動した。こうした地方支配の拠点となった国府や郡衙など地方官衙施設の実態は明らかにされている。

　国府が全国で広く設置されたのは，7世紀末〜8世紀初めである。この時期は国府とともに郡衙も官衙として整備される時期であり，全国で直線的な官道が設けられ条里施行も実施された[1]。諸国で官衙や官道などの整備が進んだのは，7世紀末に領域的な国が成立しそれに伴い常駐国司が派遣され，国府が成立した点が大きな契機になったと考えている。国府成立は在地社会が大きく変容する画期で，国府の成立には藤原宮成立が影響を与えた。本論では地方官衙施設への藤原宮の影響について，瓦葺建物からその一端をみていき，地方官衙による可視的な権威誇示が地方支配を行うにあたって重要であった点を示したい。

1　都城の荘厳化と地方官衙への波及

　瓦葺建物は6世紀末に飛鳥寺で採用されたのが最初で，宮殿や官衙に採用されるのは寺院より遅れ，7世紀末の藤原宮からはじまる。それ以前では，斉明天皇が655年に小墾田宮を瓦葺にしようとしたが果たせなかったことが『日本書紀』に記されている。

　飛鳥では石神遺跡において，藤原宮に先行して寺院ではない建物に瓦が葺か

れていた可能性が指摘されている。石神遺跡は飛鳥寺のすぐ北側に位置する施設で，7世紀中頃以降に蝦夷や外国の使節などを迎えた饗宴施設，迎賓館としての役割を持つとみられているが，花谷浩はこれらの瓦はそれ以前の620〜630年代とみて，「埼玉県稲荷山古墳鉄剣銘に記されたような原義での「寺」として，石神遺跡を評価」したいとしている[2]。こうした施設で瓦葺建物が採用されているのは，公的な施設に当初から高質化や荘厳さが求められた現れと思われる。

石神遺跡のような例外はあるが，都城で官衙建物に瓦葺が採用されるのは藤原宮の朝堂院からで，平城宮でも引き継がれ壮麗な大極殿として元日朝賀や天皇の即位式，蕃客の謁見などが行われた。さらに平城京を壮麗にするために邸宅を丹塗りの瓦葺建物にするようにとの命令が出され，宮殿だけでなく貴族の邸宅の一部にも瓦葺建物が採用された。中央政府は，8世紀前葉に対外的な視覚効果を目的として建物の瓦葺を奨励した。8世紀第2四半期から中頃には地方でも国府・郡衙に瓦葺建物が採用されており，都城の荘厳化政策と連動したものであった。

一方で，藤原京期に地方官衙においても数は少ないが，瓦葺建物が採用される。ここでは藤原京期にあたる地方官衙出土瓦について，資料を実見した遺跡を中心に検討し，その意義を考える。

2 国府成立期の瓦葺建物

地域支配の拠点であった国府では，中心施設の国庁が8世紀中頃前後に瓦葺となり高質化する。一方で，1段階古い白鳳様式の瓦が出土する国府として，下野・常陸・美濃国府などがある。

下野国府

下野国府は国庁や官衙施設，区画溝などからⅠ〜Ⅵ期に大別される[3]。下野国府の成立時期は，土器・瓦から7世紀末〜8世紀初めとみている。Ⅰ期の瓦は，下野国府121・122型式の面違鋸歯文縁複弁八葉蓮華文軒丸瓦と三重弧文軒平瓦（図71）であり，国庁周辺から出土する。Ⅱ期東脇殿の掘方埋土から瓦が出土している点から，国庁にはⅠ期中に瓦葺建物（正殿か）が設けられた。

付論2　地方官衙成立期の瓦葺建物　　*219*

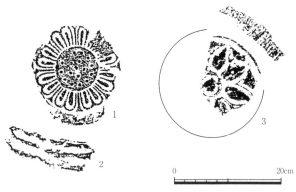

図71 下野国府(1・2)・常陸国府(3)出土の軒先瓦

この瓦は下野薬師寺の創建瓦である川原寺式軒先瓦に系譜がたどれるが,文様がやや平板になっていること,軒平瓦の重弧文弧線が断面三角形で新しい様相がある点から,その製作年代は7世紀末~8世紀初めとみている。この軒先瓦と組む平瓦も国庁地区から出土しているが,量は不明である。

常陸国府

常陸国府は国庁の建物配置と変遷が明らかになっている[4]。正殿,前殿,脇殿をコ字形に配置し,主要殿舎の変遷から3期に区分される。常陸国庁からは常陸国分寺創建瓦と同笵の瓦に加えて,それより古い7世紀末~8世紀初めの軒丸瓦7102(図71)が出土している。国府所在郡内の茨城廃寺創建瓦の1つと同笵であり,成立期の国庁建物に葺かれた可能性が高い。

美濃国府

美濃国府の国庁は,正殿と脇殿2棟を東西に配置したコ字形で,Ⅰ・Ⅱ期が掘立柱建物,Ⅲ期が礎石建物に建て替わる。Ⅰ期が奈良時代初頭,Ⅱ期が奈良時代中頃,Ⅲ期が奈良時代後半で,実年代を示す遺物は少なく成立年代については検討する余地が残る(本書第1章)。

美濃国府出土の軒先瓦は,平城宮の軒丸瓦6282型式,軒平瓦6721型式と同系統である。軒平瓦6721の顎形態は曲線顎Ⅰで,この種は平城宮編年では平城京還都前のⅡ期末(天平17年〈745〉)に遡り[5],8世紀第2四半期後半頃に位置付けられる。この平城宮系の軒先瓦は一枚作りの平瓦(凸面:縄叩き)と組むが,別に桶巻作りで格子叩きの平瓦が一定量出土している。宮処寺廃寺,

宮代廃寺からも同一叩き平瓦が出土し，この平瓦は7世紀第4四半期後半〜8世紀第1四半期に位置付けられ，成立期の国庁建物（I期正殿か）に葺かれたと理解している。

　国府では瓦葺建物は，国庁の正殿を中心に採用されている。正殿は都城の大極殿に相当し，朝賀の儀をはじめとする儀式の場として用いられた。国府における瓦葺建物の採用は，対外的な視覚効果を目的とし地方支配を支えるためであった。国府出土の瓦は国庁建物に葺かれており，その年代が藤原京期にあたる点から瓦葺建物であった藤原宮宮殿の影響が高いと考える。

3　郡衙成立期の瓦葺建物

　7世紀末〜8世紀初めに瓦葺を採用した郡衙遺跡として，宮城県名生館官衙遺跡（陸奥国丹取郡衙か・郡庁正殿）・岡山県勝間田遺跡（美作国勝田郡衙・郡庁）などがある。この時期に郡衙正倉でも宮城県角田郡山遺跡（陸奥国伊具郡衙正倉），福島県関和久遺跡（陸奥国白河郡衙正倉）で瓦葺建物が採用される[6]。いずれも建物が特定できない点に課題が残る。瓦葺の正倉は下野・常陸・陸奥国を中心に8世紀前葉〜中頃にかけて多くみられる[7]。ここでは藤原京期の瓦が出土する郡衙を取り上げて検討する。

勝間田遺跡・平遺跡

　岡山県勝間田遺跡・平遺跡は，大型建物跡や瓦・墨書土器などの遺物から，美作国勝田郡衙とその関連遺跡として知られてきた。官衙域から白鳳様式の瓦が出土し，地方官衙の瓦葺建物の古い採用例の1つとして注目されてきた。筆者は以前に，勝間田遺跡を地方官衙の中でもっとも古い時期に瓦葺建物を用いた例として検討した[8]。

　勝間田遺跡と平遺跡は南北に浅い谷を挟んで，吉野川の支流滝川右岸の段丘面から丘陵上にかけて立地し，その南側には古代官道が通ると推定されている。勝間田遺跡は掘立柱式の長舎がL字に配置されており，郡庁とみられる（図72）。分析の結果，7世紀末〜8世紀初めの瓦は郡庁建物に甍棟として葺かれた可能性が高い（図73）。

　一方，平遺跡では瓦葺建物はみつかっていないが，付近に寺院が存在したと

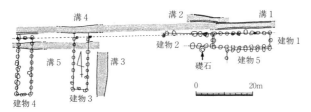

図72　勝間田遺跡の遺構配置図

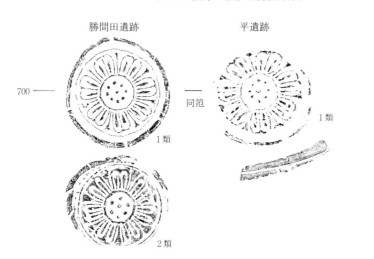

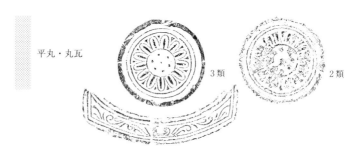

図73　勝間田遺跡と平遺跡の瓦

222

考えられている。出土瓦から7世紀末～8世紀初めに創建され，8世紀後半にも別の堂宇が造営されていると推定でき，複数の瓦葺建物からなっていたと考えている。

郡衙の勝間田遺跡で瓦を葺いた建物は特定できないが，屋根景観については出土瓦の検討によって，軒平瓦を用いない甍棟と推定できる。塼が2点出土しており，塼を用いた瓦葺建物としては中心施設である郡庁（建物1・2か）を候補の1つとみておきたい。

勝間田遺跡と平遺跡については，勝間田遺跡が郡衙（評衙）であり，それと隣接して寺院が平遺跡に設置されたと考えられていた[9]。瓦の分析から先後関係は明確ではなく，現状では7世紀後半～8世紀初めにかけて勝間田遺跡が郡衙（評衙）として成立し，ほぼ時期を同じくして寺院が北側の平遺跡に設置された。勝間田遺跡で郡衙成立期に偉容を誇る瓦葺建物を造営し，隣接する平遺跡の寺院とともに地方支配の役割を担っていた。

万代寺遺跡

因幡国八上郡衙の鳥取県万代寺遺跡では，官衙施設が3ブロック（北官衙・中央官衙・西官衙）で確認されている[10]。中央官衙は溝と塀で一辺約100mに区画され，正殿と脇殿がコ字形に配置されている。北官衙でも長舎型の掘立柱建物2棟がL字形に配置され，北官衙をⅠ期郡庁，中央官衙をⅡ期郡庁とみる説が有力となっている[11]。

瓦は北官衙地区からまとまって出土し，Ⅰ期郡庁の正殿に葺かれた可能性がある。軒先瓦としては軒丸瓦1点（図74）が出土し，近くの白鳳寺院である土師百井廃寺と同型（同笵か）とされ，7世紀末～8世紀初めに位置付けられる。屋根景観を復元するために平瓦・丸瓦の分析を行った。

・平瓦の点数333，隅数62（1/2以上の破片数14，その中で隅数10）
・丸瓦の点数84，隅数8

隅数からみると，平瓦個体数15.5（62÷4）で丸瓦個体数2（8÷4）となり，平瓦と丸瓦の比率は平瓦7.25：丸瓦1となる。丸瓦の比率がきわめて小さな点や，隅切瓦がなく平瓦も1/2以上の破片が少ない点から，万代寺遺跡の瓦葺建物は総瓦葺ではなく，甍棟と判断できる。

土師百井廃寺出土瓦との関係については，両遺跡出土瓦の胎土・焼成がよく

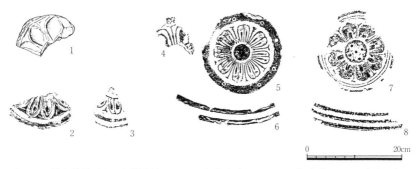

図74 万代寺遺跡（1）・小野遺跡（2・3）・根岸遺跡（4〜6）・入谷遺跡（7・8）出土の軒先瓦

似ており，同一窯産である。万代寺遺跡の平瓦はすべて桶巻作りで，凸面が格子叩きで凹面を無調整としている。凸面の型押文（格子叩き）の種類は5種を確認し，斜格子叩きとやや大き目の正格子叩きの2種がほとんどで，ほかに細かな格子叩きがごく少量出土している。土師百井廃寺からも同一型押文とみられる平瓦が出土しているが，凸面の型押文からみると寺で主体を占めるものは万代寺遺跡で出土していない種類の平瓦である。両遺跡間で平瓦の組成が異なる点から，二次的に土師百井廃寺から万代寺遺跡に持ち込まれたものではなく，万代寺用として瓦窯から供給されたと理解できる。丸瓦については万代寺遺跡では桶巻作りが主体を占め，桶巻作りでないものが少量ある。土師百井廃寺にも両タイプあるが，量比は不明である。

万代寺遺跡の瓦は，7世紀末〜8世紀初めに造営された郡衙成立期の郡庁（正殿か）に葺棟として用いられたと考える。

小野遺跡

島根県小野遺跡は『出雲国風土記』に記載された出雲郡衙の正倉である後谷遺跡の東約500mに位置する。奈良〜平安時代とされる幅1.5mの石列，平安時代の畦畔が確認されたが，建物はみつかっていない。瓦・硯・墨書土器のほかに，7世紀後半〜8世紀代の須恵器がまとまって出土している。遺跡の性格は瓦が出土しているが，仏教的な遺物がなく不明とされている[12]。

小野遺跡からは，軒丸瓦28点（単弁20，複弁8），瓦当部がはずれた軒丸瓦4点，平瓦91点（隅数7），丸瓦62点（隅数8），平瓦・丸瓦不明33点，鴟尾

破片3点が出土している。軒平瓦は出土していない。瓦の年代は8世紀初め～第1四半期に収まる。

単弁軒丸瓦，複弁軒丸瓦（図74）はともに胎土・焼成・色調が近似し，製作技法もほぼ同一である点から，同時期に同一工人集団によって製作された可能性が高い。軒丸瓦の丸瓦部は須恵器作りの泥状盤築技法でつくられているのが特徴で，単弁軒丸瓦は山陰地域に広がる上淀廃寺式軒丸瓦である。妹尾周三の検討によれば，小野遺跡例は安来市野方廃寺（教昊寺）出土瓦と同笵であり，笵傷から小野遺跡が新しく，胎土・焼成・色調が異なる点から野方廃寺から小野遺跡へ瓦笵の移動が考えられている[13]。

平瓦は粘土板を使用した桶巻作り（7点）と粘土紐巻き上げの泥状盤築技法（84点）の2種がある。泥状盤築技法のものが大半を占め，丸瓦も同じ作りである。平瓦と丸瓦の量は，破片数でみるとやや平瓦が多い。隅数でみるとほぼ同一で，軒丸瓦が多い点が特徴である。平瓦・丸瓦総点数153点に対して，軒丸瓦29点と多い。平瓦は隅数7でほぼ2枚分，丸瓦は隅数8で2枚分となり，軒丸瓦の多さが際だつ。平瓦・丸瓦に対して軒丸瓦の比率が高い点から，総瓦葺でなく甍棟であろう。

小野遺跡出土瓦は葺かれた建物が仏堂か，官衙であるのかが問題となる。『出雲国風土記』出雲郡条によれば，新造院（寺）が郡家の「南三里一百歩」（約1.8km）の河内郷にあったと記載されている。小野遺跡西側500mに位置する後谷遺跡が出雲郡衙正倉であり，この近辺の出雲郷に郡庁があるとみられる。小野遺跡は郡家からの里程や所在郷から，『出雲国風土記』記載の新造院とは考えがたい。また，『出雲国風土記』意宇郡条に記載された山代郷新造院の来美廃寺・四王寺跡では，発掘調査によって『出雲国風土記』勘造時点の天平5年（733）では仏堂が建っていたことが明らかにされている[14]。この点から小野遺跡が瓦葺の仏堂を備えた寺であったとすれば，『出雲国風土記』に記載されていないのは疑問が生じる。仏教に関わる遺物がない点からも積極的に仏堂を想定できない。

小野遺跡出土瓦については官衙に葺かれた可能性を考慮する必要がある。出雲郡衙正倉の後谷遺跡から小野遺跡を含めて東西500m程度になるが，この広さ程度の郡衙は各地で知られており小野遺跡が郡衙施設の一部でも問題はな

い。花谷浩も土器の再検討を行い，転用硯が多い点から官衙に関わる可能性を考える[15]。万代寺遺跡例などを参考にすれば，小野遺跡出土の瓦は出雲郡衙（郡庁か）に葺かれた可能性がある。

根岸遺跡

陸奥国磐城郡衙の福島県根岸遺跡では，郡庁院・正倉院・豪族居宅などが白鳳寺院である夏井廃寺南方の丘陵上にブロック単位で存在している。

郡庁院の変遷から，Ⅰ期が7世紀後半〜8世紀初め，Ⅱ期が8世紀前半，Ⅲ期が8世紀後半以降に区分されている[16]。瓦は郡庁院・正倉院とその周辺から出土している（図74）。軒丸瓦は3種あり，郡衙周辺に位置する夏井廃寺とすべて同笵で7世紀末〜8世紀初めに遡り，8世紀中頃〜後葉のものに加えて，平瓦には9世紀まで降るものが含まれる。

瓦は全体で約1,400点あり，正倉北群と南群地区の低地を流れる自然流路などからもっとも多く出土し，建物を特定することはできないが，正倉の中に瓦葺建物があったと推定できる[17]。報告では郡庁院地区からも瓦が出土する点から，ここにも瓦葺建物があったと想定している。しかし，郡庁院からは小破片がごく少量出土するだけで正倉地区と同種の瓦であり，正倉で葺かれた瓦が2次的に出土した可能性があり，郡庁建物が瓦葺とみるには問題が残る。

建物は特定できないが，郡衙正倉の中に瓦葺建物があった。瓦の時期は南側に位置する夏井廃寺創建瓦も含まれており，7世紀末〜8世紀初頭に遡る。根岸遺跡からは，夏井廃寺の創建期のもっとも古い軒丸瓦は出土していない点から，郡衙の瓦葺建物は夏井廃寺創建に続くものであった。

根岸遺跡の瓦葺建物は7世紀末〜8世紀初頭に創建され，8世紀中頃〜9世紀にかけてわずかな差し替え瓦で補修された。

入谷遺跡

群馬県入谷遺跡は上野国新田郡に所在する。約180m四方を溝で囲み，その中に瓦葺建物2棟が建つ[18]。区画溝南辺にほぼ沿って道路（東山道か）が走り，東山道新田駅もしくは新田郡衙に関わる施設と考えられている。2棟とも5間×3間の総柱式の瓦葺建物で，7世紀末に造営され8世紀中頃に焼失している。かつて郡衙正倉を分析した際には，瓦葺の倉の可能性が高いとした[19]。その後，入谷遺跡東方の天良七堂遺跡で新田郡衙政庁や正倉群の実態

が明らかになり，入谷遺跡の瓦葺建物が倉であるのか，再考が必要となっている。軒先瓦（図74）と出土須恵器から，7世紀末～8世紀初めに位置付けられる。

入谷遺跡の瓦葺建物は隅切平瓦が出土している点から総瓦葺である。礎石建ち総柱建物であるが，山陽道駅家の駅館には総床束で高床となる例（広島県府中市前原遺跡）が明らかになっている点を参考にすると，倉ではなく別の官衙施設の可能性も考慮する必要がある。藤原京期に瓦葺建物を採用するのは，寺院のほかでは国府・郡衙で政庁施設に採用される例はあるが，東国に多い瓦倉は陸奥国を除くとこの時期にはない。新田郡衙の調査成果を含めて考えると，郡衙に関わる正倉とは推断できず，異例だが新田駅の可能性もある。今後，遺跡の性格については新田郡内における官衙施設の動向の中で検討が必要であろう。

7世紀末～8世紀初めに瓦葺建物を採用した郡衙として，先に紹介した宮城県名生館官衙遺跡・岡山県勝間田遺跡があり，この時期に瓦を葺くのは郡庁（正殿か）が多い。藤原京期に郡衙施設が瓦葺となり高質化した点については，郡庁に採用される点から国府創設や藤原宮の影響があったと考える。

　おわりに

地方官衙成立期の瓦葺建物について検討した。ここで明らかになった成果と課題についてまとめる。

7世紀末～8世紀初めの瓦が地方官衙で用いられる場合，国庁・郡庁の建物に葺かれる例が多い点を再確認した。そのうえで，地方官衙成立期における瓦葺建物の採用にあたっては，藤原宮の影響があると考えた。これまで地方官衙成立期の瓦について，量が少ない点から甍棟あるいは熨斗棟と推定されてきた。万代寺遺跡や小野遺跡から出土した瓦類について，軒丸瓦・平瓦・丸瓦の数量分析から総瓦葺ではなく甍棟になる点を明らかにした。

次に，課題としては量の問題がある。一般的に瓦葺建物の創建瓦を認定するにあたっては，もっとも多く出土する瓦をあてることが原則である。しかし，地方官衙の場合は8世紀中頃以降に大きく殿舎を建て替えて整備しているため

に，大量に出土する瓦は8世紀中頃以降のものが多く，それに先行する瓦は量が少ない。そのため，量が少ない要因が屋根景観（甍棟・熨斗棟）によるのか，建物規模や棟数によるのか，あるいは後で2次的に持ち込まれたものか判断が難しい。

こうした中で，万代寺遺跡では軒先瓦だけでなく組む平瓦・丸瓦も認識できた結果，瓦は郡庁正殿の甍棟として用いられ，そのために量が少ないと解釈できた。さらに万代寺遺跡では平瓦が郡衙周辺寺院と異なる点もあるため，寺から持ち込まれたものではなく，当初から官衙所用瓦として用いられたと理解した。

また，ここに取り上げた下野国府や美濃国府出土の成立期に用いられた瓦については，柱穴掘方から瓦が出土し時期や建物が限定できる点から，後で2次的にほかの寺院などから持ち込まれたものではないと考えた。

したがって，本論で取り上げた国庁で成立期の瓦の量が少ない理由については，万代寺遺跡や小野遺跡でみられる甍棟という屋根景観，あるいは政庁正殿だけというように特定の建物に用いられたという可能性を考える。この点については，各国府出土の瓦類を軒先瓦だけでなく平瓦・丸瓦の量を含めて時期ごとに明らかにして検討すべきである。現状では軒先瓦と組む平瓦・丸瓦を時期ごとに抜き出せていない。今後の課題である。

今回の検討を通して，量が少ない官衙出土瓦については2次的に持ち込まれた，あるいは本来は官衙所用瓦ではないと拙速に結論を出すのではなく，遺構出土状況や瓦の型式学的研究を踏まえたうえで評価すべきであるという点を示すことができた。

最後に，地方官衙の駅家を解明するうえで大きな成果をあげた高橋美久二の研究方法をみておく[20]。高橋は山陽道諸国の国府・国分寺出土瓦の分析から国府系瓦を明らかにし，そのうえで駅家の位置を推定した。その中で，国府系瓦の分布の背景に「国司段階の官の力」を想定し，地方官衙の駅家造営と官の関わりを明らかにした。この駅家研究では，奈良時代の瓦をだす遺跡の中で，寺院を示す塔（心礎）と白鳳期の瓦を除いて検討した点に注意が必要である。白鳳期の瓦を除いた理由は，山陽道の駅家が8世紀以降に瓦葺になったと考えたことによる。そのため7世紀代の瓦を出す遺跡は寺院と考え，8世紀以降の

瓦を出す遺跡を中心に検討した。

　高橋が行ったように瓦が出土する遺跡については，寺院だけでなく官衙も想定して検討を行う点については従いたい。一方で，白鳳期（藤原京期）の瓦を出す遺跡についても，地方官衙の可能性を考慮に入れておく必要がある。地方官衙の国府・郡衙をみていくと，国庁や郡庁にこの時期の瓦を葺いた例が確認できる。寺院としての確証がない遺跡から瓦が出土する場合，時期を問わず国府や郡衙など地方官衙の可能性を考慮しておくべきであろう。

　藤原京期に地方官衙で瓦葺建物を採用する例があるのは，天皇のミコトモチとして地方支配を行った国司にとって，その威信を示すうえで可視的な舞台装置が必要とされたことを示している。これまでの地方官衙研究の中では，藤原京・宮との関わりについてはまだ十分に検討されていない。国府の成立が7世紀末まで遡る点を視野に入れれば，藤原宮が国府・郡の造営に影響を与えたと思われ，その一端が地方官衙成立期の瓦葺建物の採用に表れていると考える。

　　註
1)　井上和人『古代都城制条里制の実証的研究』（学生社，2004年），近江俊秀『古代国家と道路―考古学からの検証―』（青木書店，2006年）。
2)　花谷浩「石神遺跡の瓦」（『奈良文化財研究所紀要2004』2004年）。
3)　栃木県教育委員会『下野国府跡Ⅰ～Ⅸ』（栃木県埋蔵文化財調査報告第30・35・42・50・54・63・74・90・100集，1979～90年）。
4)　石岡市教育委員会『常陸国衙跡―国庁・曹司の調査―』（2009年）。
5)　佐川正敏「屋瓦」（『平城宮発掘調査報告ⅩⅣ―平城宮第2次大極殿院の調査―』奈良文化財研究学報第51冊，1993年）。
6)　志賀崇「瓦葺建物の比率と時期」（『古代の官衙遺跡Ⅰ　遺構編』奈良文化財研究所，2003年）。
7)　大橋泰夫編『古代日本における法倉の研究』（平成21年度～平成23年度科学研究費補助金・基盤研究(C)研究成果報告書，2012年）。
8)　大橋泰夫「地方官衙創設期における瓦葺建物の検討」（『社会文化論集　島根大学法文学部社会文化学科紀要』第7号，2011年）。
9)　山中敏史『古代地方官衙遺跡の研究』（塙書房，1994年）。
10)　郡家町教育委員会『万代寺遺跡発掘調査報告書』（1983年）。
11)　註9『古代地方官衙遺跡の研究』。
12)　斐川町教育委員会『小野遺跡』（2005年）。
13)　妹尾周三「山陰に広がる上淀廃寺式軒丸瓦―伝播と寺院の造営―」（広島大学大学院

文学研究科考古学研究室編『考古論集　川越哲志先生退官記念論文集』2005 年）。

14）島根県教育庁文化財課編『山代郷北新造院跡』（2007 年）。

15）　花谷浩「楯縫郡と出雲郡の古瓦」（『しまねミュージアム協議会共同研究紀要』第 4
号，2014 年）。

16）　いわき市教育文化事業団『根岸遺跡―磐城郡衙跡の調査―』（いわき市埋蔵文化財調
査報告第 72 冊，2000 年）。

17）註 7『古代日本における法倉の研究』。

18）　須田茂「入谷遺跡」（東日本埋蔵文化財研究会編『古代官衙の終末をめぐる諸問題』
第 2 分冊，1994 年）。

19）　大橋泰夫「古代における瓦倉について」（『瓦衣千年』森郁夫先生還暦記念論文集刊
行会，1999 年）。

20）　高橋美久二『古代交通の考古地理』（大明堂，1995 年）。

結語　国府成立と国郡制

　国府の成立状況を考古学的に検討した結果，全国的に国庁を中心として国衙は7世紀末〜8世紀初めには設置されていた。一方で，定型化国庁の成立時期が国ごとに異なる点も明らかになった。国庁は多くの国で8世紀前葉〜中頃にかけて，独立した塀で区画された中にコ字形配置をとる定型化した構造として設置されていく。ただし，定型化国庁の成立時期は国ごとに異なり，筑後・日向国府のように8世紀後半以降に遅れる国もあり，全国一斉に同じ時期に画一的に整備されていない。定型化国庁の設置は国によって半世紀以上の違いがあり，その建設をもって国府の成立や国郡制の画期を示すとみることはできない。

　国府の形成過程において，もっとも大きな画期は諸国で初期国庁や曹司・国司館が創設されていく7世紀末〜8世紀初めの藤原京期である。初期国庁が断絶せずに，同じ場所で8・9世紀以降の定型化国庁に踏襲されていくことが複数の国で認められる。定型化した国庁からはじまる場合ばかりではなく，国庁下層もしくは周辺に先行する長舎囲い型の政庁がみつかる例が増えている。常陸・陸奥・美作・伯耆・日向国府で，そのことが認められる。長舎囲い型は評・郡衙の政庁で多く採用され国府と郡衙の違いを示すものとみる意見もあるが，定型化国庁の下層でみつかる例については同じ場所を踏襲し建物配置や構造も定型化国庁に引き継がれる点から国庁として考える。

　国庁が8世紀第2四半期以降からはじまる国府がある点から，それまで郡衙が国衙機能を兼ね，郡庁が国庁の代用となっていたとみる意見があった。近江・伊勢国府のような例である。こうした国では，陸奥・筑後・伯耆国でみるように移転時期はそれぞれ異なるが，国庁を含めた国衙あるいは国府そのものの移転を考えるべきである。

　国府の成立・整備は，国郡制の形成過程と関わる。山中敏史は地方官衙遺跡の分析を通して，評や評衙の成立過程を端緒的評衙・前期評衙・後期評衙の3段階に区分する[1]。

　第1段階の端緒的評衙は7世紀前半代の孝徳立評に先行する時期におけるコ

オリとその拠点的施設，第2段階は7世紀第3四半期（孝徳朝〜天武朝期前半頃）に前期評衙が成立，第3段階は7世紀第4四半期（天武朝後半頃〜文武朝期）で後期評衙とする。その中で，前期評衙と後期評衙については連続性が希薄でその間の断絶や大きな構造変化が一般的に認められ，前期評段階と後期評・郡段階との間の支配単位の性格変化に起因するものであったとする。その一方，後期評衙は郡衙として継承されているものが多く，官衙施設の構成も基本的には郡衙と変わらないあり方から，後期評段階は令制郡と基本的に同質の地方行政単位が全国的に成立していく画期であったとみる。そして，領域区分に基づく人民支配の完成は後期評衙の全国的な新設と連動し，郡衙が全国で全面的に成立する8世紀第1四半期が，領域による人民区分として郡が全面的に確立する時期で，8世紀前半は国府が全国的に成立する時期とも期を一にし，国府の成立によって律令国家による国郡制という領域区分に基づく地方人民支配のシステムが名実ともに確立したと評価する。

山中敏史が明らかにしたように，評・郡衙が官衙として確立するのは7世紀末〜8世紀初めにかけてである。ただし，筆者は独立した官衙施設としての国衙成立は評・郡衙に遅れず，国衙と評・郡衙の整備には密接な関係があったとみている。7世紀末〜8世紀初めに国府が成立し，国衙とともに郡衙も整備された。国郡制に基づく地方支配は，この時期に成立した国府を中心に行われたと理解できる。

昭和40年代以降，国府の発掘調査が行われ，国司がどこで政務・儀式を行ったかが問題となった。地方官衙から国郡制の形成を考えると，国境が確定し国司が常駐する天武・持統朝の7世紀末と，それに先行する国司が臨時的に派遣された段階に分ける必要がある。

第1の画期は，7世紀中頃〜後葉で，拠点的官衙施設が特定の場所に設置された。大宰府，筑後国府の先行官衙，久米官衙遺跡群，郡山遺跡Ⅰ期官衙などである。この時期，特定の任務を携えた巡検使的な役割を担って諸国に派遣された国司（国宰）は独立した庁舎を持たず，こうした拠点的官衙施設や評衙を利用して職務を果たしていたとみられる。一方で，評衙の多くは発掘調査で明らかになってきたように，まだ居宅と未分化なあり方をしていた。

第2の画期が，7世紀末〜8世紀初めである。国境が確定し，国司は諸国に

派遣されて常駐し国衙が設置され，郡衙も整備された。これ以降，諸国で定型化国庁が設置され，周辺に曹司・国司館などの国衙施設の充実化が図られる。大宝令により国郡制度が整えられ，国庁における国司朝拝が制度化されたことが背景にあると考える。こうした行政制度の整備を経て，国衙が整備されていくのが8世紀前葉以降であった。柱を丹塗りした瓦葺建物が国庁を中心に採用されており，都城を中心とした荘厳化政策とも深く関わる。ただし，国庁が定型化したコ字形配置をとり整備されるのは国によって半世紀も異なり，同じ時期に諸国で画一的に整備が進んだわけではなかった。

その一方で，8世紀以降，国庁と郡庁では規模・構造で明らかに格差が大きくなり，国庁は大型化し瓦葺礎石建物となり威容を増す。国家の威信を示す儀式施設として，国庁の役割が大きくなったことを示す。

国府・郡衙の成立と国郡制についてまとめると，まず7世紀第3四半期に居宅と未分化な評衙の成立からはじまる。次に，地方官衙の形成過程において大きな画期としては，7世紀末における天武朝後半の国境確定事業を受けて，常駐国司の派遣に伴い国府の諸施設が設置され，同時に郡衙の整備も進められたことである。国府は国庁を中心として曹司・国司館などの国衙諸施設から構成され，8世紀以降に国庁がコ字形配置をとって定型化し，その中で国衙の行政機能の充実を背景に曹司が拡充・増設されていった。

本書では，全国的に国府が7世紀末～8世紀初めの藤原京期に成立した点を明らかにした。国府が独立した国庁を中心にした国衙を伴って成立した意義は，単に官衙施設が造営されたとみるべきではなく，在地社会が大きく変容する契機でもあった。この時期，全国的に国の骨格である官道や郡衙・駅家が整備され，条里地割の施行も進んだ。この背景としては国庁を中心にして国衙が設置され，国司が国府に常駐し国郡制に基づいて地域支配を行った点が大きいと考える。

註
1) 山中敏史「評制の成立過程と領域区分―評衙の構造と評支配域に関する試論―」(『考古学の学際的研究　濱田青陵賞受賞者記念論文集Ⅰ』岸和田市教育委員会，2001年)。

あ と が き

　本書は平成24〜27年度科学研究費補助金・基盤研究(C)研究「国郡制と国府成立の研究」の研究成果報告書（以下，科研報告書）およびその他の既発表論文に修正をくわえ構成した。以下に本書の初出情報を示す。

　序　章　科研報告書をもとに作成。

　第1章　科研報告書のⅡ章を一部修正。

　第2章　「長舎と官衙研究の現状と課題」『第17回古代官衙・集落研究会報
　　　　告書長舎と官衙の建物配置　報告編』奈良文化財研究所研究報告第14
　　　　冊，2014年を大幅に修正し改稿。

　第3章

　　1　大橋泰夫「国府成立と出雲国の形成」『出雲国の形成と国府成立調査研
　　　　究報告書』島根県古代文化センター，2010年を一部修正。

　　2　「国郡制の形成と台渡里官衙遺跡群の成立」『古代常陸の原像　台渡里
　　　　官衙遺跡群国史跡追加指定記念シンポジウム記録集』水戸市教育委員
　　　　会，2012年を大幅に修正し改稿。

　　3　「東山道と下野国の官衙」『東山道駅路でつなぐ下野と那須記念講演会
　　　　要旨集』「東山道駅路でつなぐ下野と那須」実行委員会，2013年を大幅
　　　　に修正し改稿。

　第4章　科研報告書のⅢ章を一部修正。

　付論1　「地方官衙と方位」岡内三眞編『技術と生産の考古学』同成社，
　　　　2013年を一部修正。

　付論2　「地方官衙創設期の瓦葺建物について」菊池徹夫編『比較考古学の
　　　　新地平』同成社，2010年を大幅に修正し改稿。

　結　語　科研報告書のまとめを大幅に修正し改稿。

　国府成立の問題を検討することによって国郡制の形成過程を研究するようになったのは，発掘調査の経験が背景にある。学生時代に早稲田大学考古学研究室が調査を行った，房総の白鳳寺院の一つである木下別所廃寺とその供給瓦窯

あとがき　*235*

である曽谷ノ窪瓦窯，安房国分寺の発掘調査や古墳時代終末期の千葉県駄ノ塚古墳の測量調査などに関わった。上総国分尼寺の調査にも参加した。後に地方官衙や寺院の研究を進めるうえで，本当に貴重な経験だった。

　昭和50年代当時，7世紀史は考古学的にはもっともわかりにくい時期とされていた。東国では前方後円墳が7世紀後半までつくられていたと考えられている状況で，ようやく安藤鴻基さんや橋下博文さんによって，前方後円墳や埴輪の終焉が6世紀末～7世紀初頭頃になることが明らかにされていくことを身近にみて，古墳時代後期以降への関心を深めたことを思い出す。

　国府をはじめとする地方官衙の研究を意識するようになったのは，昭和57年（1982）に大学を卒業し下野国府の調査に関わってからである。古墳時代から律令期への移行に関心を持っていたが，どのように研究したらいいのか，はっきりした見通しは持っていなかった。20代の当時，下野の横穴式石室について，学友の秋元陽光さんと休日のたびに測量や発掘調査を行った。それまで下野において7世紀以降に畿内の強い影響下に成立すると考えられていた切石造の横穴式石室を持つ古墳について，6世紀後半に地域的特徴を持って成立することを明らかにし下野型古墳としてまとめた。こうした古墳研究のなかで，地方官衙が建設されていく7世紀後半には大型古墳の築造が停止されていたことを確認できた点は成果であったが，国府研究そのものは進まなかった。

　当時は古墳や寺院に関心が強く，関東古瓦研究会で各地の寺院跡や官衙遺跡をめぐっての見学会は楽しくて勉強にもなった。その間，なぜ下野国府から白鳳様式の川原寺式軒瓦が出土するのか，よく理解できなかった。この瓦をもとに木下良先生が下野国府域内に国府寺を推定した論文を出されていた。国府や郡衙が瓦葺きとなるのは国分寺創建以降と考えられていたので，漠然と下野国府域の川原寺式軒瓦は寺の瓦だろうと思っていた。眞保昌弘さんと，字名をとって大房地廃寺として発表したこともあった。

　その一方で，那須官衙遺跡や下野国分寺・尼寺の調査に関わり，出土瓦を分析するなかで下野国内において国府が国分寺よりも早く瓦葺建物を採用していたことを知った。下野国府では川原寺式軒瓦やそれと組む平瓦が国庁付近からまとまって出土していることに気がついた。川原寺式軒瓦は国庁建物にも葺かれていたのだ。その視点でみると，全国各地の官衙遺跡のなかに白鳳様式の瓦

を出す遺跡がいくつかあった。下野国府だけではなかった。

　最初に国府成立に関する論文を発表したのは平成17年（2005）であった。下野国府の調査に参加してから20年以上が経っていた。国府成立の研究をまとめるのに長い準備期間が必要であった。平成18年からは島根大学法文学部に籍を移し，大学の助成に加えて平成24〜27年度までの科研費事業として「国郡制と国府成立の研究」が採択され，全国各地の国府調査にあたった成果も本書に盛り込むことができた。

　これまで国府をはじめとする地方官衙研究を進めるにあたり，多くの方々のご指導やご助言をいただき，本書を世に出すことができた。すでに鬼籍に入ってしまったが，下野国府の発掘調査に参加の道を開き，その後も暖かく指導してくれた大金宣亮さんには感謝の言葉しかない。また，山中敏史先生をはじめ官衙研究の多くのことを学ばせていただいたすべての方々に深く謝意を表したい。

　私事にわたるが，ここまで研究を続けてこられたのは家族の支えがあったからである。母や妻にはどんなに感謝しても足りない。子どもたちにとっては家にほとんどいない父親であった。分野は異なるが，娘が研究者の道を歩んでいることも本書をまとめる励みになった。

　最後になりますが，一般向けの歴史文化ライブラリー『出雲国誕生』に続いて，本研究書の刊行を快く引き受けてくださった吉川弘文館の方々に感謝したい。

　　2018年3月

大 橋 泰 夫

索　引

Ⅰ　事　項

あ　行

安芸国府　20
秋田城　103, 104
足利郡衙　172-175
飛鳥板蓋宮　85, 87, 89, 90, 94, 132
飛鳥岡本宮　85, 87, 89, 90, 94, 132
飛鳥浄御原宮　87-89, 103
飛鳥宮　85, 87, 89, 94, 157, 207
有田遺跡　82-85, 108, 119, 131, 132
阿波国府　60, 61, 79, 182, 203
伊賀国府　11, 73, 104
石神遺跡　83, 89, 90, 132, 201, 218, 219, 229
泉官衙遺跡　94, 96, 104, 105, 110-112, 115, 209,
　210, 212
出雲郡衙　138, 149, 196, 224, 226
出雲国庁　48, 78, 111, 114, 115, 134, 137, 142,
　170, 171, 176, 187, 196, 198, 211, 216
出雲国府　4, 8, 48, 49, 51, 108, 114, 136, 137,
　138, 142, 145, 146, 149, 150, 172, 176, 177, 182,
　183, 187-189, 191, 198, 203, 204, 211, 212
出雲国風土記　1, 48, 49, 50, 78, 115, 136, 137,
　139-145, 147, 149-152, 155, 160, 161, 168, 176,
　178, 186-190, 191, 201, 204, 224, 225
伊勢国府　12-14, 73, 104, 198
因幡国府　39, 42, 43
茨城郡衙　143, 144, 153, 154, 159
入谷遺跡　148, 196, 226, 227, 230
後谷遺跡　138, 149, 225
駅家　9, 17, 125, 126, 127, 129, 130, 135, 144, 155,
　168, 169, 171, 177, 199
越中国府　38, 40
意宇郡衙　48, 137, 142, 143, 150, 168, 170, 186-
　190
近江国庁　12, 25, 26, 75, 185, 187, 198, 204
近江国府　25, 172, 185, 186, 198
大原郡衙　115, 139, 140, 142, 143, 147, 155
岡遺跡　185, 186, 204
小郡官衙遺跡　119, 157, 207, 212, 216
小野遺跡　149, 177, 196, 224-229

か　行

小墾田宮　82, 85, 90, 132, 207, 218
尾張国府　14, 15, 74
落地飯坂遺跡　126, 127, 130, 213
落地八反坪遺跡　126, 129, 213

鹿島郡衙　143, 144, 153, 154
勝間田遺跡　111, 148, 172, 196, 221-223, 227
神野向遺跡　154
上神主・茂原官衙遺跡　111, 112, 114, 130, 134,
　161, 162, 164-166, 168, 169, 178
河内駅　143, 154, 159
瓦葺礎石建物　30, 205, 213
瓦葺掘立柱建物　30, 104, 198
元日朝賀　106, 125, 148, 171, 194, 201, 202, 215
神門郡衙　138, 157, 211
観音寺遺跡　61, 79, 203, 205
熊野遺跡　120, 121, 207, 214
久米官衙遺跡群　84, 85, 90, 132, 164, 207, 215,
　232
久留部官衙遺跡　104, 130
黒田駅　141-143, 145, 147, 168, 170
郡衙代用説　8, 184
小犬丸遺跡　126, 128, 135
上野国交替実録帳　121, 144
国府野遺跡　172, 173, 174, 179
郡垣遺跡　111, 115, 140, 155, 211
郡山遺跡Ⅰ期官衙　35, 89, 93-96, 110, 164, 200,
　207, 209, 232
郡山遺跡Ⅱ期官衙　2-5, 35-37, 65, 90, 93, 96-
　106, 112, 189, 200, 209, 210
国宰　3, 114, 163, 201, 202, 232
国宰所　4, 32, 114, 163
国司　3-5, 7, 9, 14, 138, 189, 201, 205, 218, 232
国司館代用説　8, 184, 191, 192
国司朝拝　201, 202
国分松本遺跡　203, 205
古志本郷遺跡　111, 115, 138, 157, 211
古代山城　60, 200
御殿前遺跡　111, 115, 157, 212

さ 行

栄町遺跡　94, 96, 104, 110-112, 115, 209
相模国府　17, 20, 21, 74, 75
讃岐国府　60, 78, 121, 122, 135, 182, 200
山王廃寺跡　120, 121, 122, 135
下岡田遺跡　126
下野国庁　33, 45, 81, 104, 106, 111, 112, 114, 125, 163, 172, 194, 198, 199
下野国府　4, 33, 34, 76, 114, 148, 159-161, 163, 166, 170-172, 174, 176-179, 182, 196, 198, 199, 200, 219, 228, 229, 235, 236
信濃国府　20, 75
時範記　184
下総国府　21, 22, 75
定額寺　150
城柵型政庁　5, 8, 80, 81, 99, 101, 102, 105, 106, 109, 193, 194
初期国庁　5, 6, 7, 22, 25, 26, 32, 50, 56, 71, 73, 80, 83, 90-92, 106, 107, 109, 111, 118, 119, 154, 181, 182, 191, 192, 195, 231
初期国府　8, 17, 25, 26, 189
周防国府　25, 58, 59, 78, 198
前身官衙　72, 75, 91, 118, 132, 199, 200, 207

た 行

大極殿　82, 86, 87, 97, 98, 100, 107, 108, 124, 130, 147, 215, 219
大極殿閣門　125, 194
台渡里官衙遺跡群　152-156, 159, 160
多賀城　3, 21, 35, 36, 37, 76, 77, 81, 97, 100-105, 125, 133, 181, 183, 184, 198, 204, 205, 209
多功遺跡　114, 161-164, 166, 179
大宰府　69, 73, 91, 92, 104, 110, 116-119, 134, 182-184, 203, 204, 205, 207, 232
大宰府型政庁　6, 64, 80, 81, 106, 107, 109, 119, 183, 193, 194, 195
丹波国府　39, 42, 77
筑後国庁　64, 73, 110, 117-119
筑後国府　3, 4, 7, 62, 63, 79, 104, 108, 117, 118, 182, 184, 200, 207, 231, 232
筑前国府　203
長舎囲い型　5, 6, 56, 58, 82, 89, 107, 131, 180, 191-194, 231
朝野群載　184, 204
長者ヶ平官衙遺跡　111, 112, 130, 162, 166-170
定型化国庁　5, 6, 7, 16, 22-24, 72, 73, 80-83, 91, 92, 106, 107, 109, 118, 119, 180-183, 193-195, 199, 231, 232

堂法田遺跡　162, 166-168, 173
遠江国府　16

な 行

那賀郡衙　152-156, 159, 160
中宿遺跡　120
長門国府　59
中村遺跡　162, 166-168
那須官衙遺跡　161, 173, 236
難波長柄豊碕宮　82, 207
西下谷田遺跡　113, 114, 134, 161, 163, 164, 178, 207, 208, 214, 216
根岸遺跡　108, 148, 149, 214, 226, 230
能登国府　39, 77

は 行

幡羅遺跡　103, 111, 115
播磨国府　52, 53, 78, 127, 135, 182, 213, 216
比恵遺跡　83, 84, 132
備前国府　54, 55, 78, 182, 200
肥後国府　69, 70, 71, 198
常陸国風土記　24, 136, 143, 152-155, 159
常陸国庁　5, 6, 22-24, 71, 81, 91, 92, 103, 104, 107, 154, 191, 198, 199
常陸国府　4, 5, 7, 22, 24, 75, 108, 133, 143, 148, 152-154, 159, 182-184, 190, 191, 193, 196, 198-200, 219, 220, 231
肥前国庁　66-69, 79, 119, 195
肥前国府　66, 67, 207
備中国府　21, 200
日向国庁　71, 73, 79, 118, 119, 191, 198, 202
日向国府　4, 5, 7, 8, 71, 72, 79, 108, 118, 119, 135, 182, 183, 190, 193, 198, 200, 231
備後国府　21, 54-56, 78, 79, 182, 198, 200, 205
豊前国府　64, 79
不入岡遺跡　5, 46, 47, 48, 78, 92, 93, 132, 134, 180
伯耆国庁　5, 43, 44, 45, 77, 91, 92, 93, 106, 194, 198
伯耆国府　4, 43, 44, 132, 193, 231
法倉　1, 9, 133, 150, 164, 213
本町遺跡　52, 53, 127, 128, 213

ま 行

前原遺跡　126, 227
万代寺遺跡　148, 149, 196, 223, 224, 226, 227, 228, 229
三河国府　15, 16, 74
美濃国府　4, 26, 27, 28, 75, 148, 182, 190, 219,

220, 228
美作国庁　4, 58, 111, 137, 138, 191, 198
美作国府　7, 51, 56, 57, 78, 137, 182, 191, 231
武蔵国府　3, 4, 5, 9, 30-32, 76, 108, 182, 190-192,
　198, 199, 200, 203, 205
名生館官衙遺跡　103, 104, 108, 111, 115, 120,
　148, 172, 196, 209, 221, 227
弥勒寺官衙遺跡　29, 82, 121, 122, 135
陸奥国庁　81, 198
陸奥国府　3, 4, 5, 21, 35, 37, 66, 99, 132, 182, 183,

193, 200, 231

や 行

屋代遺跡群　203, 205
山代郷新造院　138, 146, 211, 212
野磨駅　126, 127, 129, 213

わ 行

和気氏系図　122

Ⅱ 人 名

あ 行

青木和大　78, 176, 187, 189, 190, 204
青木敬　79, 80, 101, 131
赤川正秀　216
明石新　17, 74, 75
秋本吉郎　176
阿部義平　82, 99-101, 131, 133, 135
荒井健治　76, 199, 205
荒井秀規　74, 140, 159, 176
有富純也　178
家原圭太　103, 105, 108, 133, 134
市大樹　201, 205
一山典　61, 79
井上和人　229
今泉隆雄　35, 76, 94, 133, 216
植木久　133
上野邦一　124, 135
内田律雄　139, 176-178
海野聡　82, 90, 131
江口桂　177, 229
近江俊秀　177, 229
大隅清陽　201, 205
小笠原好彦　82, 124, 131
小澤太郎　79, 118, 134
小田裕樹　89, 132

か 行

勝部昭　142, 177
鐘江宏之　9, 176, 205
岸俊男　90, 132, 217
岸本道昭　179
木下良　25, 26, 42, 75, 77, 145, 170, 177-179, 190
木本雅康　5, 9, 130, 135, 159, 169, 174, 177-179
金田章裕　205

黒澤彰哉　178

さ 行

酒井清治　30, 76
坂爪久純　177
佐藤信　204
眞田広幸　45, 48, 77, 133
志賀崇　229
進藤秋輝　99, 132, 133
杉原敏之　134, 203, 216
須崎雪博　25, 75, 204
須田茂　230
須田勉　75, 135
妹尾周三　45, 77, 78, 135, 225, 229
関和彦　142, 176, 177
十川陽一　202, 205

た 行

田尾誠敏　17, 74, 75
高橋学　205
高橋美久二　77, 135, 217, 228, 230
竹内英昭　73
田中弘志　29, 76
谷重豊季　205
鳥羽政之　120, 135, 217

な 行

永井邦仁　14, 74
中川尚子　76
中澤四郎　145, 177
中島広顕　134
長島榮一　101, 133
中村順昭　4, 9, 192, 204
中村太一　177
中山和之　77

240　索　引

中山晋　179
贄元洋　26, 73, 75
新田剛　14, 73
仁藤敦史　205
信里芳紀　78, 135

は　行

橋本雄一　85, 90, 132
八賀晋　76
花谷浩　219, 226, 229, 230
林部均　88, 98, 100, 132, 133, 178, 207, 216
早川庄八　176, 201, 205
林弘之　74
樋口隆久　77
菱田哲郎　151, 178
平井美典　25, 73, 75, 204
平川南　76
平石充　48, 78, 137, 139, 176, 178, 190, 204
藤川智之　61, 79
深澤靖幸　70
藤沢一夫　131
藤原哲　145, 146, 177, 216
古市晃　132, 216
古川一明　100, 133
北条勝貴　151, 178

ま　行

前田清彦　74
町田章　187
松尾充　178
松原弘宣　85, 132
松村一良　79, 207, 216

松本太郎　22, 75
間野大永　177
水橋公恵　73
丸山茂　178
丸山竜平　25, 75, 185, 186, 204
三坂圭治　78
箕輪健一　22, 75, 132
三宅博士　145, 177
村田晃一　100, 102, 132, 133
森公章　135, 177, 205

や　行

八木充　3, 9
安川豊史　78
矢田勝　177
山口辰一　77
山路直充　75, 176
山中章　130, 135
山中敏史　2, 5, 6, 9, 10, 22, 75, 80, 82, 85, 90, 106,
　　109, 125, 131, 132, 154, 178, 183, 188, 191, 194,
　　195, 204, 205, 229, 231, 232, 233, 236
山村信榮　134, 204
山本賢一郎　216
山本博利　78, 135, 216
吉岡康暢　77
吉瀬勝康　78
吉田晶　9, 202, 205
米倉二郎　78, 145, 177
米倉秀季　131

わ　行

和田萃　79

著者略歴

1959年　栃木県に生まれる
1982年　早稲田大学第一文学部卒業
2007年　博士（文学・早稲田大学）
現在　島根大学法文学部教授
〔主要著書・論文〕
「国分寺と官衙」（須田勉・佐藤信編『国分寺の創建―組織・技術編
―』吉川弘文館，2013年）
『出雲国誕生』（吉川弘文館，2016年）

古代国府の成立と国郡制

2018年（平成30）6月20日　第1刷発行

著者　大　橋　泰　夫

発行者　吉　川　道　郎

発行所　株式会社　吉川弘文館
〒113-0033 東京都文京区本郷7丁目2番8号
電話 03-3813-9151（代）
振替口座 00100-5-244
http://www.yoshikawa-k.co.jp/

印刷＝株式会社 精興社
製本＝誠製本株式会社

© Yasuo Ōhashi 2018. Printed in Japan
ISBN978-4-642-04649-7

JCOPY 〈㈳出版者著作権管理機構 委託出版物〉
本書の無断複写は著作権法上での例外を除き禁じられています．複写される
場合は，そのつど事前に，㈳出版者著作権管理機構（電話 03-3513-6969，
FAX 03-3513-6979，e-mail: info@jcopy.or.jp）の許諾を得てください．

大橋泰夫著

出雲国誕生

（歴史文化ライブラリー）　四六判・二八八頁／一八〇〇円

「八雲立つ」と称される古代の出雲は、奈良時代に入る頃、大きな変革を迎えた。土地の様子や特産物、地名の由来などを記した地誌『出雲国風土記』を考古学の成果から再検証し、地域社会の実像に迫る。役所である国府や郡家、整備された道路、数々の寺院を復元し、律令国家の地方支配の実態を解明。古代都市としての出雲国の成立を明らかにする。

（表示価格は税別）

吉川弘文館